Sony Computer Science Laboratories, Inc.

Jun Rekimoto
Shinichi Furuya
Kenichiro Mogi
Kaoru Yoshida
Hideki Takayasu
Alexis André
Michael Spranger
Shigeru Owada
Masatoshi Funabashi
Yuichiro Takeuchi
Shunichi Kasahara
Frank Nielsen
Ken Endo
Kazuhiro Sakurada
Takahiro Sasaki
Takashi Isozaki
Yuki Yoshida
Yuji Yamamoto
Natalia Polouliakh
Hiroaki Kitano

ソニーコンピュータサイエンス研究所 編

好奇心が未来をつくる

ソニーCSL研究員が妄想する人類のこれから

祥伝社

好奇心が未来をつくる

ソニーCSL研究員が妄想する人類のこれから

はじめに

「ソニーコンピュータサイエンス研究所（ソニーCSL）は何をやっている組織ですか？」とよく聞かれます。

ソニーCSLをひと言で言えば、「クレイジーな人が集まって妄想を現実化する場所」です。領域は問わず、自らの力で未踏の領域を切り開こうとするエネルギーの高い人々が、その能力をいかんなく発揮できる場を目指しています。

我々のモットーは、「越境し行動する研究所」です。

研究分野も限定していません。脳科学者もいれば、数学者もいる。農業の研究をしている人もいれば、義足の開発、健康医療や老化研究、言語や音楽、デザインに関する人間の創造性や能力拡張の研究など広範な領域を研究している研究員が所属しています。研究所という名前になっていますが、基礎研究から社会実装や事業化まで、一気通貫に行なう体制が確立しています。自分が重要だと思う研究の成果は、「研究」という枠に縛られずに、自ら世の中に〝実装する〟という姿勢が大切だと思っています。

研究をするということは、未来を切り開いていくことです。その原動力は、一人ひとりの強烈な想いから生まれるものなのです。

そして、我々のミッションも単純明快で、「人類の未来のための研究」を行なうということ、この一点に尽きます。さまざまな研究は、それが世のため・人のためになっているか。これが我々の研究に対する唯一の価値観といえます。

「ソニーの事業とどう関係するのですか？」というのもよく聞かれる質問です。一〇〇パーセント子会社でありながら、ソニーの事業範囲をはるかに超えた分野の研究員が集まっているからかもしれません。研究テーマの設定では、ソニーの事業のことは考慮に入れません。まずは、人類の未来に貢献するエキサイティングな研究で大きな成果を出すのが重要で、その成果やそこから派生する技術などを元々の研究の展開を邪魔しないようにソニーの事業に適切な時期に適切な形で還元するのは、マネージメントの仕事だと考えています。また、企業グループとしての戦略から言っても、ソニーCSLのような探索的な研究所が、現在の事業領域を意識しすぎるのでは、その仕事をしているとは言えません。大きく変化する世の中で想定外の領域や技術・着想の引き出しを広く深くつくり上げておくことは極めて重要な役割です。

現在、我々は三つの大きな研究領域に大きな関心を持っています。

一つ目はグローバルアジェンダ。地球規模の大きな問題に関して、どうアプローチするかという視点です。例えば、協生農法を研究している舩橋真俊《ふなばしまさとし》。彼はもともと獣医で生物の勉強をしていましたが、それからカオスの理論の研究に入り、複雑系の理論でドクターを取り、ソニーＣＳＬで農業をやりたいと言って入ってきました。膨大なデータベースと計算方法を編み出し、ちょっとあり得ないようなことを考えて、国内外の農場で実際に農業を実践して、その発想が実現可能であり、持続的な運用ができるところまで持ってきています。桜田《さくらだ》一洋《かずひろ》と山本《やまもと》雄士《ゆうじ》は、各々のアプローチで超高齢化社会における健康医療の新たなパラダイムをつくり上げようとしています。

もう一つの研究領域はHuman Augmentation（ＨＡ）。人間の能力――例えばクリエイティビティであるとか、パーセプション（感覚能力）であるとか、身体能力とか、これを拡張することに、技術がどう使えるかという研究人間の能力拡張という問題です。副所長でもある暦本《れきもと》純一《じゅんいち》は、拡張現実感（ＡＲ）の生みの親でもあり、さらにそれを拡張したＨＡ分野の提唱者でもあります。さらに、拡張された現実と身体感覚・制御との境界を切り開く笠原《かさはら》俊一《しゅんいち》や、義足エンジニアの遠藤謙《えんどうけん》、音楽と神経科学の融合領域を扱う古屋《ふるや》晋《しん》一《いち》らの研究分野がこれにあたります。また、アレクシー・アンドレは、自らがデザイナーでもあり、クリエイティブ・プロセス自体が興味の対象です。

三つ目がサイバネティック・インテリジェンスです。これは、ＡＩやデータ解析を基盤として現実世界のシステムやプロセスをインテリジェント化することを目指しており、データ解析や機械学習の基礎理論からソニーグループ内外の実際の課題を解決することまで善を成功させ、磯崎隆司《いそざきたかし》は、統計と熱力学を融合させる基礎理論から始まり、大規模データからの因果関係の同定を可能としそれを事業展開しています。また、フランク・ニールセンは、計算情報幾何学の第一人者として、最先端の機械学習理論を構築しています。

これら領域が異なる研究者が自由に自分の研究に専念する。これも、ソニーCSLの特徴と言えるでしょう。


一九八八年に東京でスタートしたソニーCSLは、二〇一八年に設立から三〇年を迎えました。この三〇年で、世界は、とりわけコンピュータサイエンスの環境は大きな変貌を遂げて我々の生活を大きく変えました。

これからの三〇年で、さらに人類はどのように変わっていくのか。

この問いにあらためて向き合うために、研究員二〇人の研究への思いや、どのような未来をつくりたいのかを語り下ろしたのが、本書です。

研究分野に行き着いたこれまでの背景から、自身の研究の醍醐味、将来それがどのように世に出る姿を想像しているのか、そしてつくりたいのはどんな未来なのか。その発想の根源は何か。これらの問いをもとにしたインタビューは、二〇一八年の六月、七月、八月に、東京のソニーCSLのオフィスで延べ四〇時間をかけて行なわれました。

読んでいただくとご理解いただけると思いますが、一人ひとり、描いている未来も違えば、研究の動機も違う。科学に向き合う姿勢も違えば、問題意識もそれぞれです。もちろん未来に「正解」はない。一人ひとりが好奇心を発揮してどんな未来を描くのか、そしてそれを現実にするために何をするか。一人ひとりのイマジネーションから想像を超えた未来が生まれると、我々は信じています。

世の中はたった一人のイマジネーションと行動から変えることができます。それが動き出すと、それを一緒にやろうという仲間が必ず出てくる。そうやって世の中が変わる流れが生まれます。

その最初の流れをつくることがソニーCSLの役割です。

未来とは、過去の延長ではない。

未来はイマジネーションと好奇心でつくられる。

本書を通して、研究者の思いが伝わればうれしく思います。

二〇一九二月　ソニーコンピュータサイエンス研究所代表取締役社長、所長　北野《きたの》宏明《ひろあき》

目次

20

北野宏明

自ら越境していくことで未来が拓けていく

コンピュータからシステムバイオロジーへ／研究者は「越境」しなければならない／社会問題の解決と、可能性を広げるのが研究者の役割／研究者として見た人類の進化の未来／イマジネーションと世界観が問われる

装丁　水戸部功
写真　鈴木愛子
構成　新田匡央
編集協力　岩佐文夫

1

暦本純一

Jun Rekimoto

未来の"自然"を呼び込む インベンターであり続けたい

れきもと・じゅんいち
副所長、フェロー
博士（理学）

1986年東京工業大学理学部情報科学科修士課程修了。日本電気、アルバータ大学を経て、1994年よりソニーコンピュータサイエンス研究所に勤務。2007年より東京大学大学院情報学環教授（兼 ソニーコンピュータサイエンス研究所副所長）。放送大学・多摩美術大学客員教授。電通ISIDスポーツ&ライフテクノロジーラボシニアリサーチフェロー。ソニーコンピュータサイエンス研究所からスピンオフしたクウジット株式会社の共同創設者でもある。理学博士。ヒューマンコンピュータインタラクション、特に実世界指向インタフェース、拡張現実感、テクノロジーによる人間の拡張に興味を持つ。世界初のモバイルARシステムNaviCamや世界初のマーカー型ARシステムCyberCode、マルチタッチシステムSmartSkinの発明者。人間の能力がネットワークを介し結合し拡張していく未来ビジョン、IoA（Internet of Abilities）を提唱。1990年情報処理学会30周年記念論文賞、1998年MMCA マルチメディアグランプリ技術賞、1999年情報処理学会山下記念研究賞、2000年iF Interaction Design Award、2003年日本文化デザイン賞、2005年iF Communication Design Award、2007年ACM SIGCHI Academy、2008年日経BP技術賞、2012年グッドデザイン賞ベスト100、2013年日本ソフトウェア科学会基礎研究賞、ACM UIST Lasting Impact Awardを受賞。2018年に平成30年度全国発明表彰「朝日新聞社賞」を受賞。

ウルトラマンから始まったコンピュータへの興味

コンピュータに最初に興味を持ったのは、子どものころに見たウルトラマンです。科学特捜隊の後ろでチカチカ点滅する光や機械から吐き出される紙テープに、まず強烈に興味を惹かれました。その興味が確固たるものになったのは、一九七〇年の大阪万博です。とくにＩＢＭ館で見た当時の最先端のデモ。ＣＲＴディスプレイにライトペンを当てると、漫画の画面が変わる、今のウェブの原型のようなものを体験しワクワクしました。こういうものを自分でもつくってみたいと強く思いました。

当時のコンピュータに対する印象は、何をやっているのかわからない謎の箱でした。私の小学生時代はまわりにコンピュータはなかったのですが、謎を解明したくて、当時の教育テレビでやっていた「ＮＨＫコンピューター講座」という番組を食い入るように見て、取り寄せた講座のテキストの附録についていた実物大の「紙のキーボード」を触り、フォートランでプログラムを書いていました。もちろん家にはパソコンはないので、動かす実機もないまま方眼紙に手書きで書いていたのです。日本にマイコンブームがやってきたころには、手書きのプログラムが相当たまっていました。そして私は高校生になっていました。

NECのPC‐9801や富士通のFM‐7などが登場し、紙に書いていたプログラムをマイコンで動かせるようになったのです。毎年のように新しいことが起こる刺激的な時代、コンピュータに対する興味は尽きません。

それでも、当時のプログラムでできるのは画面に粗いドットが出るだけ、ピーという音が鳴るだけ、ごく簡素なゲームができるだけ、サンプルプログラムの域を出るものではなかった。実際の生活に役立つものではなく、プログラムに意味を見出す人にとっては画期的でしたが、一般には「高級なおもちゃ」という扱いでした。

ちょうどそのころ、アメリカの科学雑誌「サイエンティフィック・アメリカン」に掲載されたアラン・ケイの論文の翻訳を「日経サイエンス」で読みました。アラン・ケイはパーソナルコンピュータという概念を初めて提唱した学者です。

雑誌に書かれていた「子どもたちが画期的なシステムをつくっている」「オブジェクト指向に基づく『スモールトーク』というプログラミング言語」「より直感的な操作が可能となる『グラフィカル・ユーザー・インターフェース』」などの記事を読み、たまらなく興味が掻き立てられました。

アラン・ケイのほかに大きな影響を受けたのが、アイバン・サザランドです。この科学者は、一九六八年に「ダモクレスの剣」と呼ばれるヘッドマウンティッド・ディスプレイ（頭部搭載型ディスプレイ）の元祖となる装置をつくっています。バーチャルリアリティ（VR）の基礎となる研究ですが、この研究がさらに画期的だったのは、装置にハーフミラーが採用され、シースルーという形で現実とコンピュータがつくる世界が重なって見える点。現実の世界に情報が追加される、つまり現実がオーグメント（拡張）されることを「拡張現実（AR）」といいますが、すでに六〇年代には、サザランドによってこの概念が実現されていたのです。

この研究に非常に影響を受けた私は、ソニーCSLに入って、まず「ナビカム（NaviCam）」というシステムを構築しました。ジャイロセンサーを利用し、モバイルディスプレイで現実の映像にコンピュータの情報を重畳《ちょうじょう》させるシステムです。これが完成したのは一九九四年ですが、私が知る限りでは世界初のモバイルARシステムです。当時、携帯は電話とメッセージングだけしかできず、カメラも搭載されていなかった。まだｉモードもなかった。そんな時代の中、現実の情報は拡張現実化するだろうと考えていました。

システムはプリミティブなものでしたが、実現したことは未来を先取りしていたと思います。スマホをかざすとそこに情報が出てきたり、何かをコントロールできたり、インターネットにすべてのものがつながっていく、ＩｏＴの世界観を当時から予見していました。

人間拡張とサイボーグ009

ナビカムのようなシステムを装着し、現実の中に増強された視覚を獲得した人間は、人間の目や脳の能力が高まったと見なせます。高度な眼鏡を持った医師は、持っていない医師より手術の能力が高い医師になれる。これが人間拡張（ヒューマンオーグメンテーション［ＨＡ］）という考え方で、ＡＲの技術がさらに発展し、人間を強化していると考えるのです。

このＨＡの発想をたどると十七世紀の科学者、顕微鏡の発明者のロバート・フックに行きつきます。フックは「ミクログラフィア」と呼ぶ、顕微鏡を用いた図版による書物の中で「顕微鏡は視覚を拡張するが、それ以外の感覚も将来は拡張されるだろう」と言っています［参考文献1］。私は子どものころ、鉄腕アトムよりもサイボーグ００９に心を惹かれていました。サイボーグ００９は、サイボーグ研究の歴史からしても驚異的に早いタイミングでその概念を普及させた記念碑的作品です。人間を、特殊能力を持つサイボーグに改造するのと、人間の能力を拡張するＨＡは強い関連を持っています。

ウルトラマンやサイボーグ００９など、ＳＦ・アニメ・コミックの世界を実現したいという思いが研究の原点にあります。たぶん私だけでなく、研究者にはこうした人は多いと思います。ＳＦやアニメの世界は研究者の創造性を喚起する、大きなインパクトを持っていると思います。

むしろ、ＳＦやアニメに触発されない人、空想の世界に魅了されない人は、科学者にならない。常識から逸脱していて、実現性の低いことを、「そんなのはＳＦにすぎない」「絵《え》空事《そらごと》だ」と揶揄《やゆ》することがありますが、まさにその「絵空事」に惹きつけられるわけです。物理学者のＪ・Ｄ・バナールが今から九〇年前の一九二九年に書いたエッセイには、ブレインネットワークや人体のサイボーグ化などのアイデアが満載です。[参考文献2] ＳＦ作家のウィリアム・ギブソンは、ＶＲという用語が発明される以前に、サイバースペース（電脳空間）にジャックイン（没入）し、自己の感覚を他人に「疑験」させる世界を描いた作品『ニューロマンサー』で、サイバーパンクＳＦを確立し、以降のＶＲやコンピュータサイエンスの研究にも大きな影響を与えました。[参考文献3] 私は二〇一八年にギブソンさん御本人と対談する機会を得ましたが、研究者とＳＦ作家のイマジネーションが交錯する大変楽しい瞬間でした。空想は科学に挑戦し、科学は空想を刺激する。研究のワクワク感の原点をそこに求めない人は、そもそも科学に興味を持たないのではと思います。また、私は『鉄腕アトム』を見たとき、お茶の水博士の研究所にも興味を惹かれました。見たこともない装置があり、白衣を着た科学者っぽい人がいる。いったいどういう仕事なんだろうと、あの雰囲気が好きで、憧れを抱いていました。

テクノロジーの価値とは、創造性を発揮できる世界をつくること

私は、テクノロジーの最終的な価値は、個々の人間がそれぞれにやりたいこと、創造性を最大限に発揮できるようにすることだと考えて研究活動を続けています。自己の可能性を発揮することによる充足感やモチベーション、自己効能感が最大化される世界です。

その前提には、生活に最低限必要な労働は、ロボットや機械が担当するということがあります。働くことは食べるための糧《かて》を得るという直接的な目的から、生きがいを求める目的に移っていくのでしょう。マクロに見たときにどのような社会になっていることが人々にとっての幸せなのかを再確認する必要があります。その際に、自己の創造性を心おきなく追求できるインフラが重要という結論に至りました。

その目的を最大化するのは、それぞれの人が持つエクスパティーズ（専門知識）や能力です。世の中のすべての人に科学者になれと言っているわけではなく、それぞれにやりたいことがあったとき、それがテクノロジーによって下支えされ、さらには拡張されるような世界。やりたいことに正面から向き合える社会になれば、自己の持つエクスパティーズや能力をいかんなく発揮できる。何かのためではなく「私はこれがやりたい」とまっすぐに言えて、それを行動に移せる社会。それを、ＡＩやロボットなどが代替してやってくれるのではなく、自分ができたという感覚をテクノロジーが自然にサポートしてくれるよう

な社会にしたいのです。

最近手がけているテーマの一つとして、SottoVoce（ソットヴォーチェ）という、声を出さずに音声インタフェースを実現する研究があります。最近、音声で動く装置が急速に増えてきていますが、公共の場での利用には制約があります。そこで、口の動きだけから、つまり口パクから音声を推定しようというものです。舌や口の動きを顎《あご》の下に取り付けた超音波エコーセンサーで取得し、それをニューラルネットワークで解析します。この技術によって、常にコンピュータと接続できる究極のウェアラブル・コンピュータを構成できますし、将来的には声帯手術を受けた人や声が出にくい高齢者がしゃべれるようになったりと、AIと人間が一体化して、人間に能力を付与することが可能になると期待していきます。この研究で面白いと思っているのは、ニューラルネットを使っているうちに人間のほうも段々とうまくなっていくのですね。それは、生身の人間が発声能力を獲得する過程と似ている。我々は、運動野を使って声帯を振動させ、口腔を変形させて声を出す。その声を聴覚を経由してフィードバックとして受け取る。このループで発声を習得していくわけですが、そのサイクルにニューラルネットが入ってくる。個別のパーセプションやアクチュエーションの拡張にとどまらず、人と人工物が一つの融合したシステムになっている。つまりヒューマンAIインテグレーションの世界で、これも「自分のやりたいことをテクノロジーで拡張する」ことの事例になると思います。

一方、今、かなりの人は「やりたいことは何ですか?」と正面から聞かれると困ってしまうかもしれません。食べるためにやっています、この会社にいるからやっています。理由が外部化されている。そういう外部にある理由をすべて捨てたとき、何をやったらいいかということを大人は考えない。むしろ、そういうことに真剣に向き合えるのは、一段レベルの高い生きがいになると思います。


テクノロジーから少し視点を変えると、ベーシックインカムは、経済の側面からこれを実現するシステムという意味で可能性を感じています。基本的な生活に対し、人々が不安を抱かないような社会インフラが整えば、創造性を追求できる社会になるかもしれない。そういう社会にするために、今どのようなピースが欠けているのか。その答えを探し、ピースを埋めていきたい。

ベーシックインカムが実現されたとき、何もしないで寝ていたいという人は当然出現するでしょう。寝ていることがその人の本当のやりたいことであれば、否定する理由はない。ただ、そういう生活は一〇日もすれば飽きてしまうかもしれない。人は何かをやっていないと辛くなる生き物だと思っているので、おそらく何かをやり始めるのではないかと予測しています。

仮に寝ているだけがいいという人が三〇パーセントいるとしても、今までなかったことを思いつき、それを自ら実現したいと考えて行動する人も、例えば三パーセント、願わくば一〇パーセントはいると思います。そういう人にとっては、やりたいことイコール創造性になる。創造性を発揮したいと思い、それを実行できる人が世の中に一割でもいる社会は、かなりパワフルです。

現実世界が置き換わるのではなく、現実世界を調整する

最近、出張でイタリアのトスカーナに行く機会がありました。エアビーアンドビーで泊まる家を借りたら、たまたま一〇〇メートル先に海があるところでした。朝は海辺をジョギングし、現地でカンファレンスに出席し、砂浜から遠隔会議で日本とコミュニケーションを図る。仕事や生活の面では何の支障もなく、食べ物も美味しく、非常に快適でした。たまたま、その家には四匹の猫が出入りしていました。その家の所有者が飼っていたのか、野良猫が自由に出入りしていたのかわかりませんが、とにかく可愛いわけですね。それを見て思ったのは、こうした現実世界の良さを享受できるのが大事だという感覚です。

トスカーナで体験した現実を、すべてバーチャルリアリティ（ＶＲ）で再現するのは嫌だと思いました。ＶＲで一瞬のうちにトスカーナになる技術。研究者の中には、そういう

方向へ突き進む人もいるでしょう。

　でも、私がトスカーナの砂浜を裸足で踏んだ感触、砂の温度を感じたこと、あるいはそこで食べるものは現実そのままでいいのではないか。技術的に困難ということもありますが、それを無理にＶＲで再現することにあまり魅力を感じません。このような人間の原始的な快感を体感できるのも、現実世界の良さです。


　ちなみに、アップルのスティーブ・ジョブズは、若いころは会社ではいつも裸足だったといいます。靴と裸足が象徴するのは、都会と自然、バーチャルと現実世界です。裸足で砂浜を歩く感覚、素足で床や畳の上を歩いている感覚、視覚や聴覚だけでない感覚に鋭敏になっている状態。つまり、リアルにダイレクトに自分が地に足をつけている象徴が裸足だとすると、文明的でバーチャルな社会の象徴が靴だと思います。

　私の考える創造性は、裸足が象徴する世界に入っています。ジョブズが体現したような創造性は、会社でも裸足でいるような地に足をつけた感覚を持っている人が発揮するような気がするのです。そう考えると、裸足と創造性はかなり連携しているのではないかと想像します。

　人間が創造性を発揮するとき、脳だけで考えていないということかもしれません。脳がブレイン・マシン・インターフェース（ＢＭＩ）に直接つながっているだけの存在だった

ら、裸足や靴という概念はないかもしれない。しかし身体があってこその人間なので、裸足に象徴される現実世界の心地良さは、創造性を発揮することや、新たな発想を巡らせることにも大きく影響すると思っているのです。

現実世界が、VRで置き換えられるとは考えないほうがいい。そもそも、ARは「これに何かを加える」「置き換わるのではなく、足したり引いたりして良くする」という発想です。バーチャルというよりもメディエイティッドリアリティ。つまり現実を調整できる。そのほうがはるかにあり得る未来だと思います。

個人的な好奇心を追求すれば、社会貢献につながる

私の研究の原点は、好奇心が強く影響しています。個人的な好奇心を追求していけば、それは大きくは社会貢献につながると信じている。サイエンスだけでなく、アートやほかの分野でも、好奇心で突き進んでいる人、一見遊んでいるように仕事をする人を、私は尊敬します。そういう人がたくさんいて、社会貢献につながる成果を上げていると、さらにその分野に興味を持つ人が出てくると思います。最高の仕事というのは、遊びの要素が本質で、それに社会的あるいは経済的な価値が「副作用」として付随しているのかもしれま

せん。

　決められた労働時間で仕事が終わり、あとは仕事と関係ないことをする生活を送る生き方もあります。でも私たち研究者は、まったく逆です。時間が決まっていないうえ、常に何らかの締め切りがある。何かができても終わりという感覚がありません。

　そういう生活は、辛いといえば辛いのかもしれません。でも、研究者、とくにソニーCSLの研究者は自発的な研究動機で行動することができます。それなのに給料をもらっているので、多少辛いぐらいがちょうどいいのかもしれません。

　ただ、そこには辛いだけではなく楽しさもあります。とくに、人に指示されたり命令されたりしないところがいい。何でも好きなことをやっていいと言われるほうが辛い人もいるようですが、私はそもそも人に命令されるのが嫌いで、やっていることがすべて自己責任という環境のほうが、創造性を発揮できるタイプなのだと思います。

　人から命令されるのが嫌いなのは、子どものころからです。今は一応は社会人なので、頼まれたことはやります。約束もだいたい守ります……たぶん。でも、あなたは何をやりなさいといった方向づけをされたり、自分のミッションを決められたりはされたくない。

　今、社会で困っている問題があって、そのためにこういう開発をしてもらいたいという依頼があったら、自分の持っている技術でどのようなことができるかを考えます。その問題に対して好奇心的な興味があるか、ほかの人がやっているよりもっと上手にできるか、一見不可能に見えても、解決の裂け目があるか、入り口がほんの少しでも開いているかを考え、可能性があると思ったら受ける。人は、解けない問題よりも、もしかしたら解けそうな問題に俄然興味が湧くものです。その時点ではまったく太刀打ちできそうもない問題でも、もう一周回ってみるとできるかもしれませんのでタイミングも重要です。

そもそも解決されていない問題は、同業者がいくら試みたり考えたりしてもわからないことが問題として残っているので、基本的に易しいものはありません。そのとき、同業者と違うことをするかどうかが、一つのポイントになると思います。

同じ分野に、同じようなレベルの知識を持つ研究者が数多くいたら、その中で少しでも頭の良い研究者が先んじて問題を解決しているでしょう。しかし、周囲の研究者とはまったく違う知識を持っていて、それを問題解決に結びつけられれば、より困難な問題の解決が可能となります。そういう意味では、異なるジャンルの人と話すことは、非常に有益な機会になります。私も、話した瞬間に新たなアイデアが出た経験を何度もしています。

一人の研究者のキャパシティで考え続けるより、まったく違う分野の知識が入って組み合わせが起こることのほうが重要です。ただ、その組み合わせを起こせる、ないしは気づくことができるのは、何らかの「種《たね》」がないと難しい。この問題に困っているけれど解けないという「未解決セット」が頭の中に何百個もあれば、違う分野の知識を知ったり、違う分野の人の話を聞いたりしたときに、瞬間的にこれとこれが結びつくと気づくことができる。知らないことを自覚し、できないことを自覚し、頭の中にあるその問題からアンテナを何本も伸ばしておくことで、偶然の出会いに反応できるのです。

インベンターとしてのアイデンティティ

困っている人を助けたい気持ちと、自分の好きなことを突き詰めたい気持ちは、そこだけ切り取れば相反するように見えますが、矛盾なく同居できると思っています。

同じ世の中の役に立つケースで、二つのアプローチがあります。一つは、問題解決に際して技術やアイデアによって解こうとする発明的アプローチです。もう一つはソーシャルアクティビティのように、現実のテクノロジーをベースにしてコミュニティ活動を広げることで解決しようとするアプローチです。おそらく私は、前者の発明的アプローチによって社会貢献できる。この能力の違いは、世の中の問題を解決するうえで両方とも必要です。私は私のできることで貢献したい。

発明といっても、アート志向ではありません。ただきれいなものというよりも、何のためにやっているかと聞かれたときに、はっきりと答えられるものに興味があります。アートとは、どういう意味があるのか、何に役に立つかわからないけれど、とにかくすごいというもの。それがアートであり、私のつくるものとは方向が違うかもしれません。

そういう意味で、私はアーティストというよりも「インベンター」です。インベントの語源はラテン語で「中に来させる」という意味です。つまり、未来はこうなるという「何か」を、自分の中に持ってくる。それが「イン＋ベント」です。未来が自分のところにやって来るという意味は、本来こうなのではないかというものが、今、たまたまない状態に置かれていることを発見し、その解決策を提示することです。

二〇〇一年に、SmartSkinと呼ぶ、世界で最初にピンチングを実現したマルチタッチの研究をしていました。これが実現されるまでは、シングルタッチしかできなかった。しかし、SmartSkinを使ってみると、その便利さに感動する段階はわりと一瞬で通り越して、すぐにそれが当たり前のように感じられたのです。つまり、そもそもマルチタッチのほうが自然で当然なものであって、シングルタッチ時代がいかに不自然で不自由なものだったかということに逆に気づかされたのです。最近だと、小さな子どもが紙の絵をピンチングで大きくしようとするそうですね。その子にとっては、現実世界ですら不自然なものなわけです。

私は、目先の変わったものをつくるより、自然なもの、本来はこうあるべきで、でも今までなかった、というものを生み出すインベンターでありたい。未来が当たり前で、現在が無理だったと気づくようなものをつくりたい。「未来から呼ばれる」という表現を使うことがあるのですが、呼ばれて行ってみたらそっちのほうがはるかに自然だった、というのがいいですね。ＳＦ作家のＡ・Ｃ・クラークが、「道具が人類を発明した（Tools invented man.）」という言い方をしています。[参考文献4] テクノロジーをつくることは、未来の人類を発明していることでもあるのです。そういった意味でも、アイデンティティは常にインベンターであり続けたいと思っています。

参考文献

［1］ Robert Hooke. Micrographia: or, Some Physiological Descriptions of Minute Bodies Made by Magnifying Glasses with Observations and Inquiries Thereupon. The Royal Society, 1665.
［2］ J. D. Bernal. The World, the Flesh & the Devil — An Enquiry into the Future of the Three Enemies of the Rational Souls, Foyle Publishing, 1929.
［3］ William Gibson. Neuromancer, ACE, 1984.
［4］ Arthur C. Clarke, Profiles of the Future : an Inquiry into the Limits of the Possible. London: Gollancz, 1962.

2

古屋晋一

Shinichi Furuya

ピアニストの身体動作の研究を通じて「文化が進化し続ける世界」をつくる

ふるや・しんいち
博士（医学）

2002年大阪大学基礎工学部卒業後、同大学大学院人間科学研究科、医学系研究科を経て2008年博士（医学）を取得。関西学院大学ヒューマンメディア研究センター、ミネソタ大学神経科学部、ハノーファー音楽演劇大学音楽生理学・音楽家医学研究所にてポストドクターを務めた後、2014年より上智大学理工学部情報理工学科准教授。2015年より上智大学音楽医科学研究センターセンター長、ハノーファー音楽演劇大学客員教授を兼務。京都市立芸術大学、東京音楽大学、エリザベト音楽大学にて非常勤講師。2017年4月よりソニーコンピュータサイエンス研究所リサーチャー。日本学術振興会特別研究員および海外特別研究員、フンボルト財団ポストドクトラルフェロー、ドイツ研究振興会（DFG）ハイゼンベルグフェロー、文部科学省卓越研究員。主なピアノ演奏歴に、KOBE国際音楽コンクール入賞、日本クラシック音楽コンクール全国大会入選、Ernest Bloch音楽祭出演、兵庫県立美術館ソロリサイタルなど。

音楽を嫌いになれなかった理由

母が家でピアノ教室を開いていたので、幼少のときからピアノがそばにある環境で育ちました。三歳のころ、母が「ピアノやってみる?」と私に聞くと、私は「やる!」と言ったそうです。もちろん覚えていませんが、その時点で言質《げんち》を取られましたね。

物心がついてからは、練習を真面目にしないと怒られ、子どものころは多い日で一日五、六時間も練習しました。友だちが遊びに誘ってくれても行けないこともありました。そんな中で、自分が本当にピアノを好きだと気づかされたのは、一四歳のときの、阪神・淡路大震災での体験です。

中学三年生でした。三階建ての一戸建てに家族七人が住んでいましたが、その家が全壊します。家の二階にあったグランドピアノが国道に落ち、四本の脚がすべて折れていました。しかし、上の部分はきれいに残っていた。それを見て、無意識のうちに鍵盤に触れていました。

震災で家が潰れても、ピアノは弾けるのではないか。どうしてか、そう思ったんですね。それで鍵盤を叩いたのですが、鍵盤が返ってこない。ショックでした。そのときに改めて認識します、こんなにもピアノが好きだったのか、と。それで、高校に入ってから心を入れ替えて練習に励みました。

演奏家になるという選択肢は別にして、とにかく上手くなりたいと思って練習します。ただ、高校は理数科で、理数系の勉強も好きだった。すごく悩みました。そこで、高校の先生に提出する進路志望には、第一希望に大阪大学と書いた。後述する井口《いのくち》先生がおられたことと、家から近く、ピアノの練習時間が確保できると考えたからです。第二希望には、ジュリアード音楽院と書きました。ニューヨークにある音楽大学で、世界でも屈指の名門です。当時『ジュリアードの青春』という本を読んで感銘を受けたこともあり、研鑽《けんさん》を積みたいと思った。でも、先生にはひどく怒られました。ふざけるなと。私としてはふざけたつもりはなく、当時は割と真剣に書いたのですが。でも今思うと、身の程知らずも甚だしく、顔から火が出るほど恥ずかしい思い出です。

高校時代は、平日は塾もあり、テニス部に入ったので練習もあるため、ピアノの練習時間はまったく足りませんでした。テニスは下手だったけれども面白く、夢中になりました。下手だったからこそ、上達する。そこが面白かった。上達することの楽しさは、スポーツでも音楽でも変わりません。根源にあるモチベーションは、上手くなる喜び。できないことができた瞬間の喜びを体験したいという気持ちは、テニスもピアノも一緒でした。

高校には、いろいろな大学の先生が特別出張授業で来てくださいました。自動伴奏ピアノを開発した大阪大学基礎工学部の井口征士《せいじ》先生の話に感動し、それまで、私の中では科学と音楽は両立しないものだったのに、掛け算することで融合できると知り、阪大の基礎工学部に行こうと決心しました。自動伴奏ピアノは、右手を弾くと左手が勝手に伴奏をつけてくれるシステムで、今のAIミュージックの先駆けと言えます。

大学に入ると、テニスがなくなり、学校にもあまり行かなかったので、毎日の練習時間は飛躍的に増えました。朝七時から、平日は七時間ぐらい、休日になると一〇時間ぐらいピアノに向き合います。楽しくて仕方なかった。努力に酔っていた面もあると思います。その結果、手を痛めてしまいました。

手のトラブルは、まったく治らない。最初は痛みだけでしたが、やがて指が動かしにくくなります。整形外科に行っても、鍼《はり》を打っても治らない。なんでこんなに治らないのだろう。もしかしたら、ピアノの弾き方や練習の仕方に原因があるのではないか。そんな疑問から、体の仕組み、バイオメカニクスに興味を持ちます。私には工学のバックグラウンドと肉体に対する問題意識があったので、バイオメカニクスはうってつけでした。

怪我をした時点で、音楽の山は登れなくなりました。思うような練習ができず、上達しなくなったからです。決定的だったのが、大学四年生のときに受けたコンクールで、一次予選で落ちたことです。それまではもう少しピアノに本気で取り組みたい気持ちもありましたが、未練が断ち切れました。それを機に、研究の道に移行します。二〇〇二年になって大学院に進み、それから現在まで一七年にわたってピアノ演奏の研究を続けています。

練習で手を痛めたことから研究の道へ

音楽は、努力の量と成果が必ずしも比例しません。量ではなく、高い質が伴っていないと、成果は出ません。

私はドイツのハノーファー音楽演劇大学で客員教授を務めていますが、そこに日本人の若手の有望株の一人、阪田知樹《さかたともき》くんというピアニストがいます。彼と話して印象的だったのは、一時間以上継続して練習しないそうです。一時間練習するたびに休憩を取るほうが効率がいいと、身体が思うといいます。この発想は、脳の観点からも正しい。長時間にわたって練習すると、脳が適切に記憶してくれなくなるからです。休憩を挟んだほうが、脳の観点からも肉体疲労の観点からも、効果的なのです。

ところが、とくに日本人を筆頭にアジア人は修行の発想が強いせいか、二時間、三時間も休憩を取らずに弾き続ける人が多い。頑張ったら報われる。痛みを伴わないと上手くならない。そういう発想が未だに根強く、練習中に手が痛くなってくると、この痛みを乗り越えたところに上達があると考えてしまうことさえある。それは間違いです。

阪田くんの例を引くまでもなく、練習の質が本能的にわかっている人は上手くなり、わかっていない人が上手くいかないのかもしれない。そういう意味で、努力は残酷だと思います。もちろん、生まれつきの能力は関係します。しかし、それよりも練習の仕方のほうが重要です。そして、そこにこそ科学の介入できる余地があると信じているので、いま取り組んでいる研究は楽しくて仕方がありません。

生まれつき、個人が指を動かせる速さの上限が決まっていて、練習や訓練をしてもまったく変わらないというのであれば、私たちのような研究者の出る幕はありません。でも、練習の仕方を知っているか知っていないかによって成果に差が出るのであれば、知らない人にはそれを教えてあげたい。どのような練習をすれば、努力が報われるか。一所懸命に努力するピアニストだからこそ、より良い方向に導いてあげたいのです。

私は、ピアニストの身体の動かし方の研究を通じて「文化が進化し続ける世界」をつくりたいと思っています。誰も聴いたことのない新しい音楽表現をアーティストが創造することは、演奏家にも聴衆にも新しい感動体験を生み出します。それに必要なのは、音楽教育と身体教育に大別されます。

感性や音楽性や音楽理論を中心とした音楽教育として、音楽学や美学などの研究が以前から活発に行なわれてきました。それに対し、心身の機能やスキルを体得する身体教育は、研究基盤が確立されていない。間違った練習や弾き方が未だに数多く存在する。その結果、優れた音楽表現を心に秘めていても、それを演奏によって創造できず、演奏できてもそれを形式知化して指導することができないため次世代に継承できない。しかも、演奏の過程で身体を痛めてしまう問題が後を絶ちません。

私は、多種多様な音楽表現を、身体を痛めることなく創造できる最適なトレーニングや練習方法を「音楽演奏科学」という学問領域として確立し、アーティストが音楽表現の未来を創造し続けられる文化的に成熟した世界を構築することを目指しています。

音楽は科学できるのか

ピアノの世界は師弟関係なので、師匠が弾く姿を見て生徒が真似をするのが一般的なスタイルです。弾き方をすべて見ることができるので、先生はこのタイミングで指の関節を屈曲方向に回転させた、このタイミングで重心をこれだけ移動させたなど、生徒は客観的にすべての動きを見ることができます。

しかし、長年の練習でスタイルを培《つちか》ってきたピアノの先生は、実際の動きとは違うことを言うこともあります。このタイミングで手首を回しなさい。その言葉とともに先生が行なっているのは、肩関節を回す動作です。手首は、肩関節が回転することで受動的に回されている。つまり、先生は手首が「回っている」ことを「回している」と表現していますが、それは間違っていて、ピアニストが制御しなければならないのは肩関節なのです。現象は原因とは限らない。それが私がバイオメカニクスから運動制御に興味が移行し始めたきっかけでもあります。

私は、音楽そのものを科学的に解明したいと考えていません。私が研究している領域は音楽演奏を科学的に解明するものですが、「ここから先は芸術」という領域は侵したくない。ただ、その「際」まで行きたい。練習の質や効率はこれだけ高められる。それによって音楽表現は飛躍的に高まり広がる。でも、ここから先は科学では無理。あとは人間の美意識や感性の世界。音楽家として存分に力を発揮してください。そこまで押し上げるのが私の仕事です。音楽性を損ねずに、科学の力で向上する部分は、まだまだたくさんあると思います。

この話をテレビ番組で話したところ、意見が真っ二つにわかれました。アマチュアのピアニストの中には、私の考えにネガティブな反応を示す方がおられました。練習そのものが楽しい。練習に練習を重ねて上達するのが楽しいのに、その楽しみを奪われてしまうのは悲しいという意見が多かった。

反対に、プロのピアニストの多くは共感してくれました。プロは数多くの曲に取り組まなければならず、締め切りもあるので早くクオリティを高めなければならない。練習の質と効率を高めることでその二つの問題がクリアできるなら、受け入れるというのです。

安易に二元論では述べられませんが、娯楽と職業で受け止め方が違うのかもしれません。自分の感性と手指から紡がれる音楽で勝負する人と、練習という過程を楽しむ人ではまったく違って当然のこと。私のところに相談に訪れる多くのプロは、頭の中で素晴らしい音楽が鳴っているのに、身体がうまく使えないせいで表現できないもどかしさとその弊害を痛感しています。

超一流のピアニストは、世界中にたくさんいます。有名な演奏家で言えばショパンコンクールでも優勝しているマルタ・アルゲリッチです。彼女は、よく「あー、まだ私って下手なのよね」と言い続け、周囲を震撼させますが、今でも毎日数時間は練習しているそうです。まだ自分が納得する高みに届いていないのだとすると、私からすればどれだけすごい音楽が頭の中で鳴っているのだろうと驚嘆します。

そういう人たちのほうが、貪欲に私の研究を使ってくださいます。上手くなるためだったら手段を選ばない。どんな練習をすれば上手くなれるか、どんなものを食べれば本番で最高のパフォーマンスを発揮できるか。そんなことも聞いてきます。好奇心もすごい。ですから、科学者としてもやりがいがあります。

はじめに音楽がある

そもそも音楽の美しさは、科学的に解明する必要もないでしょう。私も演奏家の端くれなので、美しいものは美しいまま置いておきたい。ただ、演奏家がある美しさと別の美しさを両方表現できて、それを自分で選べる状態にするためのお手伝いがしたいだけです。どちらが美しいかは、研究者としての私のあずかり知らぬ部分。彼らがどちらが美しいかを決めた理由も知りません。美しさを定義するのは、私の仕事ではありません。

レッスンや相談に来られるピアニストが、何を表現したいか定まっていないのが正直いちばん困ります。その演奏家が自らの感性や深い洞察に基づく解釈で決めた音を出すために、このように身体を使えば出せるという手段をアドバイスするだけです。

はじめに音楽ありき。身体は次の問題です。表現の想像や選択は完全にアーティストである音楽家の領域なので、私のような者が立ち入ることはできません。

そういう観点に立つと、私は、感性と感性の表出のレベルを押し上げるために科学の力を使おうとしていることに気づかされます。演奏を、身体のステージから、表現のステージに押し上げる。

音楽家の個性は、表現を想像し、選択するところに宿ると思います。例えばドという音

K. KAWAI

を鳴らすときに、この音色にするか、別の音色にするかを選ぶのは私の科学の対象ではない。それは選択のプロセスです。感性や美的感覚、解釈や知識に基づく行為です。科学の対象にするのは、いくつかの音色A、B、Cの音をすべてつくり出せるスキルを提供する部分です。科学の力が大きくなればなるほど、演奏家は自分の生み出したい音を選ぶことに集中できる。質の低い練習をして、仮に手を痛めてしまったとしたら、出せる音色が変わってしまい、音の選択肢が狭まる可能性もあります。身体の問題を解決することで、表現に専念し、より豊かにしてほしい。

まったくやったことのない動きを体験させると、それまでまったく聞いたことがないXという音色が生まれることもあります。アーティストの方に聞くと、時おり聞いたことがない音に偶発的に出会う瞬間があるそうです。そんなときは椅子から転び落ちそうになると言う方もおられます。出せる音の幅が広がると、表現のレパートリーが増え、新しい創造を促すことにつながる。感動とは、そういうところから生まれるのだと思います。

もっと演奏家の領域に踏み込み、感性や感動までも科学したほうが面白いという研究者がいます。そういう人たちは、純粋な科学者だと思います。私は、どこかに演奏家の部分が残されているので、どこまでも踏み込んで行けない。演奏家に対するリスペクトがあって、彼らの領域を侵すなんておこがましいと思っているからです。

人間を中心に据える「ヒューマンセントリック」という考え方がありますが、ヒューマンをないがしろにしてＡＩが先に行くなど、私はまったく興味がない。聴衆の感動はあるかもしれませんが、少なくとも演奏家としての感動はなくなってしまいます。演奏家の感動を生み出すことが私の研究のターゲットなので、純粋な科学者の発想とは少し異なっているかもしれません。アーティストセントリックなサイエンスをしたい。

次世代に紡ぐのが研究者としての使命

音楽大学で、毎年最初の授業でこんな問いを学生に投げかけます。

「あなたが理想とする演奏ができました。でもお客さんがブーイングをしました。これがパターンＡです。あなたが理想とする演奏ができませんでした。でもお客さんがスタンディングオベーションをしました。これがパターンＢです。ＡとＢ、どちらがアーティストとして幸せですか」

どちらを選んでもいい。これは価値観の問題です。聴衆をないがしろにしても芸術を突き詰め、自分の表現したいものが表現できたらそれでいいという考えは、アーティストとして持っていて当然の考え方です。一方で、大衆の要求を満たす演奏をして、自分が納得できなくてもお客さんに喜んでもらえればそれで満足という考えも、プロフェッショナルとして責任ある姿勢だと思います。

問題は、演奏家としてどちらかを選ばないといけない局面で、ふらふらして軸がぶれている若い学生が時折散見される実情です。アーティストを目指す以上、パターンAかパターンBのどちらかを選びなさいと指導します。もちろん、状況によって異なることもありますが。

私個人の意見としては、演奏家の喜びを実現させるほうに価値を置いています。音楽という芸術は紡がれていくべきものだからです。バッハ、モーツァルト、ベートーベン、ショパン、リスト、そして近現代の音楽家。脈々と受け継がれてきた音楽という芸術の流れは、途絶えることはありません。それは、それぞれの時代の演奏家が、次世代に紡いできたからです。

演奏家には、受け継いだ音楽を次の世代に受け渡していく仕事と、今の人たちに届ける仕事の二種類があります。アートである以上それを紡いでいくのが演奏家のあるべき姿だと思っています。

科学も音楽と一緒です。私が研究を通じて新しい発見ができたのは、過去の発見の積み重ねの上に乗っているからこそです。サイエンスには巨人の肩に乗るという言葉がありますが、先人のおかげで現在のサイエンスがあるのは事実です。私が大学で学生を指導するのも、師匠であるドイツの先生やアメリカの先生のおかげ。私はその先生から受け継いだことと私自身が勉強してきたことを、次の世代に受け継ぐ義務があるという意識を強く持っています。これは、サイエンスで最も大事なことの一つだと思います。

その使命感は、人間特有のものかもしれません。限られた寿命の中でできるのは、紡ぐこと、次世代に渡すことだと思うからです。受け渡すことが、遺伝子の中に組み込まれているのかもしれない。ただ、私のやっている音楽演奏科学は、私が提唱し、先駆者として実践し続けているものです。私が死んだらこの分野が途切れてしまうようでは、科学者として恥ずかしい。研究分野の確立、成果を教育に還元するプラットフォームづくり、後進の人材育成をすることで、持続可能で進化可能な研究に整えるのも、私の重要な仕事です。

演奏家の喜ぶ顔が見たいから研究を続ける

私の行動規範は、他人の笑顔を見ることです。先ほどは偉そうなことを言いましたが、やはりピアノを弾き、お客さんが笑顔で拍手してくれたら、最高に嬉しい。研究も同じです。研究の成果で演奏家が喜んでくれたら何より嬉しくなる。その価値観が、自分がやりたい研究と社会貢献との橋渡しになると思います。

ベートーベンが作曲した音楽を自分が弾いてみて、素晴らしいと思った。あるいはその曲を誰かが演奏するのを聴いて素晴らしいと思った。その原体験を共有したいという欲求が研究の原動力となり、誰かの笑顔につながると思う。自分がその曲を弾いたとき、素敵だと感じる心が表出し、笑顔になっているからだと思います。

ということは、私の研究は人がいなければ満たされない。ピアニストに自分が考えた練習法や弾き方をアドバイスすると、思ったように弾けたときに本当に嬉しそうな顔をする。その演奏家がいなければ、効果的な身体の使い方を発見したとしても、私は嬉しくない。科学者は孤高の存在と言われますが、私は孤高ではやっていけません。

もちろん、いいものをつくっているプロセスは一人でやりたい。エゴイスティックですが、研究に取り組んでいる最中に人とあまり関わりたくありません。ただ、出来上がった成果は共有したい。高みを目指す音楽家や共通の問題意識を持つ音楽家は慕って頼ってくれる。研究に協力してくださる音楽家もたくさんいる。少なくともその人たちには、何らかの意義ある成果を提供したいと思っています。

純然たる科学者はたくさんいます。でも私は、誤解を恐れずに言うと、純然たる科学者と、科学者とは言えないような科学者の間ぐらいにいたい。新しいジャンルをつくって残すことを強く意識しているので、純然たる科学者ではいられないからです。

そういう意味では、この研究領域は純粋な科学者が後継者になれるわけではなく、演奏家のすごさを肌で知っていることがかなり重要になります。トップアーティストと話をしていていつも難しいと思うのは、私が想像できないレベルの話になったとき。想像の範囲を超えられたときに貢献できないリスクが生まれます。

したがって私は、科学者であると同時に演奏家でなければならない。そうしないとアーティストに寄り添えないので、自身の演奏もある程度の水準まで上げないといけないという思いは常に持っています。これは研究を始めたころに、京都市立芸大の名誉教授である田隅靖子《たすみやすこ》先生と約束したことでもあります。

私にとってピアノを弾くことは、音楽演奏科学を突き詰めるために重要なことです。それでも、手段としてではなくピアノを弾くことを純粋に楽しみたい。弾く楽しさが根っこにあります。音楽を聴くときも職業柄どうやってその音を出しているのか想像したり観察したりしながら聴いてしまうことがありますが、この聴き方は音楽を純粋に楽しむこととはかけ離れている。

願わくば、私の研究を活用して演奏家が素晴らしい音楽を奏でてくれて、私自身も少しでも想像に近い音を奏でたい。それができれば、この上ない幸せです。

3

茂木健一郎

Kenichiro Mogi

好奇心以外に、
人類の旅の
行き先を決める
手段はない

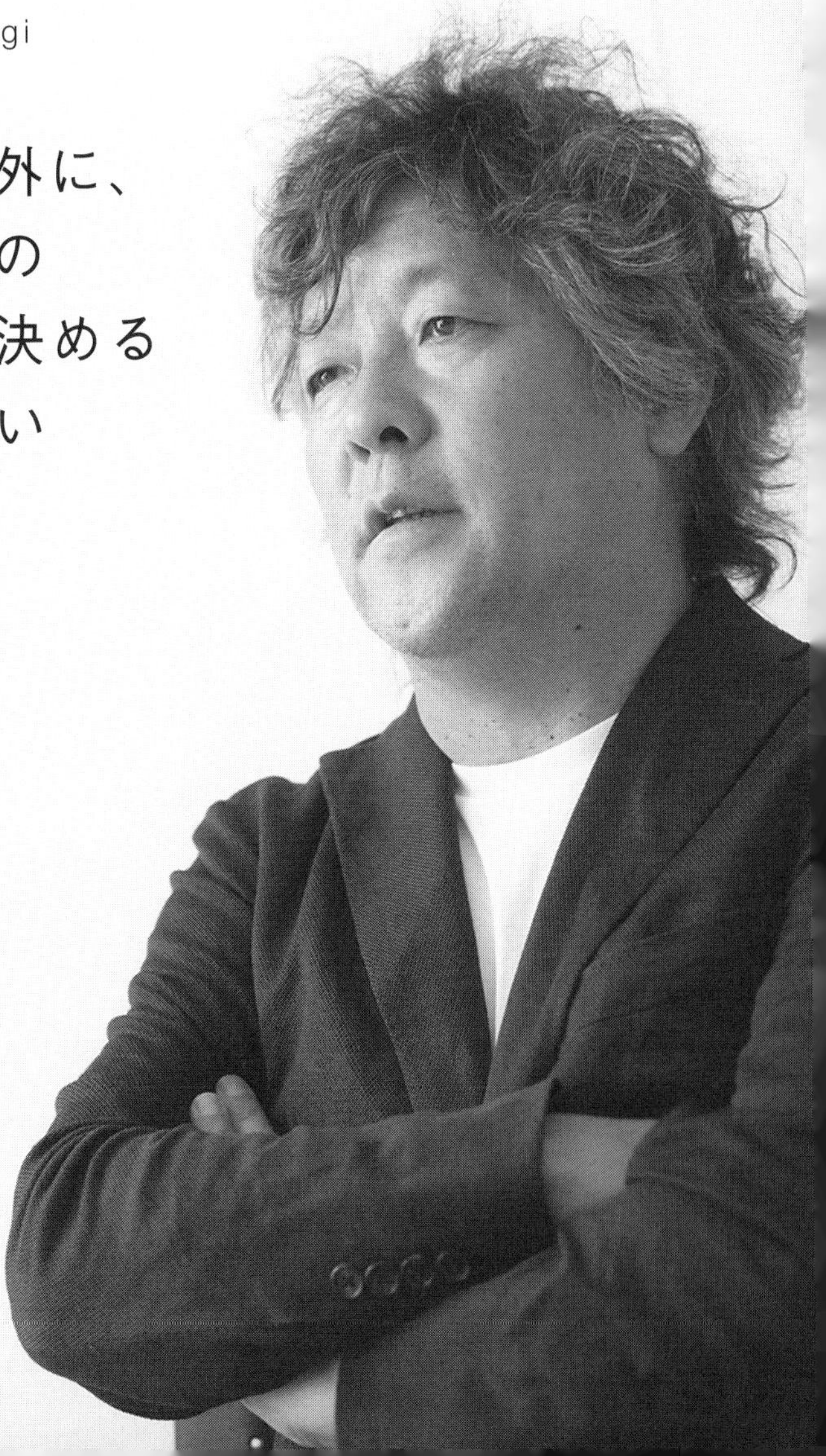

もぎ・けんいちろう
博士（理学）

脳科学者。東京大学、大阪大学、日本女子大学非常勤講師。東京大学理学部、法学部卒業後、東京大学大学院理学系研究科物理学専攻課程修了。理学博士。理化学研究所、ケンブリッジ大学を経て1997年ソニーコンピュータサイエンス研究所入社。現在、シニアリサーチャー。専門は脳科学、認知科学。「クオリア」（感覚の持つ質感）をキーワードとして脳と心の関係を研究するとともに、文芸評論、美術評論にも取り組んでいる。2005年『脳と仮想』で第4回小林秀雄賞を受賞。2009年『今、ここからすべての場所へ』で第12回桑原武夫学芸賞を受賞。2006年1月より2010年3月まで、NHK『プロフェッショナル　仕事の流儀』キャスター。2015年、初の小説作品『東京藝大物語』（講談社）を上梓。

意識の謎はなかなか解明できない

意識の研究は、最近になって誰かが言い出した歴史の浅い分野ではありません。各世代の優れた知性が吸い寄せられるように意識の謎の解明に挑戦し、少しずつではありますが、考え方を進めてきています。十七世紀から十八世紀初頭のイギリスの哲学者ジョン・ロックは「自己の同一性は意識の連続性で定義できる」と喝破《かつぱ》した。私の身体ではなく、私の意識が連続していることが、私が私である証という意味です。

同じく十八世紀にイギリスに登場した哲学者デイヴィッド・ヒュームは「バンドルセオリー」を提唱します。その時点、その時点で人が感じているさまざまな感覚の束が、私という意識であるという定義です。

こうした積み重ねによって意識の謎の解明が進んできましたが、依然として「物質と心がどのように関係するか」という命題は積み残されたままです。まだ誰も解けない難題ですが、宇宙の成り立ちを考えるうえでも、最も重要な問いであることは間違いありません。

アインシュタインも「今という時間が特別であることが、どうしても相対性理論では説明できない」と書いています。これは意識の科学的問題であり、人間とは何かという根源的な問いに関わる究極の問題なので、それほど簡単には解けない。

私は成果が見えにくいテーマに挑戦している自覚はありますが、それに挑戦し続けるのが、人間として自分自身を知る意味においても、大事なことでありエキサイティングだと思っています。


ただし、意識の謎を解く以前に、言葉の意味がいまだに満足に扱える水準に至っていません。今、人工知能が言葉を使えているように見えますが、「グーグル翻訳」の精度でさえ、まだまだ低いレベルにすぎない。人工知能に関しては、多くの研究者が楽観的な見通しを立てていて、日本語と英語の翻訳が通常の人工知能のやり方でできると考えているようです。でも、そう上手くいくとは限りません。

私たち人間は、言葉の意味を意識で感じています。意識のモデルを解かない限り、自然言語の処理はできない可能性が高い。さらに、意識の問題は、ほかのさまざまな問題とつながっている可能性が高い。そのうちの一つが、創造性です。

意識の研究を通じて、創造性が最大になる世界をつくりたい

動物の脳と比較して、人間の脳だけに特徴的な機能は創造性です。現在まで培《つちか》われてき

た文明も、人間の創造性がなければここまで進化していなかった。興味深いのは、問題解決に向けて創造性を最大限に生かすとき、意識が深く関係する点です。創造性はフロー、ゾーン、メタ認知といった意識の属性とも関わるため、意識のメカニズムの解明が、創造性を最大化するための重要な役割を果たすでしょう。私はその実現に貢献し、その現場に立ち会いたい。そう思い、研究に取り組んでいます。

意識と脳の研究は、それこそ創造性を発揮しなければ解けません。AIの世界では「シンギュラリティ」という言葉が盛んに使われていますが、もともとは統計学者のI・J・グッドが唱えた「自己改良する人工知能システム」が狭義の定義と言われている。今は広く世界が一変し、新しい文明が加速するという意味で使われています。だとすると、科学は創造の力で過去に何度もシンギュラリティを経験していることになります。

人間と動物の違いには、言語や感情、社会性などさまざまな要素があります。決定的に異なるのは、何か新しいものを見たい、何か新しいものをつくりたいという創造性の欲望です。この創造性の欲望が、すべての動物の中で人間が最も高い。すでに人間は、創造性を十分に発揮しているという意見もありますが、私は人間が本来知りたいと思っている創造性の欲望に、人間はまだ追いついていないと思います。この「創造性のギャップ」をどう埋めるか。ここに興味を惹かれます。

ニュートンが万有引力の法則を発見し、微分・積分を創始した前と後では、世界の見え方は一変しています。アインシュタインの相対性理論も、量子力学も、その発見の前後で世界は変わっている。人工知能も、生命科学も、再生医療も、創造性という意味でのシンギュラリティがあるはずです。それほど、人間にとっての創造性は、存在証明のような意味があるのではないでしょうか。

一方で、例えば企業の内部で変革を起こすと、必ず反対勢力が生まれます。人は慣れ親しんだものを変えられると、それをストレスと認識します。そのうえ、人間は飽きっぽく、新しいものを見たがる性質もある。どちらかではなく、両方あるものです。

十八世紀にイギリスで始まった産業革命で、世の中に機械が普及し始めました。そのとき、イギリス北部の繊維工場で機械を打ち壊す運動が起こった。機械の普及によって職を失う恐怖を感じた労働者が、不安を打ち消そうと機械を破壊したのです。これが「ラッダイト運動」です。ラッダイト運動に相当することは、現在でも常に起こっています。人工知能の性能が上がるにつれて、人間の職が失われる恐怖から、反対したり不安に思ったりする人がいる。創造性が存在証明であるとする論とは矛盾しますが、人類全体としてはそれでバランスが取れているのです。

全員が創造性を発揮する「イケイケドンドン」の世界は、偏りが生じる危うさがあります。常に反対勢力が生まれるのは、ある意味で健全なのかもしれない。スマートフォンを子どもに使わせるのは是か非かという議論があります。私はどんどん使えという立場ですが、一方で教育関係者の中には反対の立場をとる人がいます。全体として多様な考えの人がいることによって、バランスが取れる。そう考えると、人類の中で創造性を発揮する人と古い体質を守る人が共存しているのが健全なのです。

脳には個人差がある。みんなが同じ脳ではありません。人によってリスクテイクのやり方も違いますし、同調圧力に対しての振る舞い方も違います。ゲーム理論的に言えば、戦略の最適解は一つではないということです。守旧派でいたほうがうまくいくケースもあるし、進歩派でいたほうがうまくいくケースもある。一概には言えないし、好みや個性には個人差があるので、優劣の問題ではありません。

ただ、今の日本社会全体を見ると、もう少し創造性を発揮し、新規性を好む人が増えていかないと、国としては危機的な状況に陥ってしまうかもしれません。シリコンバレーや中国には新規性を好む人が多く、実際に文明を駆動しているのも彼らです。

創造性が最大になる世界をつくるには、自由、コミュニケーション、個性という「人間

の本質」に関わる検証、洞察、技術的アシストが必要です。日本は教育も含めて好奇心や創造性を持つ人材をつくることにも、生かすことにも失敗している。だから、国家としての停滞に陥っているのです。

創造性を発揮する人の中に、社会的体制と自分が調和することが大事だと考える「コンフォーミスト（体制順応主義者）」はほとんどいません。社会全体がある一定の方向に進もうとしたとき、その人だけ反対方向を向く。そういう志向を持った人はいても、学校ではその態度が認められにくい。メディアでも、そうした物語が共有されません。

創造性を発揮して何かを成し遂げた人は、どういう形で創造性を発揮してきたのか。その事実を知る機会を日本人が持っていないことが、残念です。コンフォーミストでなくていいんだという発信を続けていくことも、私の役割の一つだと思っています。

創造性を発揮しても、幸せになれなければ意味がない

イギリスの数学者・物理学者のロジャー・ペンローズは「理解することは、意識と不可分である」と言っています。そもそも人間が何かを創造するには、創造する対象について理解しなければなりません。ペンローズの言葉を借りれば、創造されるものの質を担保して把握することが、意識と密接に関係しているのです。

通常、創造性は「歩留《ぶど》まり」が悪いものです。歩留まりのいい創造性のシステムはまだ存在しない。にもかかわらず、モーツァルトが作曲する音楽は究極に歩留まりがいい。なぜあれほどまでにクオリティの高いものばかりを生み出せるのか。そこには、意識のメタ認知という、自分自身を見つめる作用が関係していると思われます。

一方、人工知能は何も理解しません。囲碁や将棋で人工知能は人間から見ると筋の悪い手を選びますが、それが強い一手の場合があります。筋がいいか悪いかを理解するのは人間の意識です。その文脈で考えると、人間の意識が創造性を制約している可能性もあるのです。

ただ、この方向に行くのが正しいと導いてくれるのも意識です。創造性において、意識は重要な方向性を示すと考えてもいい。何かを創造するときには、美しさや真実など方向性を決めるメカニズムがあります。それは、人間が持っている意識のメカニズムと非常に深く関係しているのです。

創造性を発揮しても、人間や社会が幸せになれなければ意味はありません。

原子爆弾を筆頭に、科学技術が人を不幸にしてきた歴史は枚挙に遑《いとま》がありません。人工知能も、人を幸福にするか不幸にするかは、今のところわからない。研究者は好奇心に導かれて深く探求しますが、それが人類の存在を不安定化する可能性もあります。

そういう意味でも、そもそも人間の幸福とは何かについて、深く考えなければなりません。人の幸福のあり方や幸福な生き方は、近年振れ幅が大きくなってきている。だからこそ、しっかり考えるべき時代になっているような気がします。

研究者が「こういう未来がつくれますよ」と提示したとき、人類はそれを望むのか。この問いは、これからますます深刻になってくると思います。

何か欠けているものがあるほうが、創造性が発揮されることもある

人の幸福は定義しにくいものです。友人との絆、家族とのふれあいが幸福の重要な条件で、経済成長しても必ずしも幸福にはつながらない。これが有名な「イースタリンのパラドクス」です。そこから派生した「アンナ・カレーニナの原理」という考え方がある。トルストイの『アンナ・カレーニナ』の冒頭の有名な一文から命名された考え方です。

「幸福な家庭はみな同じ姿をしているが、不幸な家庭は一つひとつ違う姿をしている」

お金や家庭環境や友人関係など、幸福を決定づける要因は数多くあります。幸福な家庭は、それらの要素をいくつも満たしています。だから、みんな似たような姿、形をしているように見える。でも、不幸な家庭に欠けているものは家庭によって違う。欠けている度合いもさまざまです。だから、不幸な家庭は違う姿をしているように見えるのです。

幸福は、ある一つの姿に収斂《しゅうれん》していくものです。ところが「みんな同じ」の状態は危険です。そうなると、ある程度の不幸や不満足は世の中に必要なのではないかという話になってくる。脳科学の世界には「望ましい困難」という考え方があります。ある程度の困難があるほうが、創造性が発揮されるという経験則です。その結果、人生にも望ましい困難があるかもしれないという考え方に行きつくのです。

ビートルズのポール・マッカートニーがつくった『イエスタデイ』は、失恋の歌ではありません。ポールが小さいころに亡くなった、彼の母親を思ってつくった曲です。

「Why she had to go I don't know she wouldn't say.」

有名なフレーズです。この「she」が亡くなった母親を指しています。もう一曲『レット・イット・ビー』もそうです。

「Mother Mary comes to me. Speaking words of wisdom. "Let it be".」

この印象的な歌詞も、亡くなった母親が夢の中に出てきて、何も心配ないよと言ってくれたことを書いたと言われています。稀代《きだい》のアーティスト、ポール・マッカートニーの創造性を促したのは、母親の不在ということになります。

言うまでもなく、子どものときに母親がいなくなると、たいへんな苦労をします。だから不幸がいいと言っているわけではありません。ただ、幸福であることと創造的であることは、必ずしも一致しない。むしろ、困難に見舞われたときにそれを乗り越えるために創造性を発揮する可能性があるのです。

もちろん、人間は本能的に満たされた状態を望みます。それを幸福と呼びますが、仮に誰もが満たされた状態になったとしても、外部から必ず「ノイズ」が入る。自然災害が起こるかもしれないし、激しい社会的変化が起こるかもしれない。みんなが幸せになる世界を目指しても、何らかの理由でそれが続けられない事情が生まれ、それを乗り越えようとするときに創造性が発揮されます。

研究者の役割は、人類の「風景」を変えること

私は、人類は旅をしていると考えています。旅の行き先はわかりません。ただ一つ言えるのは、好奇心以外に旅の行き先を決める手段はないということです。

今、天才は珍しいから希少価値があります。でも、水道をひねったら天才が出てくるような時代になったらどうなるでしょうか。モーツァルトやレオナルド・ダ・ヴィンチが一家に一人いたらどうなるか。興味は尽きません。でもそうなったらそうなったで、人間は次のことを考えると思います。その次を見てみたい、その発見の旅に出てみたい。そこで、これまでとは異なる時代の風景を発見するのです。

研究者の役割は、創造性を発揮して風景を変えることだと思います。次に生まれてくる世代は、今の研究者が生み出した成果や価値によって変わった風景の中で育つので、今とは確実に違った展開が広がっていくはずです。若い人たちの中に、価値観が私たちの世代からひと回りもふた回りも先に進んでいる人が出てきた。まったく感覚の違う「ニュータイプ」です。そんな「ニュータイプ」を生むことが、ひょっとしたら研究者としての責務であり、面白さの一つなのかもしれません。

科学的な真実や技術は、価値中立的なものです。それをどのように使うかは、結局のところ人間次第です。脳科学の立場からすると、人間に自由意志はなく、自由意志があると思っているのは幻想にすぎません。

自由意志がない中で、どうすれば人間がより良い選択をするようになるか。私は、一人ひとりの脳に任せるのではなく、新たな環境を世の中につくることで、一人ひとりの脳が良い選択をする可能性が高まる「確率モデル的な世界観」があると思います。

例えば罪を犯した人がいて、その人が罪を犯した事実は、その人の脳から見ると自由意志ではなく、家庭環境に問題があっただけかもしれない。だとしたら、社会全体として彼の家庭環境を整えることでしか、より良い選択をする可能性を高めることができないのかもしれない。悪いものを叩いて潰すより、良いものを社会に満たす。結果として、一人ひとりが良い決断をする確率を上げる。そんなモデルを生み出していく役割を担っているのが、研究者なのかもしれません。

好奇心と社会的な意義は、研究者の両輪である

ＡＩの世界では、人工知能研究者のエリエーザー・ユドコフスキーが唱えた「Coherent Extrapolated Volition」という考え方が広まりつつあります。一人ひとりの人間には最適化などわからないから、人類全体で本当の意味での最適化を考えることをしなければならない。この考え方は一見社会主義的に見えますが、これからの大きなイシューになることは間違いありません。

ツイッターやフェイスブックなどの個人情報の取り扱いに関しては、個々の企業や個人ではどうしても扱えない問題が出てきます。自動運転も、一台一台の自動車の運転を自動化することを超えて、交通のフローをどう制御するかという課題が浮かぶ。そのように考えると、車と車がコミュニケーションを取るようになるのは必然です。そうなると、かつて社会主義と呼ばれていた考え方がバージョンアップされ、個々の自由や創造性を阻害しない形で社会全体を調和させる可能性は十分あるのではないかと思います。

　繰り返しますが、人間の脳は自由意志を持ったことがありません。自分は自由だという幻想は大事ですが、より自由だと思うためには、自分が置かれている状況や条件をより冷静に見極める必要がある。さもなければ、自分の自由さえも保証されない状況に陥ってしまいます。個人の自由と全体の最適化がどのような緊張関係にあり、それがどのように調和できるのか。これを脳の仕組みの視点から示していきたいと考えています。

　その意味では、好奇心と社会的な意義は、つかず離れずの両輪なのかもしれません。私が研究している意識の分野は、基本的な研究テーマと実践的な事象が両輪で結びつきやすい分野です。逆に言えば、科学的に意味のある研究を深めていかないと、社会的に役に立たない分野でもある。単純なノウハウになってしまい、背後にある理屈が何なのかよくわからない事態に陥ってしまうからです。だからこそ、好奇心と社会的な意義の両方が必要になる。研究者としての私は、今、強くそう思っています。

4

吉田かおる

Kaoru Yoshida

研究は麻薬のようなもの

よしだ・かおる
博士（工学）

1980年、82年、90年に電気工学の学士、修士、博士を慶應義塾大学と大学院より取得。1984年（株）ワングコンピュータにシステムズアナリストとして、1985−90年（株）日本電気に在籍し、（財）新世代コンピュータ開発機構（ICOT）で第五世代コンピュータプロジェクト（FGCS）にシニアリサーチャーとして従事した後、渡米。1990−93年米国ローレンス・バークレー国立研究所生命科学部でヒトゲノムプロジェクト（HGP）とショウジョウバエゲノムプロジェクト（DGP）にポストドクトラルフェローとして、1993−2006年カリフォルニア大学バークレー校の分子細胞生物学部ダニエル・コシュランド研究室にてリサーチスペシャリストとして従事。2007年帰国、ソニーコンピュータサイエンス研究所入社。現在、食と健康に焦点を当て、東西の知見を融合するとともに、計算機科学、生物学および化学の多角的かつ統合的なアプローチで研究を行なっている。

幾度も手にした研究者としての「喜び」

研究は、麻薬のようなものだと感じています。

一つの問いにぶつかり、それに対する答えを探し始め、さまざまなアプローチを模索しながら試行錯誤し、ようやく「解」にたどり着く。そのとき、この上ない喜びを感じるものです。それまでの辛苦は、その時点で霧消します。

解にたどり着いた喜びで、雄たけびをあげたことが二度あります。

最初はおよそ三〇年前、新たなプログラミング言語の設計・構築に取り組んでいたときのこと。プログラムの実行で不要になったメモリーを解放するガベージコレクション（ゴミ集め）をどのように実装するべきかで悩み、半年間、昼夜問わず考え続け、夢の中にも出てくる始末でした。しかしある朝、ふと窓の外の景色に目を奪われて頭が空っぽになった瞬間、アルゴリズムが突然思い浮かんだのです。私は職場に走り、荒い息もそのままにガベージコレクションを実装しました。

二度目は一四年前のことです。タンパク質の産生量が、その符号化領域が開始される地点の文脈に依存し、何十倍にも変化しうる現象を追い続けていました。八年に及ぶ膨大な生物実験と計算の末、ついに文脈の自由エネルギーとの相関を発見したのです。生体活動を担う遺伝子やタンパク質の相互作用を、分子間および分子内エネルギーの視点から捉えられるようになった。このような瞬間が、私にとってターニングポイントとなりました。

このところ頭の中を占めているのは「メタボロミクス」です。メタボロミクスとは「代謝物質の種類や濃度を網羅的に分析・解析する手法」のことで、一つの生物の検体や植物の抽出物の中に、どれだけの化合物がどのくらい入っているかを一度に決めていく作業です。多くの研究者がさまざまな方法で解に近づこうとしていますが、まるで暗闇の中を歩いている状態です。私もこの問題をどのように構築するかで頭がいっぱいになっています。

とくに、これまで出会ったテーマの中でも計算量が最大の問題で、ゲノムの構造解析に匹敵するほど、計算の時間が問われるプロジェクトになっています。これまでサイエンスに携わる中で、常に計算との戦いが続いています。自らプログラムを書き、計算機を回している研究者は、数が少なくなっています。しかし、問題をどうやって解くか、それを考え、形にして、最終的に解を出すプロセスはエキサイティングでスリリングです。

考えているときは、昼も夜も寝ている間もその問題で頭がいっぱいになって、本当に暗闇を歩いているような心細さを覚えます。それでも、解をひらめいた瞬間が、すべてを解消してくれます。この感覚は、おそらく母が子を産む瞬間と似ているかもしれません。産みの苦しみは、赤ちゃんの顔を見たら一瞬にして吹き飛ぶ。そんな感じでしょうか。

そこに山があるから登りたくなるように、私はそこに問いがあるから探求したくなります。クライマーに、エベレストに登頂することにどのような意味があるかを問うても明確に答えられないように、問題解決や発見が人間や社会のためにあるかどうかは、解を求めているときにはほとんど意識しません。成果が出たあとに、改めて解の価値が見出されることが多いと実感します。

私は、解の価値ではなく、解にたどり着いたときの喜びが、次の問いに挑戦する原動力となっています。その喜びがある限り、私の探求の旅は続いていくでしょう。

黎明期を経験することで得た研究の醍醐味

研究分野にもよりますが、今の若い研究者たちを見ると、多くのことがすでに出来上がっている中で、わずかな差異を見つけることにしのぎを削っている、そんな印象を受けます。それは、研究者にとってはある種の不幸かもしれません。

その点、私は世の中に計算機というものがあまり存在しない時代に、国の研究所で新しい計算機システムをイチからつくるプロジェクトに携わることができました。生物の研究に移ったときも、アメリカでヒトゲノムプロジェクトが始まる二年前でした。プロジェクトに参画する日本人が私一人という状況に置かれたのは、かなり稀有なことでした。

ただ、黎明期《れいめい》はモノや環境が整っていない。その研究に対応する出来合いの機器や装置をつなぎ合わせて迅速に動かすことはできません。

ヒトゲノムは、最初、現在のような「シークエンシングマシン」は存在せず、アイソトープを使い、人の手でリアクションをセットし、シークエンシングのジェルも手作業でつくり、フィルムに感光させ、配列を目読していました。今はどういうリアクションが起こるか知らなくても、機械に入れれば解析できる。すべてをゼロから構築しなければならない時代を通ってきたので、それが当たり前という感覚がどこかに残っています。

計算機もコアメモリの時代を経験しています。紙テープリーダーからパンチカードになり、エディターもないので、プログラムはカードデッキや一ロールの紙テープという時代から入っています。幸い、大学に入ったときに大型計算機を解体する場面に立ち会い、計算機がどのように設計され、どのように動くのかを、すべて実物で見ています。

その後、計算機はどんどん小型化し、小さな箱の中に入ってしまって見えなくなりました。ソフトウェアも、誰かがつくったライブラリーを組み合わせればできるようになり、スピードが求められるようになります。私たちの時代は何もないので、イチから書くのが当たり前という感覚がある。ゆっくり考え、イチから築くことが許された時代に研究者としていられたのは、研究者の基礎を形成するうえで幸運だったと思います。今とは、研究に費やせる時間の感覚がまったく違うからです。

今は、さまざまなツールに恵まれています。そのおかげで短時間でいろいろなことができてしまう。これは、研究者にとって本当に幸福とは言えるのでしょうか。なぜなら、あらゆるツールが「ブラックボックス化」しているからです。

生物実験にしても、細胞からＤＮＡを抽出するときに、私たちの時代はキットという概念がありませんでした。すべての反応液を手づくりし、一つひとつのリアクションを行なっていく。なぜここでアルカリ溶液を入れるのか、なぜここでエタノールを入れるのか、理屈を理解してはじめてできることでした。

すべてがキットになると、理屈を理解する必要がなく、それをセットすれば簡単にできてしまう。例えば溶液一番から三番までを順番どおりに入れるだけで良いのです。さらに機械化も進み、機械のタンクに溶液をセットすれば、何十、何百のリアクションを自動的に行なってくれます。効率は飛躍的に高まりました。研究者がリアクションの意味などを理解していなくても結果が出てしまう。これは、果たして本当に良いことなのでしょうか。

時代だけでなく、分野によっても互いの認識に溝があります。ヒューマンゲノムプロジェクトが始まる前、コンピュータの専門家である「計算機屋」と、バイオの専門家である「生物屋」が共同でプロジェクトを進めるための会議が行なわれました。

今でもそういう感覚が少し残っているかもしれませんが、生物屋は計算機屋を「机に座ってゲームしている人」と、逆に、計算機屋は生物屋を「体を動かしているだけで頭を使っていない人」と見る風潮がありました。

こうした理不尽な偏見を払拭《ふっしょく》するには、誰か一人でも両者の溝にかかる橋を渡らなければならない。そうしないと、いつまでもお互いへの批判は終わらないと感じていました。そこで、私が領域を渡ることにしました。

どちらも経験すれば、偏見を持たずにサイエンスを楽しめるだろうと思ったのです。我ながら効率の悪い生き方だと思います。生物に移ってゼロからやり直したのは、正直なところ負担も大きかった。でも、ジプシーのように放浪したことで、いろいろなことがようやくつながる実感を得ることができました。

研究者はサイエンスを楽しむのが最も大切

学生時代から、その道の先駆者の研究者に出会う機会に恵まれました。生物の場合、最初に行ったローレンス・バークレー国立研究所では、アルゴンヌ国立研究所、アメリカ国立衛生研究所（ＮＩＨ）との共同研究を行なっていたので、一年のうち三分の一ずつをそれぞれの研究所で過ごしました。

アルゴンヌ国立研究所で同じ部屋にいたカール・ウッズ先生という年輩の研究者は、思考をめぐらすために一日中ホワイトボードにリボソームＲＮＡの形を描いていました。当時の私は入ったばかりでまったく知識がなく、その方がどれほど素晴らしい研究をされているかも理解していません。ただ、この人は毎日楽しそうに描いているなと思っていただけです。

今になって思えば、すべての生物が共通に持つ遺伝子のわずかな変異をもとに、どこがどう違うかを計算して系統樹をつくる「分子進化学」を提唱したのが、このカール・ウッズ先生だったのです。いま展開されている進化学の基礎を築いた研究者ですが、彼がとても楽しそうに描いていたのが、その共通遺伝子だったのです。

計算機のほうでは、並列計算モデルの土台がなかった一九八〇年代、ちょうど「オブジェクト指向」という概念が出てきました。その基盤になった「アクター理論」を提唱した

ＭＩＴのカール・ヒューイット先生と出会う機会がありました。

ヒューイット先生も、頭の中でずっと思考実験をやっていました。理論や概念を大きく展開するとき、人と共同で作業をすることはあっても、元になる概念は一人の頭の中で生み出していくものだと、先生たちの楽しそうな姿を見てつくづく感じました。だからこそ何年かかっても答えにたどり着けるという、楽観的な部分を持てたのだと思います。


この歳になっても、研究者はサイエンスを楽しむことが最も大切だと思います。ローレンス・バークレー国立研究所のあと、カリフォルニア大学バークレー校のダニエル・コシュランド研究室に一三年半在籍しましたが、毎日のように先生がこう言っていました。

「レッツ・エンジョイ・サイエンス」

「アー・ユー・エンジョイング・サイエンス？」

私は、昔から、サイエンスを楽しむ空気に満ちた場所で仕事をしてきました。

「サイエンス・テルズ・バイ・イットセルフ」

この言葉も毎日のように聞かされました。研究を言葉でつらつら説明するのではなく、明解な答えで圧倒する。そういうサイエンスを楽しもうという意味です。

これらの言葉は、私の研究者としての基本です。説明を必要としないシャープな解、そこにたどり着いたとき、生きていて良かったと思える瞬間です。

二つの領域を体験してわかったのは、材料は違っても、それを考える過程は両者にほとんど違いはないということです。思考実験を形にしていくプロセスはそれほど変わらない。その点からすると、私はサイエンティストというより、根からエンジニアだと痛感します。

手法はどうあれ、とにかく事実を発見したいのがサイエンティストであるならば、私はそこまで強い思いはありません。むしろ、新しいシステムをつくりたいという思いのほうが強い。だからこそ、エンジニアと自覚しているのです。

計算機では、OSやプログラミング言語、ゲノム解析システムなど、システムとして構築する作業を行なっているときにワクワクします。誰もつくっていないものをつくり出す。何もないところから生み出す。そのことにこの上ない喜びを感じます。生物でも、誰もつくったことのない新しいタンパク質や新しい生物を生み出す遺伝子組み換えの過程を必死に考え抜き、新しいシステムを構築するのが醍醐味です。

東洋医学という新分野に飛び込む

現在取り組んでいるもう一つのプロジェクトは、東洋医学に関する研究です。今まで取り組んできた研究と根本から違う世界なので、その概念と言葉をゼロから理解するのに七年半かかりました。

新しい分野に飛び込むときは、いつも数年かけて幼稚園児に戻ったような情けない気持ちを味わいます。いくらコンピュータシステムを理解し、問題を解けるようになったとしても、生物に入ったらゼロから始まる。情けない思いをすれば、覚悟が生まれる。その経験をすると、次の分野でも何年かすれば深く理解できるようになるだろうという能天気さが身につきます。私には大志などなく、すべてが成り行きで転がってきたのです。

研究の方向が大きく変わったのは、個人的な理由からです。

アメリカから帰国し、気候や社会システムに適応できないことも重なり、体を壊してしまいました。体調は二〇〇七年から四年にわたって下り坂を転がり、二〇一〇年に底をつきます。二週間に一度は風邪をひき、年に二回は肺炎にかかる。なんとか実験室には通っていましたが、家に帰ったらバタンキューという生活でした。

やがて、実験を遂行する体力すらなくなってしまいました。自分の健康を失ったことが発端となり、どうやったら健康になれるだろうと健康への道を模索します。その過程でたどり着いたのが、生物たちが教えてくれる生存戦略でした。

同時に、母が癌《がん》にかかり、少しでも健康になってほしいと願いました。年配者は腸のぜん動運動が弱くなり、多くの方が便秘などお通じの問題で悩んでいます。

母もそうでしたが、医師の処方する薬は下剤です。頭痛には頭痛薬、便秘には下剤。でも下剤は悪循環に陥ります。私が玄米のご飯をブランの部分を少し外した五分づきで持っていくと、食物繊維がキャリアになり、何年も患った問題が一週間で解決しました。

自分自身の健康問題と母の病気を体験して、そこで役立ったことを突き詰めたい。母が生前残した「私のような人たちのお手伝いになるようなことをしてね」という言葉も心に引っかかっており、そこから薬膳、中医学、アーユルヴェーダと関心の範囲が広がっていきました。


サイエンスにどっぷり身を置いた私としては、東洋医学をこれまでの伝承法とは異なるものの見方で捉えています。食物、植物、生薬、漢方薬の成分や作用を盲目的に信じるのではなく、サイエンスとして何千何万という化学物質に落とし込む作業をしています。それを一般の方にもわかりやすくするには、どうやって次元を減らし、できるならば小学校で習う七大栄養素のレベルに纏《まと》め上げるかがポイントになります。

それが上手くいけば、一般の方もこの結果を理解できると思いますし、意味もわかる。化学物質の名前など知らなくても、八百屋さんやスーパーで見極めたり選んだりできるようになる。それを最終的な目標としています。要素還元主義に基づくレベルを、いかに次

Genome Dynamics Analysis
chanisms for Evolving Life
5. Obtain a HDF functional category profile
by inferring the categories of genetic functions
associated with HDs belonging to individual HDFs.
HDF Functional Analaysis Profi
(a) Photosynth

Levenshtein Distance (LD)
Transition-sensitive LD (TLD)
Implementation of TLD in Dynamic Programming
Hierarchical Application of TLD
Application of TLD
Approximate Name Search
Image Data Analysis

元を低くし、五官で感じられる色や香りや味などの巨視的な分類で説明できるか。それが私にとってのチャレンジです。

まわりに左右されずにとことん考え抜く

生薬は「四性五味《しせいごみ》」と呼ばれる特徴で記載されています。寒性（体を寒くする）・熱性（体を熱くする）・温性（体を温める）・涼性（体を涼しくする）を四性と呼び、酸味・苦味・甘味・辛味・鹹味《かん》（塩辛い）が五味です。これらの組み合わせに基づいた生薬の特徴や配合が二〇〇〇年以上前から伝えられてきました。

その時代の先人たちは、化学物質の名前など知りませんし、化合物さえ見たことも聞いたこともない。それなのに、どうしてこれが風邪に効くのか、どうしてこの生薬の組み合わせにたどり着いたのか、西暦二〇〇年代にどうして葛根湯が生まれたのか、それが私にとっては非常に魅力的でした。

その謎を解明するために、とにかく地べたを這うように実験し、計算機を回し、プログラムを書き、さらに計算機を回しています。そうすれば必ず解にたどり着けるはずです。こうして研究を進めるにつれ、どうして五臓六腑のどこに効くことがわかったのか、先人たちは宇宙人だったのか、ますます畏敬の念が増してきます。

調べてみると、彼らは情報体系として膨大な情報量を溜めていたことがわかりました。それが東洋医学の基礎になっている。中には間違いもありますが、論理的に成り立っている点も多々あります。その部分をつなげることができれば、野菜でも生薬でも、その色、香り、味などで普通の人でも理解できるレベルになるのです。

普通に生活していてビールを飲むと、お手洗いに行きたくなります。苦いものは水分を下におろし、体を冷ます利水効果によって水を外に出す効果がある。東洋医学を学び始めたころは、そういうものを「嘘でしょ？」と懐疑的に見ていました。ところが、サイエンスとつながりができ始めると、納得できる部分がたくさん出てきました。その結果、これからの東洋医学の基盤になるようなサイエンスが必要だと思うようになったのです。

伝承医学や伝統食と呼ばれるものは、ひと言では説明できない、いろいろな説明の集積の上に築かれたものです。その説明を紐解いていくと、理にかなったものが多くある。それは宗教ではなく、非常に論理立っているので魅せられたのです。

世のため人のための研究といいますが、私の場合はその手前に自分や家族や友人たちにさまざまな問題が起こり、その問題を解決していく中で研究テーマに出会いました。周囲からは、何をやっているのかさっぱりわからないと言われています。

体調を崩したとき、肺炎から最後は口内炎になりました。自分の体内常在菌に勝てない状態になったのです。人間は一人で生きているわけではなく、いくつもの生物に助けられて生きている共生体です。健康なときはお互いに共存し合っていても、免疫力が底をついたときに、いいようにやられてしまった。

人間は一人では生きていけない。しかも、自分を守ってくれる生物たちと仲良く暮らしていかなければならない。そのとき、自分自身の健康の道を探るうえで、コテコテの要素還元主義のサイエンスで学んだ細胞内の分子メカニズムはまったく使い物にならなかった。ボトムアップのアプローチが通用しなかったのです。

それなら、トップダウンで行くしかない。そこでたどり着いたのが東洋医学の全体論の考え方です。五臓六腑や五官がつながり一体として機能しているように、人は体内外の生物たちとつながり、そして自然や宇宙とつながり、一体として進化しながら生きています。貝原益軒《かいばらえきけん》が残した『養生訓』には、人はどうやって暮らしていけばよいかが書かれており、そのもとにあるのも東洋医学です。必死に読み、どうやったら健康になれるか学びました。

言ってみれば、これも成り行きです。決して世のため人のためという「大志」があるわけではありません。

とにかく、まわりに左右されずにとことん考えるという、サイエンスの楽しみは味わっていきたい。日本とアメリカ、計算科学と生物学、要素還元主義のサイエンスと全体論の東洋医学。表現の仕方も伝え方も、アプローチの仕方もまったく異なるそれぞれ二つの世界の中で残るのは、サイエンスのコアの部分だけです。

しっかりと自分の頭の中で考え、アイデアを形にしていく。これはどちらの世界でも不変であり、その部分を大切にしたいと思っています。

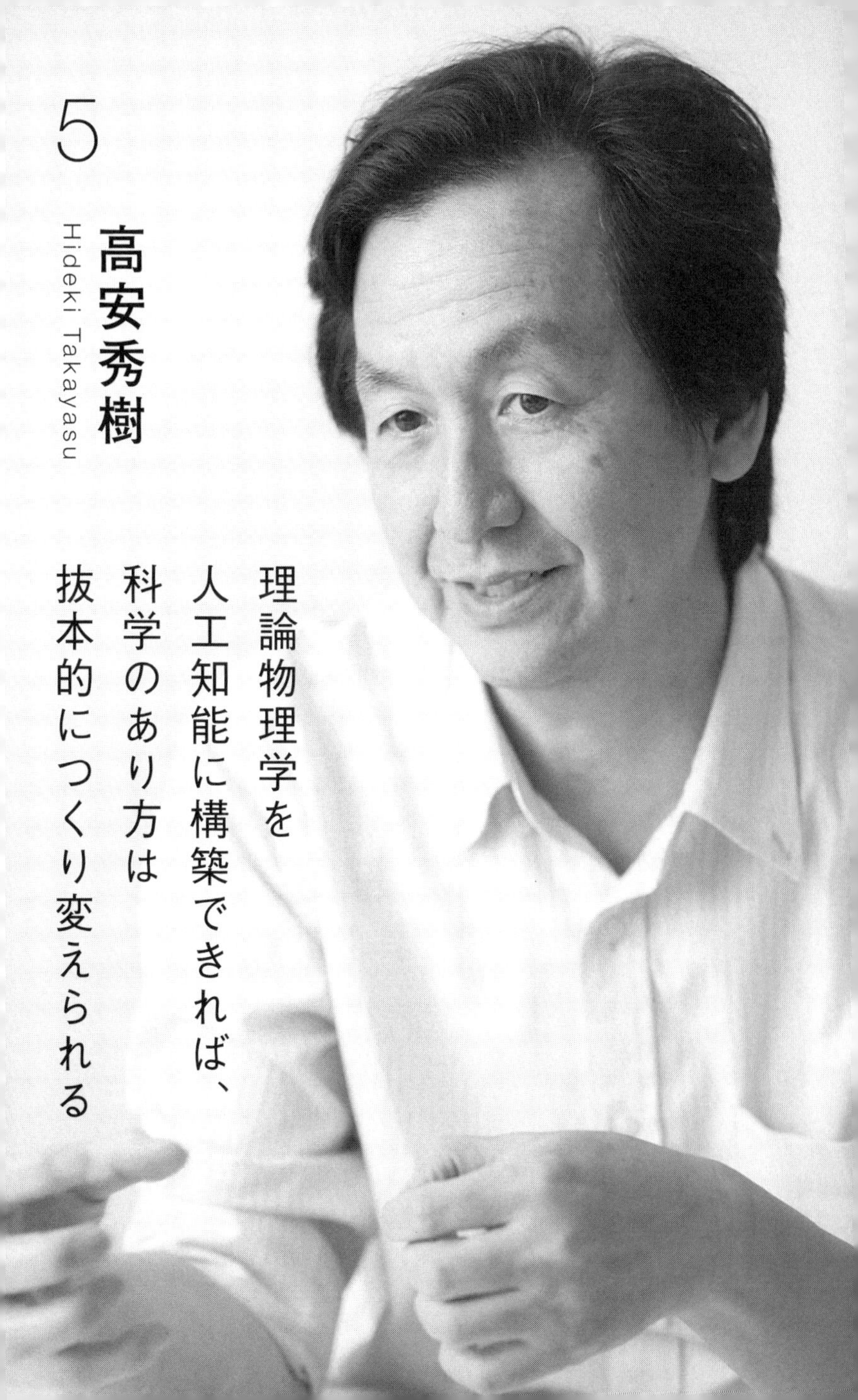

5

高安秀樹

Hideki Takayasu

理論物理学を人工知能に構築できれば、科学のあり方は抜本的につくり変えられる

たかやす・ひでき
フェロー
博士（理学）

1980年、名古屋大学理学部物理学科卒業後、名古屋大学大学院理学研究科物理学専攻にてフラクタルに関する理論的研究で理学博士取得。日本学術振興会特別研究員として京都大学理学部物理学科にて乱流とフラクタルの研究をしたのち、神戸大学理学部地球科学科助手・助教授として地震現象・浸食地形・べキ分布の数理に関する研究に従事。この間、米国イェール大学応用数学科およびボストン大学物理学科にて客員研究員をそれぞれ1年間兼務し、経済物理学の研究を開始した。1993年より東北大学大学院情報科学研究科教授として、情報ネットワークの輻輳に関する研究を行なった。1997年より、ソニーコンピュータサイエンス研究所シニアリサーチャー、2005年より半導体工場のデータ解析に携わる。2010年より明治大学先端数理科学研究科客員教授兼務、2015年より東京工業大学総合理工学研究科特任教授兼務。2018年より、ソニーコンピュータサイエンス研究所フェロー。

物理を夢見た少年が、物理に魅せられた研究者に

高校のころから物理が好きで、将来は物理の道に進みたいと思っていました。でも、高校の物理はまったく面白くない。授業もあまり真面目に聞きませんでした。それでも、本当の物理学はこんなものではないはずだという確信は、科学雑誌やブルーバックスを読むうちに固まっていきました。

名古屋大学理学部物理学科に進むと、高校時代に裏切られた物理はまったく違う科目かと思うほど面白かった。研究者になりたいという思いは、大学に入ってからより強くイメージするようになりました。

物理学は現実が基本です。ノーベル物理学賞も、現実の現象が実験や観測で確認されたものしか取れません。そこが数学と違うところで、どんなに立派な理論をつくっても、現実に確認できたものでないと物理学になりません。

十九世紀までの物理学には「連続体」という考え方がありました。ニュートンの微分積分は、無限に拡大するとすべては直線的になっているという考え方です。見かけは「グチャグチャ」していても、拡大し続ければ最後には直線になる。その微分係数を考えると、どのような運動も記述できる。それがニュートンの考え方です。

それが発展し、いろいろなものに使えるようになりました。流体力学は、液体や空気の動きを記述するときに微分方程式を使います。微分で書くということは、物質はいくらでも拡大できるし、いくらでも細かく分解できるという「連続体仮説」に基づいている。十九世紀の終わりまで、微分の考え方は物理的な実態だと信じられてきました。

二十世紀になってアインシュタインが登場し、原子分子が「つぶつぶ」でできていることがわかりました。世界は滑《なめ》らかな連続的なものだと思っていたのに、拡大して見ると物質は「つぶつぶ」でできていることになってしまった。物質に対する考え方が根本的に変わったため、ミクロの分子原子をきちんとやらなければならないと、物理学者は一斉にミクロに目を向けます。直感の世界とはまったく異なる量子力学が確立して、原子の構造がわかるようになると、さらにミクロな素粒子の研究に注目が集まりました。そして、そこでも次々と発見が報告されていたのです。

大学の学部に入ったのは「非線形」物理が登場したころです。物理の考え方で「重ね合わせの原理」というものがあります。波にはさまざまな波長があり、それらを重ねていくと、どのような波形でもできる。シンセサイザーがどんな音でも出せるのは、音を基本的な波に分解し、波長の振幅を調節して任意の波形をつくるからです。

バラバラにして重ね合わせると全体ができるものを「線形」といいます。それまでの物理学は、線形の世界です。一つの答えが見つかって、もう一つの答えが見つかると、それを組み合わせて足していけば、どんなものでもできるという考え方です。

それに対して非線形は、重ね合わせができない効果です。端的に言えば「1＋1」が2にならない。ある人が働く能力と、別の人が働く能力があって、二人一緒に働くと足し合わせた能力になるかというと、必ずしもそうとは限りません。相乗効果で三人分になることもあれば、邪魔し合ってゼロになることもある。

こうした重ね合わせができないものを非線形といいます。現実の世界に、非線形な現象はいくらでもあります。ただし、非線形な効果はケースバイケースで、単純にバラバラに分解して組み合わせるだけではないので、本質的な難しさがあります。

大学では、物理の基本として線形代数を学びますが、基本的にはすべて手計算で解けます。解けるから使いやすく研究しやすいので、取り組みやすい。しかし、実際の自然界の現象や人間の現象は、ほとんどが非線形です。

個人がバラバラでお金を持っていても何もできませんが、みんなが持ち寄るとまとまった金額になる。金額以上の価値が生み出せるようになるから、事業をやるときに会社をつくる。完全に線形であれば、バラバラでもまとまっても同じはずです。こうした非線形な効果をしっかりと考えようというのが、非線形物理という分野です。

普通は問題が解けるほうが楽しいので、線形物理を勉強する人が多い。でも私は、迷わず非線形へ向かいました。ちょうど素粒子の研究が盛んで、優秀な物理学者はこぞって素粒子に関心を向けていました。私は生来の「へそ曲がり」で一〇〇人のうち九九人がある方向に進んだら、自分は逆に進もうと思うタイプです。

しかも、すっぽりと抜け落ちている分野がありました。線形では、身近にある「なんでタバコの煙ってこんなにグチャグチャになるの?」という問いに答えられない。そこに目を向けた物理学者のうち、フランスの数学者ブノワ・マンデルブロが「フラクタル」を考え出しました。

我々の世界にある「グチャグチャ」さは、単に「グチャグチャ」なのではない。拡大しても縮小しても、同じように見えるフラクタルという性質を持った「グチャグチャ」である。川の形が木の枝のようになるなど、自然の地形や雲といった私たちの身のまわりにあるものの大部分は、まったくのカオスではなく、規則性がある「グチャグチャ」で、それをフラクタルといいます。

私は、今までの物理学者とはまったく異なる視点でできる研究であること、身近にあるもので直感的にも面白いことを理由に、フラクタルを研究しようと決めました。ちょうど大学院に入ったばかりの一年生でした。

へそ曲がりの生徒とへそ曲がりの先生の出会い

へそ曲がりといっても、私はより難しい課題にワクワクするタイプではありません。むしろ、へそ曲がりで簡単なところに目が向く。みんなが注目していないところは、意外と簡単なことが多いものです。フラクタルもそうでした。

大学院で勉強を始めたころ、素粒子の知見を網羅しようとすると、膨大な量の書籍を読まなければなりませんでした。論文も毎年続々と出てくるので、ものすごいスピードで勉強しないと最先端まで届かない。それに比べると、非線形物理に関する文献は少なく、書籍も数冊ぐらいしか出ていないので、それを読んでしまえば最先端まで到達できる分野でした。

フラクタルはさらに少なく、書籍はわずか一冊、論文も一〇本に満たなかった。それを読んだ私は、フラクタルに関して前人未踏の地に立っていました。先人がいなければ、自分の好きなように研究ができる。そこが魅力でした。

たしかに研究は探検のようなもので、目星をつけたところに到達しても何も出てこないケースもあり、徒労に終わって一生を棒に振るリスクもあります。みんなが注目しないのにはそれなりの理由があり、掘っても何にも出ないリスクを避けているのです。そういう意味で、最先端まではすぐに行けるけれど、その先の保証はまったくない。だから進む勇気は必要です。みんなと同じことをやればそこそこの結果が出て安心できるし、困ったら相談できる。誰もいないところでは、自分の勘だけを頼りにやるしかありません。

私はそういう不安や孤独が好きなこともありますが、いろいろやれるのが楽しかった。あまり勉強しないでも最先端に着くので、余裕を持ってこれもやってみよう、あれもやってみようとチャレンジしていると、どこかで面白い結果が出る。一つひとつの成功確率は低いとしても、トライする余地があるから、総合的にはお得だと思っていました。

研究は、新しい分野を掘っていくほうが、既存の分野を掘っていくより絶対に大当たりする確率が高い。歴史的に見ても、大発見はみんながやっている中から生まれたものはなく、まったく違う分野から生まれたり、主流ではないところから生まれたりしています。本当に面白い研究をやりたいと思ったら、みんなが行くところは避けるべきです。

飛び抜けて頭が良ければ、既存の世界でも成果を出せるかもしれません。素粒子をやろうと思ったら、世界中で素粒子の研究をしている天才を超える頭の良さがなかったら、すべての文献を読破してさらにその先に進むことはできない。少しでも客観的に自分の能力を考えたら、とても太刀打ちできないのはわかっていました。

そのうえ、ほとんどの物理学者は「つぶつぶ」の世界ばかり見ていて、人間ぐらいのスケールの現象をほとんど見ていない。そこを見るのは絶対に必要で、身近な現象については誰もが興味があるはずだから、長い目で見たときの確信はありました。いずれこの分野は絶対必要になる。だから、自分では博打《ばくち》と思っていませんでした。空振りになってしまうリスクはありますし、みんなが注目するのは何十年も後になってからになるかもしれない心配はありましたが、それほど気になりませんでした。

もちろん、結果が出ないことへの焦りはあります。その点で、研究室の谷内俊弥《たにうちとしや》先生に出会ったのは幸運でした。谷内先生は、世界的に著名な非線形物理の先駆者で、現在の光通信にも使われている「ソリトン」の研究をしていました。

谷内先生も私と同じへそ曲がりで、フラクタルの研究を容認してくれた。私が研究室に入ったころ、これからの非線形は「グチャグチャ」になる非線形だと言って、乱流のような「グチャグチャ」になるものをやりたいと言っていました。

谷内先生はきれいな非線形を研究しているイメージが強く、その教えを目指してくる弟子も数多くいたのに、本人はさっさと先に進んでいて「グチャグチャ」に興味が移っていました。フラクタルは谷内先生の得意な分野とは違いますが、私の話を面白がってくださったのは心強かった。

コンピュータの進化も影響しています。非線形は手計算では解けません。計算機を使えば、どんなに難しい非線形な相互作用が入っていても、普通の線形な問題を解くのとほぼ

同じ手間で解けてしまいます。私は早くから計算機は絶対必要になると確信し、バラバラの部品からパソコンをつくるNEC　TK-80というキットを買った。抵抗やトランジスタなどをボード上に半田付《はんだづ》けして組み立て、プログラムを組んで計算しました。

谷内先生には「プラズマ核融合」というもう一つのご専門がありました。核融合するプラズマも手計算による解析には限度があるので、コンピュータを使います。当時、最先端のスーパーコンピュータが名古屋のプラズマ研究所にあって、先生のコネクションでそれを使わせてもらうことができました。

非線形な問題がコンピュータを使って解けて、「グチャグチャ」なものに対する関心も高まっていきます。フラクタルをやると決めて研究し始めてからは、あまり孤独だと感じる間もなかったかもしれません。

フラクタルによって物理を経済に応用

私が経済の分野に足を踏み入れたのは、マンデルブロがいたイェール大学に日本学術振興会の海外特別研究員という制度を利用して留学したことがきっかけです。

あるとき、マンデルブロに「どうしてフラクタルを思いついたのか」と聞くと、彼は発想の原点は経済にあると言いました。彼がもともとフラクタルを思いついたのは、価格変動のグラフが拡大しても縮小しても同じに見える「自己相似性」からです。この自己相似性が株価の変動だけでなく、自然界などさまざまなものにあることに気づき、フラクタルという概念に行き着いたと語ってくれました。

たしかに、マンデルブロの本には価格変動の話も出ていて、対象の一つではあった。ただ、私自身が大学で経済学を勉強したときに、あまり好きになれなかったし金儲けにも関心がなかったため、経済をやるモチベーションがまったくありませんでした。

さまざまなフラクタルの現象の研究をしましたが、ひび割れができる現象、雨が降って浸食で川ができるシミュレーション、地震など、すべてが自然現象でした。マンデルブロにフラクタルの根源は価格変動だと言われ、それをやるしかないと決意します。

市場価格の変動がフラクタルの根本なのだとしたら、そこに踏み込むべきだと思いましたが、経済学もまともにやろうとすると大量の文献を読まなければなりません。でもゆっくりと本を読んでいる暇はない。共同研究者を探すしかないと思い、イェール大学の経済の専門家といえば真っ先に思いつく、浜田宏一《はまだこういち》先生にコンタクトしました。

当時の経済学は、ゲーム理論的な考え方が中心でした。十分知識のある人たちが十分先読みして価格をつけると、市場価格は安定するはずだという考え方です。

「理屈はそうかもしれないけど、現実は全然違いますよね」

そう浜田先生に言うと、現実の市場価格がなぜ安定せずに大きな変動をするかについて研究している人はあまりいないと言われました。先行研究が膨大にあったら、それを読まなければならなくなります。これは自分で考えて好きなように研究できると喜んで思考を始めました。考えついたのが、物理の考え方から起こしたシミュレーションです。

仮想的な市場を考え、複数の人が独自の値段をつけて、売りたい値段と買いたい値段がちょうど釣り合ったところで取引が成立する。たくさんの人が売りと買いの価格を提示して、釣り合う人同士で取引するが、売値と買値が食い違っているときは取引できない。この基本的な仕組みを物理流にモデル化します。買いたい値段と売りたい値段を戦略的に持つ多くの人を用意し、ちょうど売りと買いがぶつかったところで取引し、その値段がみんなにアナウンスされる。合理的に先読みするような複雑なことはせず、それぞれの人は価格が上がったらさらに上がると先読みし、逆に価格がある程度下がったらその先まで下がると先読みする。そういう単純なルールを設定したモデルをつくり、シミュレーションにかけてみました。

その結果、面白いように価格が変動しました。それぞれの人が単純な戦略を持っていても、全体の価格はほぼランダムに見えるような変動になる。それはまるで本物の価格変動のようでした。パラメーターを変えると暴騰、暴落のような現象も起こるので、結果的にフラクタル的な変動も簡単にそこから説明できて、当初狙った市場価格がフラクタルになる理由にも答えられました。それを浜田先生に話すと面白がってくれて。最終的には共著の論文を書きました。

理論物理学ができる人工知能を生み出したい

今、人工知能は飛躍的に適用範囲を広げています。人間のできる知的作業の多くが人工知能に置き換わりつつある。単純な事務作業はもちろんのこと、高度な知識と経験が必要とされる医療やモノづくりの現場でも、データに基づいた的確な対応策を提案するような人工知能もすでに誕生しています。

しかし、理論物理学に関しては、その最も基本的な部分でさえ、今の人工知能には手が出せていません。物理学が、数学の厳格な論理とデータに基づく曖昧《あいまい》な経験則を都合よく融合する、物理学特有の論理展開をするからです。

そもそも私は、理論物理を「できる」と思っていますが、自分の考え方をきちんと定式化すれば、自分ではなくてもできるはずだと思っています。自分は本を読んだり人と会ったり、経験も踏まえたうえで考えていますが、自分が思いついたプロセスを、私にしかできないものではなく、同じものを与えれば機械でも考えられると思っている。自分の頭の中で考えているものは人間にしかできないものではなく、同じものを機械にやらせることもいずれはできると思っているのです。

ただし、物理学の考え方が数学と大きく違うのは、一見論理的に見えても、根本的に論理的ではない部分が数多くある点です。物理で最初に習うF（力）＝m（質量）×a（加速度）という式は、力は質量と加速度で表わされるということを示す公理です。

この式をなんとなくわかる人は物理ができますが、物理がわからない人は、これが何を定義しているのかがわからない。つまり、ものの動きで実際に観測できるのは加速度だけで、力はもともとない。あくまでも力という概念をつくっているにすぎません。質量ももともと質量というものがあるわけではなく、観測できない概念です。

そう考えると、$F=ma$という一つの式で、力という概念と質量という概念をなんとなくわかった気になって、唯一観測できる加速度と組み合わせて式にしているのです。それでもこの式が有効なのは、Fとmを適宜定義することによって、現実の世界の現象を普遍的かつ簡単に数式として表現できるからです。データに頼るしかない曖昧模糊とした現実の世界と、厳格な論理からなる数学の世界を、最小の理屈で結びつけるのが、理論物理学の独特な思考法なのです。

ただ、ここで考えた質量はバネの運動でも使えるし、重力が働いたときにも使える。定義がきちんとしていなくても、質量というものがあったとすると、いろいろなところで矛盾なく使える。そこまでいってはじめて、質量が実体だと言えるのです。

この論理を人工知能の中に構築することができれば、科学のあり方は抜本的につくり替えられることになるはずで、世界を大きく変える原動力になります。ただ、この論理が今のコンピュータにはなかなか乗らない。きちんと定義さえすれば、今のコンピュータはそこから何かを実行するのは完璧にこなします。その壁を突破するのが、これからの私の仕事になると思っています。

この発想が、人間や社会のためになるかは、今のところわかりません。ただ、私は人類の遺産になるような研究をして、自分が発見したものが後々ずっと残ることを期待しながら研究に取り組んでいます。自分の関心が、自分だけの関心に終わることなく、後に残るものであってほしいのです。

極端に言えば、私が死んだ後で花咲くような研究、つまりこの研究は私が死んだ後で絶対に評価されるという自信があれば、生きている間に評価されなくても満足できると思います。反対に、後に何も残らないけれど、今、多くの報酬が手に入る研究テーマには、あまり魅力は感じません。

一生遊んで暮らせるお金をあげるから、もう研究はやらなくていいと言われるよりも、食べていけるだけのお金をもらって研究をやるほうが自分にとっては幸せを感じると思います。このような幸福感自体もへそ曲がりならではなのかもしれません。

6

アレクシー・アンドレ

Alexis André

人はもっと面白がれるはず

アレクシー・アンドレ
博士（学術）

2003年フランスのグランゼコールの名門、高等電気学校Supeléc工学部でエネルギーおよび情報科学専攻。2004年東京工業大学大学院情報理工学研究科計算工学専攻修士課程修了。2009年同大学院博士課程修了（コンピュータグラフィックス／コンピュータビジョン／インターフェース）。2009年よりソニーコンピュータサイエンス研究所リサーチャー。最新のデジタルメディアを応用することで、これまでにない創作活動を探求。創作のプロセスそのものをアートとして捉え、プロセスとのインタラクションを大切にしている。中心とするテーマは、デジタルネイティブ世代にも通用する次世代の娯楽を確立することである。その関心分野は、CGアートやCAアート、手順設計、コンピュータグラフィックス、HCI、コンピュータビジョン、ゲーム心理学およびゲームデザインを含む。その研究成果はYCAM（山口情報芸術センター）およびSIGGRAPHでも展示され、オープンリール・アンサンブルからISSEY MIYAKEに至るまで、数々のアーティストらとコラボを行なっている。ソニーの体験型トイ・プラットフォームtoioの発案者でもある。

人によって異なる「面白い」ポイントを追求する

人それぞれのエンターテインメントをつくりたいという願望があります。人はそれぞれ好みが違っているのに、なぜ同じものを見て、聞いて、体験して、同じ笑顔を見せなければならないのか。そこが疑問でした。逆に、どうすれば自分がその世界に没頭できるのかを考え、少しずつボトムアップし、評価していくうちに、その情報が自分だけのものという感覚になると、より強い興味を抱くのではないかと考えています。

例えば、同じ映画でも人によって見え方が違えば、もっと人は面白がれるはずだと思います。それをどうやってつくるかが難しい。映画を面白くするためには、面白いということの定義を定めなければならない。そして、その人にとっての面白さを理解しなければならない。その人に面白いと感じてもらうために、その人のどのような反応を見れば面白いと感じているかを細かく分析しなければならない。やらなければならないことは、山のようにあります。

今、自分がやっていることに熱くなっている、今、自分が見ているものが好きという感覚をつかむには、例えば三〇分間ゲームで遊んでもらい、ゲームの経過に応じた心拍数や汗の量の変化などからヒントが得られます。それは人によって異なるので、その人が反応した部分がその人にとって面白いと感じる瞬間です。

そうした単純なデータから得られる情報を、ほんの少し調理すれば、面白いものができると思います。それに加えて、その人が何を読んできたか、どんな映画を見てきたか、どんな経験をしてきたかをデータとして取り込むことができれば、まったく同じ体験ができる空間でも、人によって異なる体験ができるはずです。

同じ映画を見た複数の人たちが、私はこういう映画として見ました、あなたはどのように見ましたかという会話ができる。それも、エンターテインメントの体験としてさらに面白くなる可能性があります。

私の考える「面白い」は「やりたくなる」「ワクワクする」「他人に教えたくなる」という条件がつきます。そして、どんなに面白いゲームをやっても、つくる人にはかなわないという感覚を変えたい。

このシステムを構築するのは、私の一生の仕事になるでしょう。インプットすべき変数も膨大になりますが、それはビッグデータが一般化し、これからさらに人工知能が進化していけば、十分に扱えます。

しかも、データを平均化するのではなく、ユニーク化する方法があるのではないかと考えています。私にとってのビッグデータは、みんなの平均を分析するために使われるものではありません。むしろ、平均から離れているユニークなものを拡張してほしい。人それぞれによって違う「面白い」に向けて、そこに「刺さる」ユニークなものをつくってあげれば、きっと面白い体験ができると思います。それをどのようにフレームワーク化するかは難しい作業になりそうですが、日々楽しみながら取り組んでいます。

　ここまでお話ししてわかるように、私の場合は仕事は遊びです。基本的に、嫌なことはやりません。いくらお願いされても、自分がやりたくないことはやりません。この研究所で取り組んでいる研究は、自宅に帰ってからもやっています。やりたいことは、四六時中やっていたい。だから苦にもならないし、やらないほうが苦痛です。

日本に来たのは偶然だった

　日本を選んだのは、交換留学で候補にあった国のうち、距離的に最も遠かったからです。フランスのグランゼコール（大学とは別に、エリート養成を目的に設立された高等教育機関）の最後の一年間を交換留学に行かないかという話があり、アメリカと日本の大学の締め切りがほかの国よりも早かった。

　もちろん日本に興味はありましたが、日本に行かないと私の勉強が進まなかったわけではありません。ただ、フランスに残ると、何となくこういう流れになるだろうというのが予測できてしまったので、それが納得できなかった。やや挑戦的な気持ちになり、一番遠い日本を選びました。

フランスで生まれた私は、ずっと地方で育てられました。高校が終わるころに両親が引っ越したのに、合格したグランゼコールはなぜかそれまで住んでいた家から徒歩五分のところにあった。二年飛び級をして、普通は一八歳で卒業する高校を一六歳で卒業し、せっかくレベルの高いグランゼコールに進学できて、前に向かって進んでいたはずなのに、周囲の環境は驚くほど何も変わっていない。

周りの学生は全国から集まっているのに、私はかつて住んでいた家のすぐそばに通っている。何も進んでいないような鬱屈とした気分を解消するには、留学はちょうどいい機会になると、日本に行くことを決めました。

ただ、まだ一九歳だった私にとって、日本行きは旅行に行く感覚でしかなく、一年か二年で面白い経験が得られればいいと思っていたにすぎません。


突然日本に来て、言葉もわからなければ、何をしていいかもわからない。最初の半年間は日本語の授業しか受けなかったので、勉強は停滞する。その代償として、かなり日本語がしゃべれるようになりました。

本格的に授業に参加し、日本の大学の雰囲気を体感してみると、大学で期待されていることが日本とフランスではかなり違う気がしました。

フランスでは、卒業した時点で役に立たないと判断されれば、仕事に就くことはできません。だから、大学生は誰もが必死に勉強します。しかし日本の学生は、大学を出ないと好きな仕事をやらせてもらえないという目的のためだけに大学に通っている学生が多かった。卒業する時点で獲得した知識や思考は問われないので、勉強に身が入るとは思えません。企業もその前提に立っていて、学部卒で会社に入ってきた新入社員は、大学では遊んできただけという印象があるので、ゼロから教育する機会を与えます。

大学院に行く学生は、学部卒ではエンジニアとして仕事をさせてもらえないから。勉強をしたいから大学院に行くのではなく、好きな仕事をやるための「箔」をつけるために大学院に行く。そんな空気を感じていました。

研究者になろうと思ったのは、博士課程が終わりに近づいたころです。二年間の修士を終えた時点でまだ仕事をしたくなかったという理由だけでコンピュータサイエンスの博士課程に進みました。何か研究したいテーマがあったわけではなく、まだ就職したくなかっただけです。私が批判した日本人学生と、まったく変わりません。

ところが、たまたま大学で問題が起こり、とても勉強する環境とは言えない状況になってしまいます。そこで、ソニーCSLにアルバイトとして入りました。

そこで見た研究者の姿に、研究には多くの違ったやり方があることを知り、同時にさまざまな刺激を受けたことで、私の考え方はだいぶ変わりました。やりたいことをやれるところが存在する。きちんとやればそれを受け入れてくれる人がいる。受けた仕事をただやるのではなく、自分からやりたいことをやればできる。ソニーCSLでアルバイトをした経験は、その後の私の研究者としてのベースを形成するいい機会になりました。

当時、コンピュータサイエンスの博士課程を修了した学生の出口としては、グーグルのソフトウェアエンジニアが最高峰でした。私もそこを受けましたが、最終面接で落とされてしまいます。それも、二回です。理由を聞くと、意外な答えが返ってきました。

「あなたが満足できる仕事を与えられない」

自尊心を刺激する心地よい言葉ですが、体のいい断わりの文句だったかもしれません。おそらく、私にはグーグルの仕事が向いていないと思われたのでしょう。博士号を取ってグーグルに入るという一本道からは外れてしまいました。しかも、私は博士号を取るのに非常に苦労しました。そんな難しい状況で卒業できたのはプラスでした。

そもそも、私には帰る場所がありませんでした。もちろん、フランスに帰ろうと思えば帰れます。フランスで先生になる道もありました。しかし、日本に留学した以上、フランスに帰ってもなかなか良い仕事には就けません。その点で、ソニーCSLでのアルバイトを経験して、出口があると知ったことで救われました。

人が喜ぶものを探る試み

いま私は、短時間かつ簡単に、しかも直感的に情報を理解できる新しいデータの表現方法について研究しています。ベースは、大学で取り組んだ人間の視覚の研究です。人がなぜこういう絵を描くのか、見たものを再構築できるのか、そうした美学の研究です。

それに加えて、ソニーCSLでのアルバイト時代から考えていた「アンビエント的なビジュアリゼーション（周囲のあらゆる場所での可視化）」も関わってきます。意識をしていないところで、人間にどうやって個々のデータを持たせるか。その人が注目していないところで、そのデータをチャネルとして、つまりインタラクティブなツールとして使えないか。そういったアイデアの研究です。

とくに力を入れているアプローチは、情報の所有権が主張できる点です。

情報が自分だけのためのものだったり、自分が反映できるものだったり、自分にとってユニークなものだったりすると、その情報が自分だけの所有物であると感じ、面白いと思う。誰にとっても同じ決まった情報ではなく、ほんの少しだけでも自分が入っていける情報を面白いと感じる。情報に自分が考えたものを乗せたり、自分がつくる自分だけのおもちゃで遊んだりすると、お決まりのもので遊ぶより倍ぐらい面白くなる。このテーマには、まだまだいろいろと挑戦できることがあり、興味が尽きません。

先ほどお話しした、自分のためのエンターテインメントをつくりたいという願望は、このテーマの延長線上にあります。

最近、自分には何か足りないと思い、この一年半の間、毎日インスタグラムにアニメーションを制作し、アップしています。自分が満足するためにやっていますが、自分の経験不足とアニメーションの上達のためのチャレンジでもあります。

一つは、継続することの難しさです。一日には、必ず終わりが来ます。締め切りは延ばせない。早くしなければならない。きちんとしなければならない。さまざまなプレッシャーが出てきます。

今までは、完成度が低いと「まだちょっと見せられない」「あと一週間考えさせてください」と言っていました。しかし、これをやるようになってから、そんな言い訳をしなくなりました。時間をかけなくても、これができましたと言える自信がついてきた。見る人の好き嫌いがあってもいい、とりあえず今の私の感性はこれに表現されている。そう言えるようになりました。評価されるのは当然です。マイナスの評価を受けても、翌日には次のものを出すので尾を引きません。

自分としては最高の作品ができたと思って載せても、反応がゼロのこともあれば、あま

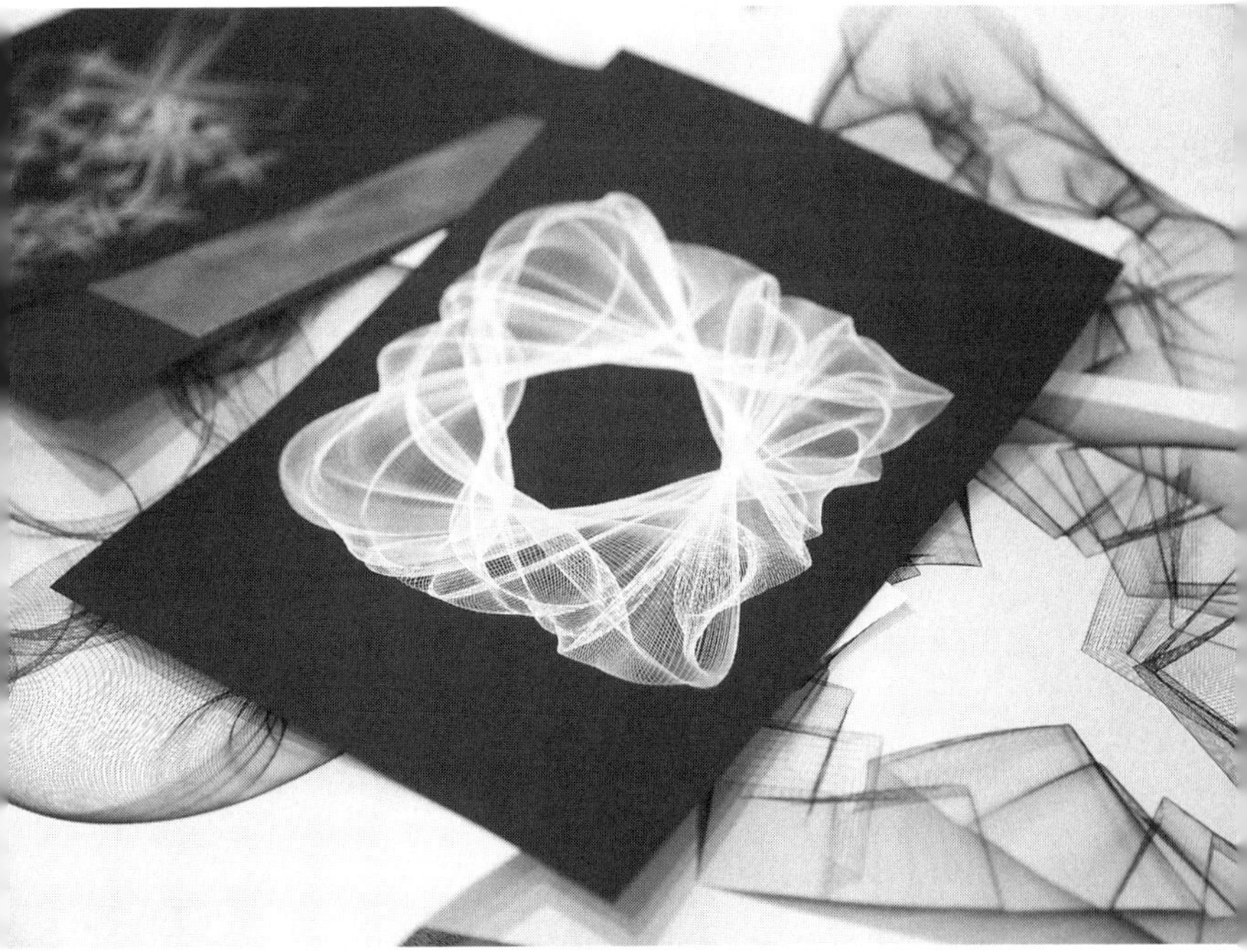

例えばこれは、一本の線で描いた作品。人は何に「面白い」を感じるのか？

り力を入れずにつくったチープなエフェクトしか入れていないものが高く評価されることもある。その方向のズレを認識できるようになりました。今までは、自分の好みだけを基準につくっていたのに、今は一般の人たちに評価されるためには、こういうものをつくれば評価されるだろうというものが感覚的にわかるようになりました。

人の好みに迎合する状態に陥っているのが危険だという自覚はあります。ただ、私の作品を見てくれるコミュニティの人たちからのコメントや交流が興味深い。例えば、ある一カ月は円をつなげるだけというテーマで作品をつくっていて、たまたま私がすごく尊敬している大先輩が同じ日にほとんど同じような作品を出しました。これを見て、お互いに怠けていると考え始めます。つまり、このテーマでやるにはこういうふうにつくればいいだろうという、安易な道を選択したから同じ結果になった。その経験を経て、二人は正反対の方向へ向かいました。怠けるとこうなる。当然の結果しか出てこない。ユニークなものをつくるには、安易な怠惰は避けなければなりません。

このプロジェクトの目的は、ユーザーが喜ぶものが何かを探ることです。相手のためのプロジェクトなので、自分が満足しても意味はない。今は、自分の好奇心で自分のためにやることと、相手の反応をうかがうために相手のためにやることを、分けられる余裕が出てきました。これまで、自分がやりたいことしかやってこなかったので難しい挑戦になりますが、相手のためのプラットフォームをつくるのが私の目的になっているので、あなたにとってはこれが面白いんじゃないですかと言えるところまで持っていきたい。今は、あなたが喜ばない限り私は満足しないと言うこともできます。

自分が楽しめることをやってみないと、何も進まない

もともと人を喜ばせたいという感覚があったわけではありません。

ソニーCSLに来てみたら、みんなが世界を救っています。農業問題で世界を救おうとしている人もいれば、エネルギーで世界を良くしようとしている人もいる。私は、それとは対極のところで、余裕のある人たちのための高級エンターテインメントをつくっている。罪悪感はありますが、人が感じる「面白い」という考え方が変わっていくことが、人がエンターテインメントに向き合うスタンスを変えると思っています。

普通とは違うエンターテインメントをつくるには、利用者と交流し、利用者の反応が必要です。そして、利用者が考え、自分の行動を変え、自分自身で改善しようとしなければならない。その考え方を育てるという観点に立てば、罪悪感が少し収まります。

私ができることで、世界は救えません。ただ、次の世代で私の提案するエンターテインメントが受け入れられたら、もっと面白いことに挑戦できる。その積み重ねによって、いつか私にも世界を救える可能性が見えてくる。ただ、今のところは高価なおもちゃをつく

っている事実に変わりはありません。

仕事は遊びというのは、真面目な仕事はできないという意味です。逆説的にいいことを言おうとしているわけではありません。この仕事がいくら社会を良くする、いくら世界を救えるといっても、その仕事そのものが苦労や苦痛しかなければ、素晴らしいゴールが見えていても私にはやることはできません。

そこに私の限界があり、まずは自分が楽しまないと面白くなれないのです。エンターテインメントしかやらないとわがままばかり言っていたら仕事がなくなるとなったら態度が変わるかもしれませんが、今のところは路頭に迷っていないので、好きなように遊ばせてもらっています。

成果を出すことだけに汲々とするのではなく、人生はプロセスも楽しまなければ損をすると思います。楽器もそうです。一つの楽器を一〇年間練習し、上達し、ようやく上等な場所でライブをする。それが楽しいでしょうか。私だったら上達の途上でも少しずつライブに出たり、バンドを組んで下手でも楽しめる環境をつくります。そうしないと楽器を練習するモチベーションが保てないからです。自分が楽しめないと前に進めない。決して褒められた姿勢ではないかもしれませんが、どうやら私はそういう体質のようです。

　ただし、やりたいことをやるのと、好きなときに好きなことをするのとでは、ニュアンスが違います。あなたは人生を通じて何がやりたいですかと聞かれて、本を書きたいと答える人がいます。かなりメジャーな願望です。でも、そう口にする人に限って、書こうとしません。なぜ書かないのか。本を書くためには、物理的な問題はまずありません。スマホでも書けますし、紙とペンさえあれば誰でも書き始められる。それなのに、なぜ書かないのか理解に苦しみます。

　そういう人は、周囲の環境が整ったら本が書けると思っている。そうではないと思います。本を書き始めないと、その大変さがわからないし、書き続けるのも大変です。やりたいことをやるのには、覚悟が必要です。

　しかし、好きなときに好きなことをする姿勢には、甘えが顔をのぞかせます。好きなときを待っていると、いつまでも何も起こらない。だから、まずはやってみることが重要です。物事は、経験を積まなければ上達しません。本を書くことも、楽器を演奏することも、絵を描くこともそうです。出した結果は、いいか悪いか判断してもらわなければなりませんが、まずはやる。そこからしか次に進めないのは事実です。

好奇心という道を、ただ進んでいく

すべての人にとって、成長感があるのが重要なことかどうかはわかりません。今のままで十分と思っている人、人生のゴールと定めたことを達成した瞬間に満足できる人。そこで終わりにする人もいるかもしれませんが、私にはその感覚がない。そもそも、私にとっての人生のゴールはありません。今日、何をやるかわからないし、明日、何に興味が湧くか想像もできない。だから、人生の目標も当然ありません。

目の前に開けた好奇心という道を、ただ進んでいく。どこに向かっているかわからないけれども、とにかく進んでいく。その結果、昨日の自分より良くなり、良くなったことが自分にもちゃんと見える。その道を進めばいずれトップになり、そのトップの位置から見たときに、さらなるトップの場所が見える。その繰り返しが私の人生になると思います。

自分が行きたいトップのイメージがあるわけではありません。ただ、経験を重ねてきた今、多少なりとも見えてきた。最終的にどういうものになるかはわかりませんが、それを越えたら面白いことが待っていると思います。ただ、そこで終わることはなく、それを越えたところにあるさらなる「面白い」を探していきます。

まずは、自分のための一人旅だと思います。ほかの人の役に立てばもちろんいいと思いますが、人のために何かをやることは考えていません。自分が楽しめないのに、人の役に立てるとは思えない。子どもの教育でも、自分が面白くない遊びは子どもとやらないようにしています。楽しめなければ、楽しめるように工夫してあげる。お互いにウィン・ウィンの関係をつくり、面白いと思えるようにしてあげたい。そのとき、自分があえて犠牲になって、我慢してつまらない時間を過ごすのは、できるだけしたくない。

そういう意味で、自分の中に課題がなくなることは一生ないと思います。課題がなければ、課題をつくります。だから、永遠に満足しないことになります。

「面白い」は常に、今までにないこと

目指す世界に足りないのは、フレキシビリティです。ちょっと変わったことをやろうと思って、それが今までにないことだったり、少しずれた知識を使わなければならなかったりすると、それを受け入れてくれる場所がない。受け入れてくれる柔軟性があるところでないと話が進みません。

普通に考えると、今までと違うものや考えが目の前に来たら、違和感を覚えます。違和感を覚えても構いません。ただ、それを否定しなければいいのです。それなのに、正しいか正しくないかという判断の軸が一本しかない。そこが不満です。

この道を行くのが正しい。けれども別の道でも行くことができる。それを許容してくれる人もいなければ、それを想像できる人たちも足りません。その柔軟性を持っていないと、面白いことはできません。「面白い」は常に、今までにないことだからです。考えや想像が違うことを受け入れる。広い意味でのダイバーシティが必要です。

好き嫌いとは違います。とりあえず、存在することが許せればいい。ピーマンが嫌いな人が、ピーマンが存在することは悪くないと認められればいいのです。

そして、ピーマンをうまく調理して食べられるようにしてくれたら受け入れる。少なくとも、そういうことを試せる環境があることで、「面白い」は広がっていくのです。

7

ミカエル・シュプランガー

Michael Spranger

どうしたら、人間のインテリジェンスの「コア」を備えたマシンの再構築ができるか

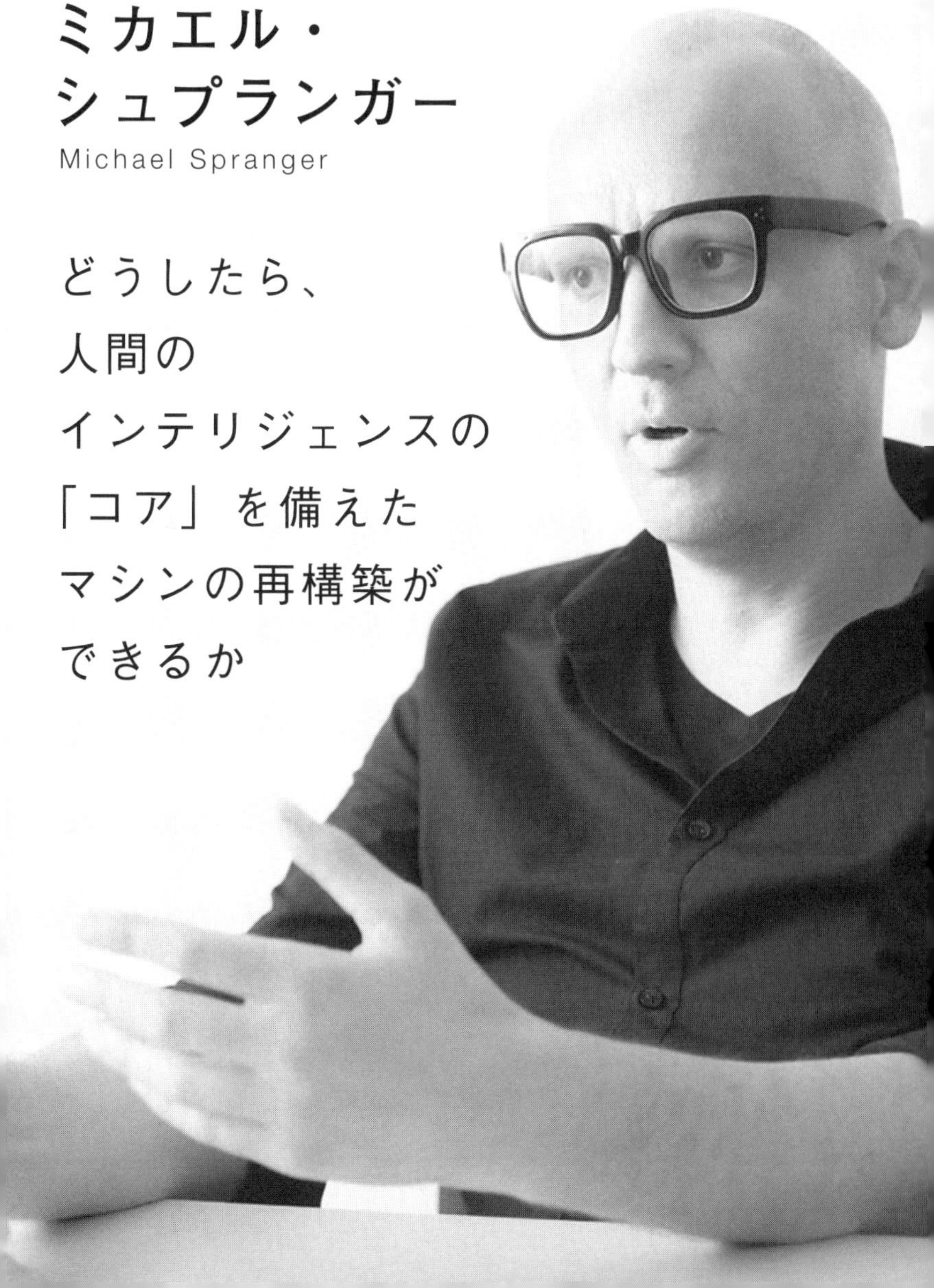

ミカエル・シュプランガー
博士（理学）

2008年フンボルト大学ベルリン（ドイツ）修士課程、2011年ブリュッセル自由大学（ベルギー）博士課程修了。いずれもコンピュータサイエンス専攻。博士号取得のため、ソニーコンピュータサイエンス研究所パリに勤務。2011年に発表した博士論文は、ECCAI（ヨーロッパ人工知能調整委員会）の選外佳作に選ばれる。その後、ソニー（本社）の研究開発部門に2年間勤務し、現在はソニーコンピュータサイエンス研究所リサーチャー。バックグラウンドはロボティックスで、ロボットの知覚反応、世界モデリング、行動制御を含む自律型ロボットシステムの研究開発において豊富な経験を持つ。修士号を取得後、言語研究に魅了され、それ以来言語処理のモデルや理論、アクション言語や姿勢動詞、動詞の時制や相、言語の決定および地理的言語といったドメイン固有言語の開発や進化の研究に従事している。コンピュータ構文文法およびコンピュータ認知意味論のパイオニア的存在であり、現在、これらの最先端研究にあたる流動的構文文法とインクリメンタル・リクルートメント言語の研究開発を牽引している。

人間とは何者であるのか？

研究をやればやるほど、クエスチョンが見つかる。サイエンスとは、基本的にそういうものだと思います。サイエンスの研究は、答えを見つけるためのものではなく、知らないことがこれほどあるのかということを理解することだと思います。だから、よりたくさんのクエスチョンが生まれて当然ですし、クエスチョンの深さが見えない中で取り組むモチベーションは、それこそがまさに研究者の中核となる姿勢につながるものだと思います。

世界についての理解は、二〇〇年前と今とでは違っているはずです。二〇〇年前に常識だったことが、今は非常識になっている事例は挙げればキリがありません。当然、今わかったことが、二〇〇年後には非常識になっていることもある。たとえノーベル賞を取った発見や発明でも、三〇年後には間違いだったと言われることもあるかもしれません。

そうした事態は、研究者として悲しくなることでもあります。必ずしもハッピーなプロセスではないにしても、常に自分の思考をアレンジし直すことで、研究を継続していくのが研究者としてのあるべき姿だと思います。

私が研究に取り組んでいるのは、半ば身勝手なモチベーションと言えます。なぜそうなっているのか、どうしても知りたい。ほとんどの場合は、そんな好奇心にドライブされています。自分の研究が社会に与える影響、貢献はあまり関係ありません。

今、好奇心を強く感じているのは、インテリジェンス（知性）に関するテーマです。私だけではなく、おそらく多くの心理学者、生物学者もインテリジェンスに興味を持っていると思います。しかし、彼らの興味は「生きているもの」だと思う。私はＡＩの研究者として、インテリジェンスのシステムをどのようにつくるか、あるいは再構築できるかという点に興味を持っています。インテリジェンスは、とても奇妙なものだからです。

ＡＩを最初につくった人たちは、ひたすらロジカルなマシンをつくれば、さまざまな問題が解決できると考えたと思います。でも、それではうまくいかなかった。人間の中にあるインテリジェンスは、実際に行動することによって表出します。しかも、さまざまなレイヤーにそれぞれのインテリジェンスがある。単純なロジックだけで、到底説明できるものではありません。

コンピュータはとてもパワフルなマシンではありますが、人間と同じように「動き回る」ことはできません。人間のように自然な形で会話もできない。なぜ人間と同じようなマシンができないのか。それは、コンピュータが人間のことを理解していないからではないか。人間のインテリジェンスを理解するのは非常に難しいのではないか。インテリジェンスの「コア」を探り、インテリジェンスについてわかればわかるほど、インテリジェンスとは奇妙なものであると痛切に感じます。

インテリジェンスの「コア」とは、人間が何者かという根源です。そもそもインテリジェンスは、犬や猫をはじめほかの生物にもある。しかしそれは、人間とは違ったレベルのインテリジェンスだと思います。

私はもともと、哲学を勉強していました。それは、人間は何者であるかという問いの答えを見つけたかったからです。しかし、哲学はある問いに対して一定の意味や答えを与えてくれますが、その意味や答えの幅が広く、どうしても一般的で概念的なものになってしまいます。

そんなフラストレーションを抱えているときにＡＩに出会い、コンピュータサイエンスに興味を持ちました。ＡＩの研究をするうち、本当の意味で人間は何者かというインテリジェンスの「コア」を知ることができるのではないかと期待しました。同時に、なぜこんなにも人間と同じようなものをつくるのが難しいのか、疑問が湧き起こりました。

インテリジェンスと言語とコンピュータサイエンス

ただし、その疑問の出発点は、哲学を志す人にありがちな自分自身に対する興味ではありません。もちろん、私も自分の人生に関心を持っていますが、もっと根源的な、人間全体の問題に対する興味、関心です。

人間は文化的な存在で、ある特定の文化、環境の中で育つことで、さまざまな特性が形づくられます。私はドイツ人ですが、ドイツで生まれたわけではなく、ロシアのモスクワで生まれました。両親が仕事の関係でいろいろなところに行く必要があったので、二年に一度ぐらいの頻度でいろいろな場所に移り住んだ。ロシア、ドイツ、ブルガリア、フランス、そして今は東京に住んでいます。これだけ多くの場所に移り住んでいると、新しい土地に行ったときに、その場所特有の社会の構造を、外から見る習慣が身につきました。社会構造という国家、文化、言語を、外から客観的に眺める習慣です。

その経験を踏まえて、社会構造は人間を形づくるという知見を発見しました。そして言語は社会構造を形づくり、結果的に社会構造を形づくる言語が人間を形づくるのです。

ドイツ語とフランス語はまったく異なる言語で、世界のことを語るときにも違う語り方をします。日本語ももちろん違う語り方をする。私はドイツ語、フランス語、英語、ロシア語と少し日本語を話しますが、私の感覚では話している言語によって、人格や性格も変わり、おそらく声も変わっていると思います。

ドイツ語は、どちらかというと「硬い」言語なので、ドイツ語で話すときは論理的にきちんと話しますし、比較的強い意見が浮かんできます。一方、日本語は「柔らかい」言語なので、日本語で話すときはやや控え目な意見になる傾向があります。話し方も控え目になり、周囲を含むコミュニティに配慮する感覚も伴います。

ドイツ語で話しているときの自分の意見と、日本語で話しているときの自分の意見が変わってくるのは、言語だけの問題ではなく文化にもかかわることだと思う。人と会うときのスタイルも違えば、何が期待されているかも違う。

もし私がフランスで生まれ育っていたら、もともとフランス人でなかったとしても、とくに問題もなくフランス人として溶け込んでいたでしょう。

子どもはどんな言語でも、コミュニティに溶け込んでいればものすごく速いスピードで学び、自然に吸収する。また、いま現在イギリスで話されている英語と、十六世紀に話されていた英語は違うし、文化も違う。しかし、人間はさしたる苦労もなく、言語と文化を自分のものにしてきました。それほど人間はフレキシブルで柔軟性のある存在で、コミュニティに溶け込んでいくことができる存在だと思います。

また、文化は個人を通してつくられるもので、個人はそれぞれその知識や経験などに基づいたいろいろなものの見方、モチベーションがあると思います。それが文化をつくり上げ、その文化が個人にまた影響を与えていく。

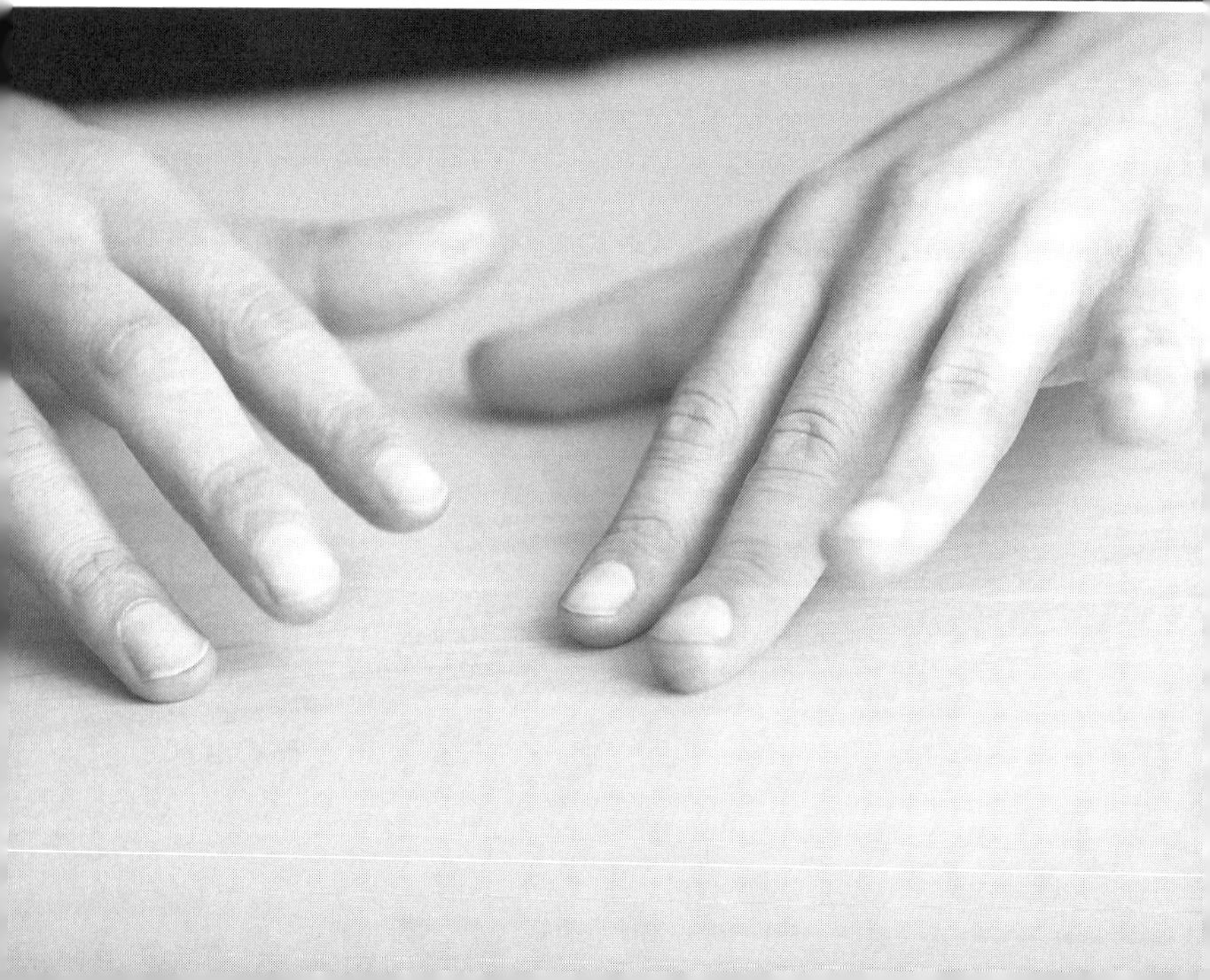

人間が文化的な存在という意味は、人間が家族、地域、国家、大陸など、文化的な集合体の中の一部であるということです。個人として文化的なコアに影響を与え続け、そのコアが個人として世界をどう見るかという視点に影響を与える。この双方向の影響は、個人の経験を通した文化に対する影響、あるいは文化からの影響によって形づくられていくものだと思います。

これを言語の例で説明しましょう。例えば「腕」を表現する言語は、ある言語では全体を表わす単語が一つしかなく、別の言語では腕全体を細かく分け、それぞれに対応する単語がある場合もあります。これは、言語や文化の成り立ちによって違う。それによってこの部分をどういうふうに見るかという経験も変わってきます。

かつて空間を表わす言語を研究したことがありますが、前、後ろ、右、左を示す単語がない言語があります。その言語では、方向を表わすときには「山に向かってどちら側」「海に向かってどちら側」という表現になる。たったそれだけでも違いがあるのに、社会を表現する言葉は、言語によってさまざまな違いが出てくるのです。

こうした視点で見ると、言語や文化が人間のインテリジェンス、あるいは自分そのものを形づくるところに大きく影響を及ぼすことがわかります。

人間の経験の中で、明らかに言語や文化は中心にくる。人間がどのように社会を見るかという視点を構築するのも言語や文化です。そのインテリジェンスが、社会あるいは環境に対して影響を及ぼす。そこが非常に興味深いところです。

インテリジェンスは、常にさまざまなものを新しくつくり出し、多くのことを発見し続けるに当たっての根源となります。どうすれば、人間のインテリジェンスの「コア」を備えたマシンを再構築できるか。そう考えたとき、言語や文化の影響まで反映したマシンにならなければならないことは自明の理です。

言語は常に拡大されています。常に新しい言葉が創造され、言葉は変わり続ける。長期的に見れば、そうした言語の創造のプロセスに関われるマシンをつくりたい。どのように文化を取り入れ、システムをつくり上げていくのか。

それはまさしく、太古の昔から人間が営々とやり続けてきたことだと思う。新しい芸術的な詩をつくったり、科学で何かを生み出したり、新しい言語をつくり出したり、新しい理論をつくったり、そうしたプロセスに参加できるマシンの構築を模索しています。

インテリジェンスの研究は、人類の根幹に関わる重要な研究

たしかに、私がイメージしているような言語をコンピュータで再現することで文化の再生産に肉薄するアプローチは難解な作業でしょう。しかし、科学的には可能だと思ってい

ます。

人間は体を持って生まれ、その体の使い方を学んでいく。そんな子どものように学ぶロボット、システムがつくれないか。そしてそれが、世界はどういうものかを学ぶ。どうやったら動けるようになるかを学ぶ。どうやったら自分がやりたいこと、目的を達成できるかを学ぶ。それが、克服すべき第一のステージです。

第二のステージは、システムをつくるときに言語をどのような形で学んでいくかという点です。子どもは言語より先に、何かを指差したりジェスチャーしたりすることで言語を学び、意思の表現の仕方を学んでいきます。コンピュータも同様に、人間の子どもが言語を学ぶように学んでいけるのか。

それと同時に、言語を学ぶだけでなく、どのように新しい言語を創造するかという点も難しい問題です。マシンをつくるときに、何をインプットしたら新しい言語が出てくるのか。子どものように学ぶには何をインプットすればいいのかを知りたいと思っています。

このような形で、インテリジェンスをデジタルに置き換える研究の効果は、三つの側面があると考えています。

一つは科学的な側面です。生物学的に人間がどれほど多様性があるかということを説明するツールになります。それとは別の方法で、インテリジェンスにも多様性があることを

CLASSICAL DYNAMICS
A CONTEMPORARY APPROACH
Intelligence Emerging

説明できると思います。私は、多様性の基本的な原理に興味を持っています。

二つ目のポイントは、文化的なレベルから見た側面です。そこでも多様性が鍵になると思います。ソニーCSLは多様性があり、いろいろな人たちがさまざまな試みをしている。しかし一つの方向に向かっているわけではなく、それぞれが自由な方向に向かって試行錯誤を重ねています。

それと同じようなことが文化的レベルでの多様性でも起こっていて、技術的には「進化のプロセス」と呼べると思う。何か新しい試みをして、その試みの中で新しいグループをつくり、その新しいグループがメインストリームになることもあれば、そうならないこともある。そうした多様性が起こっています。

三つ目のポイントとして、私の研究が社会貢献になるという側面です。実際にこのシステムが完成すれば、人の役に立つ面があると思います。システムが自然言語を学べば、膨大な科学的文献を読み込むことが可能となり、何らかの研究や仕事のサポートをすることができるようになります。壮大な研究に取り組むことで限りなく生まれる疑問や課題がある一方で、実際のシステムを構築すると身近で現実のニーズを満たすことができるというところもあると思っています。

だからこそ、私は自分の好奇心を追求することが、人間の営みに貢献できると信じているのです。好奇心から始まった研究が実際に何かを生み出すことによって、人間の目的を達成するためのサポートができる。

例えばロボットを見に来た人は、その体験で考え方が変わるかもしれない。その人がロボットに出会うこと、ＡＩを使ったシステムを見ることによって何かが変わり、それまでとは違う視点が生まれるかもしれない。人を助ける、人をサポートする点において、ＡＩを使うことによってそれがより早く、より良い形にできると考えています。

私は自分の興味や好奇心に基づいた研究に取り組んでいて、周囲への影響は二の次だと言いました。しかしそれでも、コミュニティとの関わりは絶対に出てくる。どこかに出ていって自分のやっていることをプレゼンテーションすれば、そのプレゼンを聞いた人の何人かに少なからず科学的な影響を与えます。私自身も一般の方々に話をする機会を持ちたいと思いますし、実際に我々が取り組んでいる課題についてお話をしています。

私が取り組んでいる課題は、人類の根幹に関わるところに関係しています。

一〇年後、三〇年後、五〇年後、一〇〇年後に人間が生きていられるか、生活していられるかという見通しにも関わってきます。おそらく、そのぐらいの未来にはもっとマシンと一緒に生活していると思うので、マシンと一緒に生活をするということはどういうことなのか、そういったことを考えてもらういい機会になるのです。

ただ、それをやるにはフィードバックが必要です。自分の好奇心に基づいて取り組んでいる研究だとしても、人間は文化的な存在なのでコミュニティが必要ですし、そこにいる人たちからのフィードバックが必要です。私は自分の研究で多くの人に影響を与えたいと思いますし、多くの人からフィードバックをもらいたい。決して、閉じた組織の中だけでは完結できません。

自分と同じような好奇心や関心を持って研究している研究者は、世界中にたくさんいます。そういった人たちに会い、交流しながら研究を進めたいと思います。

AIは脅威ではなくコラボレーションしていくもの

人間が、ＡＩに恐れの気持ちを抱いているという認識が一般化されています。このような恐れの気持ちを持つのは、ごく自然な感情だと思います。経済的な面で言えば、失業するのは怖い。社会が全体としてバランスを見つけていく必要はあると思います。

ただ、私は人間がトラックを運転するべきではないと思っています。人間の自然なあり方として、トラックの運転のようなことをするようにはできていない。どうしても、肉体的、精神的に無理が出てきます。

もちろん、歴史上のある一定期間は、そういう仕事をする人が必要かもしれません。十九世紀には、蒸気を動力源として工場の生産が行なわれていました。でも、いま蒸気を動力源として動くマシンはごく一部をのぞきほとんどありません。そういう形で仕事をしている人はほとんどいない。時代の変遷とともに、なくなる仕事は必ずあるものです。

トラックの運転をするべきではないというのも、その時間に人間にしかできないクリエイティブなことをやる機会が奪われてしまうからです。高い教育を受けてこなかった人にとっての仕事がトラックの運転しかなく、それを仕事とせざるを得ない事態は当然起こってくる。それに対応する策は社会がきちんと練らなければなりませんが、だからといって技術の発展を拒絶する理由にはなりません。

ＡＩのクリエイティビティが人間を超えるのではないかという恐れも、私は期待値が高すぎると感じています。そのレベルに到達するには、まだまだ解決すべき問題が山のようにある。そうした思考をして危機感を持つのはいいことですが、かなり先の話になると思っています。

マシンと人間は協力し、コラボレーションしていくものだと思います。人間がマシンを所有し、マシンが人間を所有する関係の中で、互いにコラボレーションしていく。決して競争する存在になるとは思っていません。むしろ、大きなチャンスです。

人間の生きている社会はもろく、さまざまな問題が起こる世界です。温暖化や食糧問題など、喫緊の課題を解決するための助けを機械が果たしてくれるのであれば、そのサポートは積極的に受けるべきです。

マシンと共存する社会、コラボレーションする社会は、人間の幸福を増大させると思います。もっと平和で、もっと繁栄した社会ができると思いますし、安全で楽しく、クリエイティブに生きられる社会が実現するのではないか。

サイエンスの分野にも、マシンがさまざまなサポートをしてくれることで、より良いことが起こると信じています。

8

大和田茂

Shigeru Owada

機械と人間の関係を考える

おおわだ・しげる
博士（情報理工学）

東京大学情報理工学系研究科コンピュータ科学専攻修了。2005年博士取得。同年、ソニーコンピュータサイエンス研究所入社。

スマートハウスや生活支援アプリケーションの開発に関心があり、サービスそのものや、それを開発しやすくするための下回りのソフトウェアの開発・サービス開発を促進するための開発コミュニティ支援なども実施している。代表作はオープンソースホームゲートウェイKadecot、PicoGW、同クラウドシステムであるNanoGW、ECHONET Lite用ドライバライブラリOpenECHO、家電連携Webアプリ「Kadeckly」「萌家電」「Hexflick」など。「おうちハック発表会」「トイハック同好会」をはじめさまざまなイベントの主催やFacebook上でのコミュニティ活動も積極的に取り組んでいる。

人型ロボットの開発の難しさ

私は、機械の動作を見て人間がどのように感じるか、どのような動作によって人間は生物感を感じるかという現象に興味があります。

はじめは、スマート家電を使ったアプリケーションなどを開発していました。もともとソフトウェアをいろいろとつくっていたのですが、それはコンピュータの中で起こる世界に閉じていたので、家電という、直接実世界に働きかけられる大きな機械を動かすこと自体が楽しかったのです。ところが、機械と人間の相互作用を考えているうちに、人間の感じ方のほうに興味が移ってきました。

人間は、自分が命令したことに逐一正確に対応するものを「機械的」と捉えます。ある意味奴隷的な関係とも言えます。もちろんコンピュータも家電も元々人間の道具ですから、奴隷的・機械的であることが求められてきました。それにコンピュータが搭載され、スマートフォンにつながり、クラウドにつながり、これまでとは違う、凝ったインターフェースをつくることが可能になったために、これまでとは違う関係を模索することができるようになりました。

どのような振る舞いに対して人間が「生物性」「人間味」を感じるかを解明するため

に、非生物の振る舞いをディスプレイに表示して考察した古い研究があります。
この実験では、大小二つの三角形と一つの小さい円をディスプレイに表示し、大きい三角形が小さい円を追い回したり、小さい円を巡って大小の三角形が争ったり、小さい三角形と小さい円が連れ立って大きい三角形から逃げたりする動きを被験者に見せました。すると、単純な図形の単なる運動を、ほとんどの被験者が「何かを追っかけているように見える」「逃げているように見える」などと知覚しました。しかも「暴れん坊」「恥ずかしがりや」などの性格や、「怒り」や「苛立ち」といった感情など、単なる図形と運動にキャラクター性まで感じることが明らかになりました。単なる図形の動きであってもその動作や相互関係を上手にデザインすると生物感を感じることがあるのです。「生物性」は形の問題では必ずしもないことが証明されたわけです。

最近国内外の大学や研究所・企業などから、まるで人間と見分けがつかない外見のロボットが次々と発表されています。それ自体ものすごいインパクトがあり、圧倒されているというのが正直なところです。しかし、インタラクションという点ではまだ研究の余地が多々残されているように見受けられます。先ほどの実験のケースで見たように、それ自体の動作や他の物体との相互関係、人型ロボットの場合であれば身体動作や会話内容、発生タイミングやトーンなどが噛み合っていればよいのですが、そうでない場合はいかに外見が優れていようとも違和感を拭うことは難しいようです。むしろ見た目の完成度があまりに高いために、人間が要求するインタラクションの水準も上がり、より強く違和感を感じてしまうということもあるのではないでしょうか。

例えばそういったロボットを家電のように、あるいは家電がロボットのように、家に常駐する世界を想像すると、この違和感というのはなかなかに重大な問題で、大きな議論の余地があると思います。人間のような形でも人的に感じられないことがあるとしたら、むしろ円盤のように形を単純化した掃除機や、コミュニケーションがほとんど成り立たないという前提でインタラクションしてもらえるペットの形にするほうが、現状の落としどころとしては優れているように思われます。

人間に近いインタラクションを要求される。人型ロボットの難しさはそこにあると思います。

AIに過剰に期待してはいけない

結局のところ、コンピュータはまだ奴隷的に働く道具の域を出ていないのではないでしょうか。人間とは違うアプローチで、これまでは「知的」で、人間にしかできないと考えられてきた作業を置き換えているという段階です。もちろんその能力が人間を超える場合

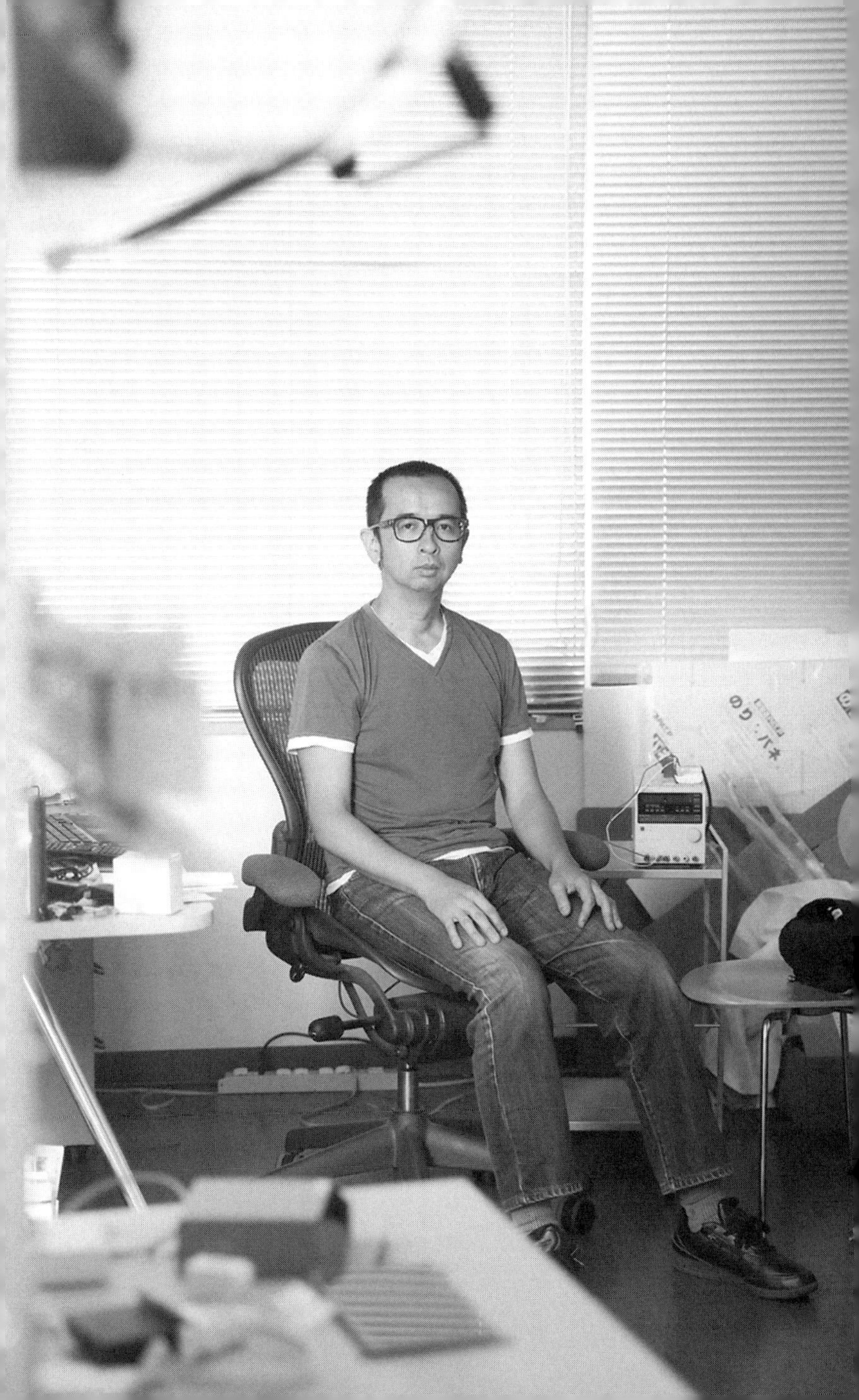

も出てきていますので、すでに大きな産業的価値を持ち始めています。個人的にはコンピュータはこれからもその奴隷的立ち位置のままで良いのではないかと思っています。

私はＡＩという言葉を使うのはちょっと恥ずかしいのですが、かなり市民権を得ましたね。私がＡＩという言葉から想像してしまうのはやっぱりアンドロイド的な、人間とかなり似たロボットで、人間と同等またはそれ以上の知性、そしてコミュニケーション能力を持ったものが浮かんでしまうのです。

実際に知的な情報処理を達成している仕組みを勉強すると、今の構成要素は比較的単純で、その単純な要素が重層的につながっているところが一番の特徴のようです。結局のところこの重層的ネットワーク構造が持つ、人間から与えられたデータに適合する能力が、いくつかの技術革新によって非常に高くなったため、問題によっては人間の技術や能力を超えるパフォーマンスを出しているのです。

もちろんコンピュータに前述のアンドロイド的な意味での知性を持たせる試みにも多くの研究者が取り組んでいますが、自然言語による会話を例に取ると、今の段階である程度使えるレベルにつくろうと思ったら、想定しうる会話パターンをできるだけたくさんつくってインプットするという泥臭い力技になりがちです。もちろん対話データベースからありそうな対応を自動的につくり出す技術も進んでいますが、まだ表面的な応対に終始し、なかなか期待するインタラクションの品質にはなっていないと思います。アマゾンのアレクサやグーグルホームなどのスマートスピーカー（ＡＩスピーカー）も、最終的には人間がルールを書き、すべての会話をアレンジすることになります。

なかには、ＡＩが自らしゃべり出す「ボット」を用いたサービスも出現してきていますね。一方で、ある会社が開発したボットが自分の会社を貶《おとし》めるような発言をしたことが話題になりました。自社のことだったので一笑に付されましたが、もしこれが他社のことであったなら大きな問題に発展したかもしれません。自由にしゃべらせると制御不能な部分が出てきてしまうため、遊びだと理解してもらえないような状況、つまり会社の印象に重大な影響を及ぼす広報や問い合わせ窓口としてはなかなかそういったものを打ち出しにくいところがあります。

家とインタラクションできるボットやエージェントをつくりたいという相談を受けることもありますが、ＡＩが意思を持ったように感じさせるのはまだ難しく、また前述のような危険性もあるので、現状では力技で会話パターンをインプットするのが落としどころだと答えるようにしています。

こうした当面の限界のせいかもしれませんが、世間の人々がＡＩに抱く関心レベルが今は少し下がりかけています。音声インターフェース、ボット、ロボット、家庭用ロボットも同じように下がってきたことを感じます。これは一概に悪いことではなく、ハイプ・サイクルからすると自然なことです。ＡＩ自体が重要な技術であることは間違いないので、世間の関心がどうであれ、今後も発展を続けていくと思います。これからの研究者にとっては前提となる技術となってくると考えられるので、私自身も、そういった進歩をフォローアップしつつ、よりよい未来に向けて微力を尽くしていきたいと思います。

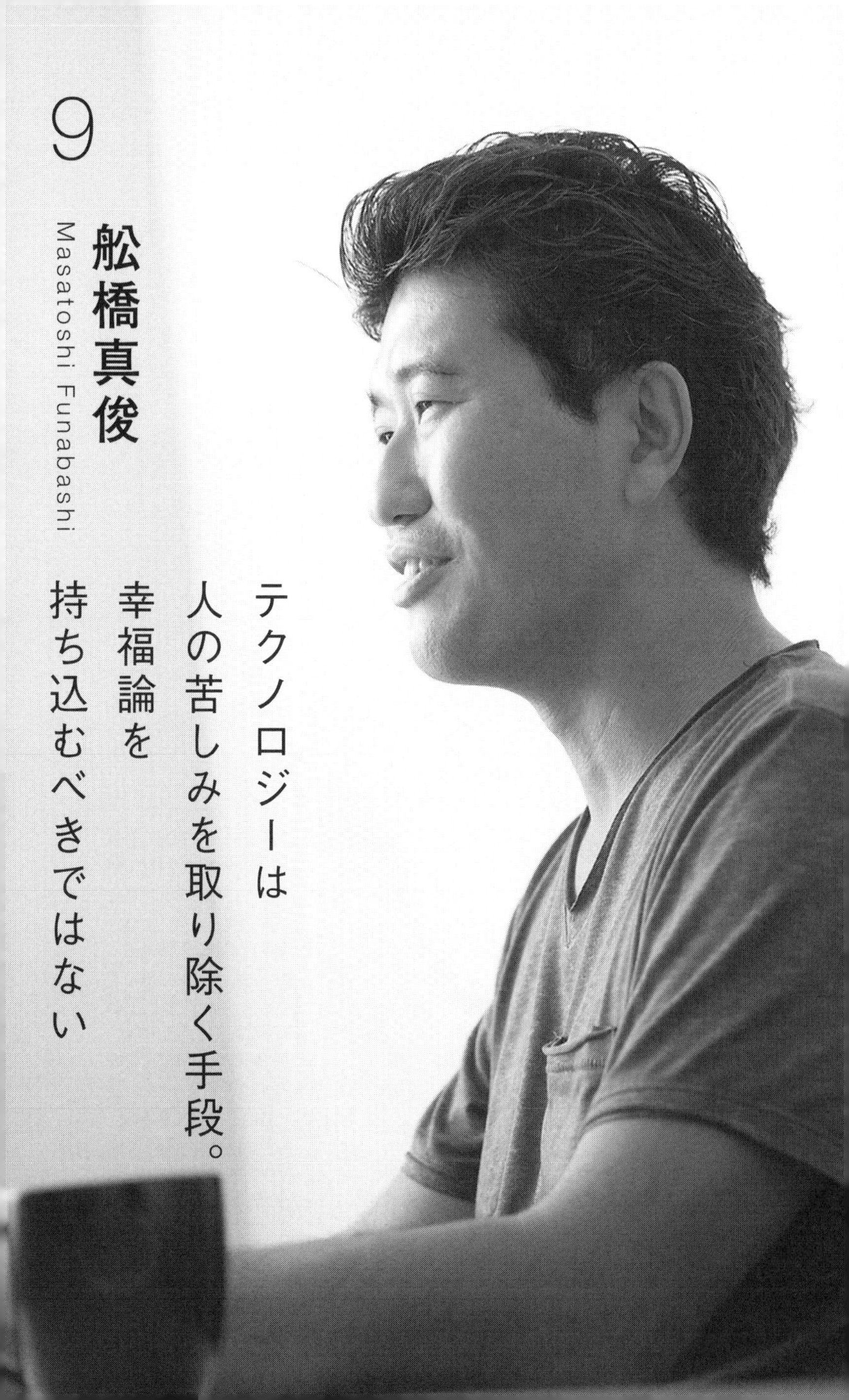

9

舩橋真俊

Masatoshi Funabashi

テクノロジーは
人の苦しみを取り除く手段。
幸福論を
持ち込むべきではない

ふなばし・まさとし
博士（物理学）

2004年東京大学獣医学課程を卒業（獣医師免許資格保持）。2006年同大学院新領域創成科学研究科複雑理工学専攻修士課程を修了。フランス政府給費留学生として渡仏し、2010年École Polytechnique博士課程を卒業（物理学博士）。2010年よりソニーコンピュータサイエンス研究所にて協生農法プロジェクトを立ち上げる。生命活動に関わる諸要素のうち、野生状態と飼育環境による差異に注目し、実験室系（in vitro/vivo）を超えた自然状態（in natura）での生命科学を志す。サステイナビリティ、環境問題、健康問題の交差点となる農業をはじめとする食料生産において、生物多様性に基づく協生農法（Synecoculture）を学術的に構築。人間社会と生態系の多様性の双方向的な回復と発展を目指す。

常識を一変させる「協生農法」

私が子どものころは、この世界に生きていないものはないのではないかと思うほど、生命に満ちあふれた世界が広がっていました。庭にいる小さな虫や、草木や、石や、空が、生命力を放ち輝いているように見えていました。しかし、成長するにつれ、機械論的な学問の限界や生命を脅かす環境問題、健康問題など、ネガティブなことを経験し、多くの疑問を感じるようになりました。

そうした経験と自分の個性を突き詰め、社会や自然に貢献できる活動は何かと考えたとき、行き着いたのが協生農法でした。

協生農法は、非常に多種類の野菜や果樹など有用植物を混生・密生させて全体として強い生態系をつくり、土地を耕したり肥料をあげたり農薬を撒いたりしない。これまでの農業の常識を一変させる新しい農法です。これによって、生産性の向上や生物多様性の回復、砂漠の緑化という成果をあげています〔参考文献1〕。

これまでの一万年以上にわたる農業の歴史は、常に生物多様性と生産性がトレードオフを成しており、文明が大規模に発展する度に周囲の自然環境を破壊し、最終的にその文明自体が滅びるということを繰り返してきました。

科学技術に基づく現代文明もその例外ではなく、むしろそのグローバルな環境負荷はこれまでで最大です。生物史上六度目の大量絶滅を引き起こしており、このままでは二〇四五年までに地球生態系の全体が非可逆的に崩壊（レジームシフト）すると警鐘が鳴らされています。これまでのように、きれいな空気や水が自然に手に入らない時代がやってくるでしょう。

協生農法は、今世紀半ばにかけて最も顕著になる人口増加と資源欠乏に対して、食料生産を利用した新しい形の生態系をつくり、人の手でより高い生物多様性を実現することで持続可能な社会－生態系を構築する手法です。これまで幾多の文明が為し得なかった食料生産と生物多様性の両立が達成できるかどうかが、生物史のスケールで今後人類社会が発展的に存続していけるかどうかを左右する条件になっているのです。

こうした技術的に新しい試みを実現させるには「命にかかわる危機感」が欠かせないと思っています。テクノロジーとは武器のようなもので、人を救いもするし殺しもするからです。技術的に意義あることを持続させるには、あらかじめその技術が持つメリットとデメリットをしっかりと押さえておかなければなりません。

例えば原子力発電は、物理学の視点で見れば非常に魅力的な発電法です。しかし、長期的に稼動を継続するには、環境面と社会面でのリスクのほうが高くつく。放射能による環境汚染や、集団的な意思決定プロセスの不備がもたらす結果的な格差の増大は、いずれも人類社会の存続を非可逆的に脅かす問題です。［参考文献2］こういった歴史上の過ちを繰り返さないためには、命に対する危機感と意志の強さを両立させ、現象を広く見渡したうえで覚悟を持って長期的な目標を実現するプロセスが構築できるかが重要です。

物事を進めていくうえでは「具体力」と「本質力」があり、それを意識することも大切です。

具体力は、実際に目に見える成果が上がることを意味します。協生農法も、現実は「三歩進んで二歩下がる」という歌詞のような事態が続いています。でも、これを一歩しか進んでいないと考えるのではなく、実現に向けて努力した結果として、進んだ三歩と下がった二歩を足した五歩を本質力と考えるのです。そう捉えられれば、どのような困難に直面しても、乗り越えて前に進む力になると考えています。

「生命」が近しかった少年時代

こうした考え方に至ったのは、子どものころからの生い立ちにさかのぼります。

私の両親は、二人とも社会学者です。普通の社会学者ではなく、高度経済成長の中で新たに生じてきた現代社会の問題と葛藤し、さまざまな学問を渡り歩いた末にそれぞれの分野にたどり着いた筋金入りの人たちです。貪欲に学び、思考する両親を見てきた私は、知的に研ぎ澄まされた世界を体感しながら育ちました。

父の記憶力に驚嘆したのは、フランスの小学校時代でした。父の留学で小学校一年の夏休みから二年間、フランスで過ごします。そこで、初めて世界史の授業を受けた。先進的だったヨーロッパ諸国が、世界中で殺戮を重ねてきたことを初めて知ります。

ふと、日本とフランスは過去に戦争したことがあるのだろうかと疑問に思った。先生やクラスメートに聞いても誰も知りません。家に帰って仕事をしている父に「ねえ、お父さん、日本とフランスって戦争したことあるの？」と聞くと、三秒ほどじっと考えて「ある」と断言しました。インターネットがまだない時代で何かを調べることもなかったので、かつて世界史を勉強したときに覚えた知識を「検索」し、即答したのでしょう。幼心に父のその態度は鮮烈で、四〇歳を目前にした今、そういう鋭さがある人はじつは少ないんだなとわかってきました。

ただ、完璧ではありません。世間的な標準から逸脱している人たちだったのは薄々感じていましたが、人間としても、知性の研ぎ澄まし方にも偏りがあった。

その両親に強制されたわけではありませんが、子どもが見るようなテレビはほとんど見ない、漫画やゲームもごく限られたものしかないという生活でした。父親の趣味で、マンガはぼろぼろになった初版の『鉄腕アトム』と『火の鳥』しかありませんでしたが、『火の鳥』の時空を超えたスケールには、読むたびに圧倒されましたね。

少年時代は、草ぼうぼうの空き地で一人で何時間も遊んでいることが多く、さまざまな小動物を捕まえてきては飼ってみる昆虫少年でした。

あるとき、飼っていた蟬を誤って逃してしまいます。追いかけて捕まえようとしますが、籠から解かれて自由になった蟬が力一杯に夕陽の中を飛んでいく様があまりにも美しく、体が竦《すく》んでしまい、ただ立ち尽くしながら見つめていたことを覚えています。

トカゲを飼っていたときは、毎日餌となる生きた昆虫を採集していました。同じ有機物の塊であっても、死んでしまって動かないものは食べ物と認識されない。生きた蝶やバッタを貪《むさぼ》り食うトカゲは生気に満ちていました。そこで、同じ爬虫類の亀を飼ったときは庭に池とブロック塀で半分開放された環境をつくり、エサとなる昆虫類が自然に行き来できるようにして観察したりしていました。幼心にも、野生生物にとって、生きている命でなければ他の命をつないでいくことはできないことを自然界の摂理として感じ、同時に大きな謎でもありました。なぜかはわからないけれど、そのような掟《おきて》の中で我々の命も巡り巡って生かされている。それに対して我々は驚くほど無頓着で、同じ命でも、ペットの金魚が死んで悲しいのにスーパーの豚肉は平気で買えるのは、人間の愛情には同じ命に対しても偏りがあるからだ――そんな作文を書いて大人の不評を買ったりしていました。

物質（ブッシツ）と精神

子どものころから「ブッシツ（＝物質）」という概念が好きではありませんでした。科学の本を読むと、モノを小さくしたミクロの世界には分子と原子があり、原子は原子核と電子でできていて、原子核は中性子と陽子でできているという「つぶつぶ」の世界がありました。それを見て頭では理解できますが、どうしてもブッシツの世界が信じられない。ブッシツに対する不信感のようなものを常に抱いていました。

むしろ、信頼していたのは精神です。小学生の時点で、精神こそがこの世界をつくっていて、すべてを支配していて、最も尊いものだと思っていた。学校帰りに歩いていても、友だちとの会話、友だちの意識と切り離されて一人でいると、世界の背後にスピリットのようなものが充満し心身のバックグラウンドが変わっていくのがわかる。そこには自分と世界の対話のような広大な意識のやりとりが広がっていました。

その感覚が培《つちか》われたのは、フランスの小学校にいたころです。フランスの学校では、休み時間も全員校庭に出されました。校庭といっても建物で四角く囲まれた中庭で、収容所のようなところです。雨が降ろうがいじめっ子に追いかけられようが、休み時間をやり過ごさなければならない。そんなとき、私は空を見上げて一人で考えていました。その時間は、自我や自己意識を形成するうえで大きく影響していたと思います。両親に連れられ

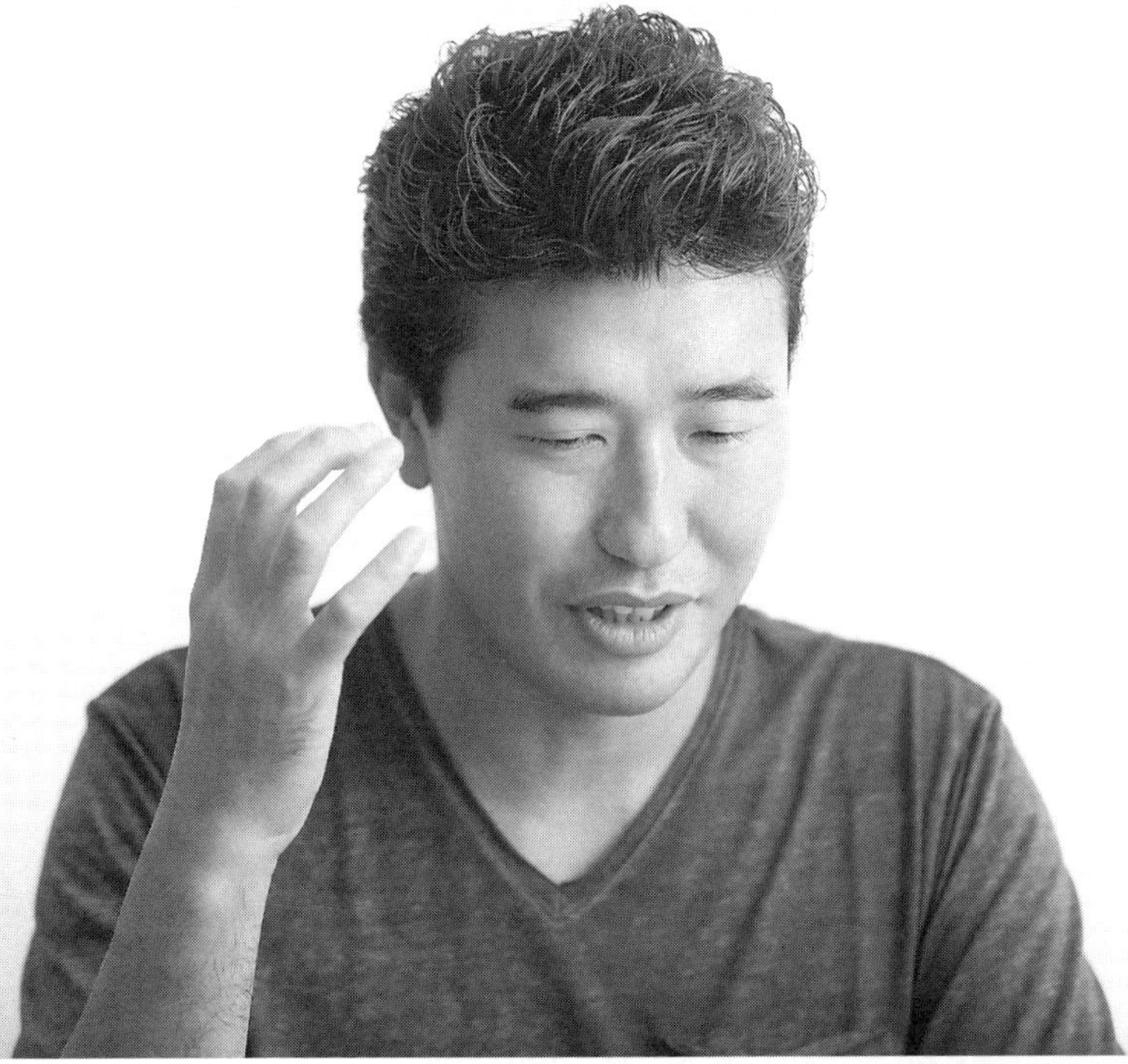

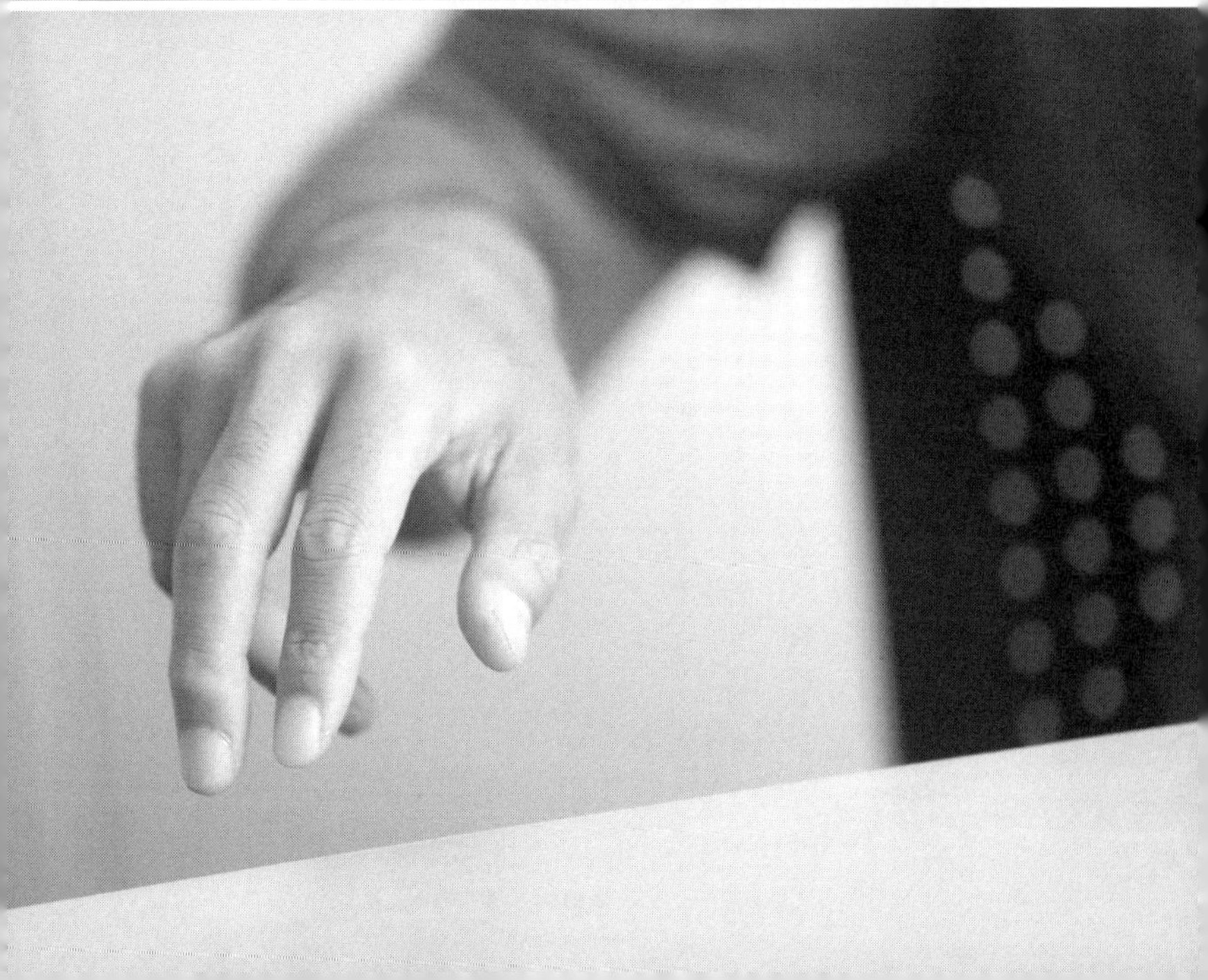

て、ヨーロッパ中の有名な美術館に連れて行かれ、中世ヨーロッパの宗教画に描かれている地獄や天国の図を見たことも衝撃でした。個々人の生死を超えて、魂の行方を司るもっと巨大な力が存在していて、その世界の前に自分は残酷なまでに小さいという啓示に打ち震えた。そのころの記憶は、今でも皮膚感覚や空気の匂いまでハッキリと思い出すことができます。

とはいえ、高校のときにはブッシツに取り組まなければならないと思い直し、スポーツに取り組むことにしました。肉体を酷使するので非常にストレスフルですが、一度は燃焼し尽くすのもいいかと思い、球技よりも格闘技に近いと言われるハンドボールを選びます。

その結果、ブッシツへの意識はかなり変わりました。ブッシツは使い方次第で世界に対して強大な作用を及ぼすことができ、使いこなせれば精神の拠り所にもなる。無理にブッシツと精神を切り離さなくても、一体なものと捉えていいのではないか。スキルが身につけば別の世界が開けるのは、ブッシツも精神と同じだと学びました。

後に物理学を体系的に学んでわかったことですが、ブッシツは自己保存しようとせず、化学反応に従って他者にエネルギーを与えて崩壊していってしまいますから、自己保存しようとする生き物と異なりいわば極めて利他的な存在です。ブッシツというのは死んだ世界の見方ですから、死の恐れがない世界が利他的な法則に満ちているのは実に面白いことに思えました。完全に利他的なブツシツという存在の海から、たくさんのエネルギーを使い捨てにした自己組織化の結果として利己性を兼ね備えた精神が創発し、個体としての生命を維持している。これが現代科学でわかっている範囲で可能な、ブツシツ側から見た生物の自律性を生み出す仕組みの実況中継的な説明です。

小学校高学年ごろから、生命を科学することをやりたいと思っていました。精神は上位にありますが、肉体が傷つけば痛いし、精神も影響を受ける。精神とブツシツが両方とも宿っている生命を研究しなければ、すべての疑問は解けない。むしろ、生命を突き詰めれば、この世界を間違いなく理解できる。そう考えたのです。

高校生のときに、立花隆《たちばなたかし》さんと利根川進《とねがわすすむ》さんの対談本『精神と物質』[参考文献6]を読みました。ノーベル生理学・医学賞を受賞した利根川さんの業績について、ジャーナリストの立花さんと対談した内容です。

タイトルを見た瞬間に、私のための本だと思いました。でも、読むとがっかりした。一つは、精神と物質と言いつつ、生命が語られていなかったからです。生物は語られていても生命は語られていない。

端的に言うと、この本が扱っている分子生物学とは、生物が分子とその相互作用で構成された一種の精密な機械であるという考えに基づいています。突き詰めると、感情や精神を含むすべての生命現象を化学反応の集積として捉える、いや捉えることができるという一種の幻想に基づいています。

ここで幻想と言ったのは、この方法論は非常に強力で、少なくともウィルスや細胞など、ミクロのレベルでの生物活動を分子生物学以前では不可能だったレベルの多様性と定量性で観測できるようになったため、現在の我々の認識の範疇を超える現象が次々と見つかってしまい、あたかもそれが生命の唯一の本質的基盤だと錯覚してしまうほどの情報量に埋もれてしまっているという意味です。

今改めて振り返ってみると、科学は当然ながら仮説の集合体なわけですから、分子生物学で生命が一〇〇パーセント解けるということはない。そもそも分子生物学が拠って立つ物理学というものが、現在の宇宙にある質量やエネルギーの五パーセントしか説明できませんから、何かよくわからないものの上に築いた体系であるというのは専門外から見れば明らかなわけです。時空の最小単位と目される量子場の相互作用に至っては、メカニズムはまったく不明なまま実験結果に都合の良い理論式を当てはめているだけなのですから。また物理学にもさまざまな分野がありますが、例えばマクロには電磁気学的な場が生体に及ぼす影響や、ミクロには量子力学的な振る舞いが生体特有の高分子化合物の中で果たしている役割は、分子生物学にまだ十分に導入されていません。

そして、分子生物学的な手法でつくられた薬は、特定の分子の働きをブロックする対症療法には威力を発揮するのですが、慢性疾患に代表されるような生体システムが全体として破綻していく疾病を根本的に治癒するには、ほとんど無力なのです。つまり、生命現象として最もダイナミックで独自性の高い自然治癒力のような現象の解明には歯が立たない。それどころか、それらをプラセボ効果と称して排除してしまうのです。音楽にたとえて言えば、ハーモニーを乱している奏者を黙らせることはできるけれど、オーケストラ全体の実力を向上させる方法がわからないような有り様です。

分子生物学の専門家が好む分野は、生命イコール分子機械と近似して解釈できるミクロの領域に限られています。例えば神経細胞の活動を分子機械と見て脳科学なんかに応用すれば我々に自由意志がないことを支持するエビデンスが測定できるという。このような機械論に対して、一方では生命には分子に基づく機械論には還元できない特有の全体的性質がある（ヴァイタリズム、生気論とも言う）という考え方も伝統的にあり、歴史上熾烈な論争を繰り広げて現代科学の成立に重要な役割を果たしてきましたが、実は決着がついたわけではない。今では機械論が大手を振って歩いていて、ヴァイタリズムを唱えると学問の世界ではひどい扱いを受けますが、実は生命現象を機械論で説明し尽くそうとすることを選んでいるのは、他ならぬ人間の自由意志であると考えることもできる。より論理的に言えば、そもそも機械論が成り立つ前提を選択し続ける理由は、機械論自身ではトートロジーに陥ってしまい説明できない。機械論対ヴァイタリズムの議論は卵が先か鶏が先かの問題と同じで無限後退してしまうのです。

もう一つは、利根川さんが専門とする分子生物学の手法は、マウスにわざと癌を発症させて抗体をつくるように仕向け、これを潰して免疫細胞の遺伝子の組み換えが起きているかを調べる。さらにコントロールとして妊娠させたマウスから胎児を取り出し、それをミキサーにかけて潰してひたすら実験する。これらは実験動物研究施設でやられている普通の方法ですが、生命を研究するために命を殺してどうするのかという違和感を覚えました。科学的なロジックは構築していても、実験動物を病気にさせたり殺したりしたうえで成り立つ知見は、生きた世界そのものを成り立たせている根本的な仕組みとは違うという意識が芽生えたのです。

生命科学に近づきたいのに近づけないもどかしさ

しかし、若い時期の問題意識はあくまで自分個人の感想程度にしか思っておらず、そこまで他者にとって価値があるとは考えていませんでした。他に学ぶ必要のある知識の量に比べると、新しい一つの思想として確立するほどには専念して徹底できないので、その後、私は分子生物学の世界に入っていきます。ただ、最初のボタンの掛け違いのような違和感は、学べば学ぶほど大きくなっていきました。

その一方では、しっかりしたトレーニングを積んだ生物学者になり、質の高い論文を書きたい、優れた研究業績をあげたいという意欲も強かった。それでも頭の片隅にはこのまま現代の生物学を学んでいていいのかという危機感もある。それをうまく言葉にできず、大学の先生に「絡んで」いくことになります。

大学時代は、基本的に自分で勝手に勉強し、多分野の専門家の先生と議論する機会をつくるようにしました。議論をするときは「道場破り」のように、基本的には相手の得意分野で戦いましたが、議論が煮詰まるとその先生の専門外の話題を振ります。生物学者には、数理モデルの話をぶつける。数学者には、文学の話を投げかける。文学者には、思い切って量子力学の話を俎上《そじょう》に載せる。すると、ほとんどの先生がもろくも崩れ去ります。失礼な話ですが、たいしたことないと感じることが多かった。

私が両親とする会話も、基本的にはそうした問いをぶつけることがほとんどでしたが、両親ともぶつけられた問いがわからなくても、あらゆる角度から思考実験を試み、懸命に考えて議論に立ち向かう人たちだったからです。例えば、社会科学がなぜ「科学」として成り立つのか。自然科学的な客観性とは同列に扱えるのか。その根拠は、マックス・ウェーバーの理念型に基づく方法論で十分なのか。［参考文献7］また体系構築の方法論として、意味論的な構造を深掘りするために敢えて概念自体の良し悪しを問わない「価値自由」を明示化した社会学に対して、自然科学のほうが特定のブッシツの解釈、意味論、ひいては実験者の思惑にとらわれてはいまいか。そういった根源的な問いに素のままで、それでいて抜き身の真剣さで立ち合う人たちだった。私の問いを馬鹿にしたり、時間がないからと逃げたりしない。それは重要な問題だ、それは難しい、ウンウン唸《うな》りながら考え込む。私をないがしろにする素振りはまったく見せませんでした。

私としては、学者として身を立てるのであれば、しっかりとした修業をする必要があると考えていた。だから大真面目に勉強しようと思っていたし、大真面目にそういう質問をしたのです。でも、やがて先生方からは嫌がられるようになり、そもそもそういうオープンな質問さえ許されないような環境を崩すことはできませんでした。

所属していた分子生物学系の研究室では生命を語ると怒られるのに、三日間ほど特定のたんぱく質に関する論文を読めば研究室内で私がそれについて最も詳しい人になってしまう。これは人間の頭では扱いきれないほど多様な数の生体分子に関する知見が乱立していて、誰も全体像を把握できていないということです。若い人でも部分的な発見に貢献するチャンスがあると同時に、それでは運任せになってしまう要素が大きすぎて、人間が研究方法の奴隷になってしまう。科学の源泉である研究者個人の全人的な感性や人間性が疎外されない方法で、より総合的に機械論的生物学を突き詰めていくには、人よりも人工知能などで代替して処理すべき内容も多いと感じました。

そのころ扱っていたのはウィルスなのですが、ウィルスというのは固まった結晶状態と宿主細胞を利用した増殖の両方の形態をとる、ブツシツと生き物の中間のような存在です。進化スピードが速く、解析中にもゲノム配列が変わってしまうほどなので、一つひとつの変異を追っていたのではきりがない。解析していた株も、研究上有用な特徴を有する株をたまたまそこら辺から拾ってきて分離したものだったので、ゆらぎや偶発性に依存しない構造的な特徴まで迫る必要があるのは明らかでした。感染症予防という実益だけを考えても、実験室内の単離された環境だけでは不十分で、実際の感染の消長には屋外の生物多様性によるレギュレーションが働いていることは生態学では常識でした。

当時既にウィルス増殖と感染症の基本的な数理モデルは論文として出ていて、学生が買えるパソコンもシミュレーションに耐える速度まで上がってきたころだったので、実験と理論を両方やれば分野自体を底上げするチャンスでもあった。与えられた実験をこなしながら、分子から生態系レベルまで接続した数理モデルを考えたり、それを解釈するための哲学的な概念を創ったりしていました。しかしそのころ盛り上がり始めていたシステムバイオロジーの話をしても、実験一辺倒の研究室ではさっぱり通じない。哲学の話に至ってはほぼ変人扱いでした。

ウィルスは我々のゲノム進化にも種を超えた遺伝子伝播をもたらしたことがわかっており、物理化学的な側面から生命の最小単位に迫るには面白い実験系なのですが、高価な機材を使う割には方法論が狭く場当たり的すぎて大局的な見通しが欠如していた。例えば、実験室レベルで完結できるワクチン開発には心血を注ぐけれど、そもそも新興感染症や慢性疾患が発生する要因となっている生物多様性の喪失、汚染・生活習慣などの社会環境や、高密度な畜産をはじめとする人獣共通感染症の発生源となる食料生産のあり方には、サイエンスの対象として何ら関心を持ち合わせていないようでした。

最新の設備が揃った医学系の研究所でしたが、日本の実験室は徒弟制が根強く、予算を管理する教授のもとでやる事は決まっているので必死に手を動かせば論文は書けるけれど、とても未来世代に貢献するサイエンスとは思えなかった。高い学費を払ってまで狭い分野での下働きをやる気にはなりませんでした。

結果として私は、一〇代後半から二〇代にかけて、実際に生きている自分の心身をさまざまな方法で使い、また自然界の中に身を置き、内観することを通じて生命の世界を実感し、生きるということと生きているということを直接学んだ。

私にとって最も生き生きとした生命の姿は、病と闘って弱りきった果てに無意識の新陳代謝によって峠を越し、身体中の組織が生まれ変わるような回復を見せるときや、幾多の命が生まれては死んでゆく海や表土のような森羅万象の循環の中にこそ見え隠れしていますが、それだけを取り出して顕微鏡の下に固定することができないのです。アカデミアでの経験は、解析のための技術や言葉を増やすことはできたけれども、生命の世界の経験を深めるのにはあまり直接役には立ちませんでした。学問的な説明というのは、後にそれを言い表わす言葉が手に入ったときの後づけなのです。私は、これを従来の学問化を通じて「生命を理解しようとする」外部観測者的な立場に対して、自ら生命であることの経験を通じて「生命に至ろうとする」内部観測者的な態度として区別しています。これは、自分に対して対象とする生命がどのくらい大きいかのスケールで決まります。方法論の違いではなく観測者の視点の問題で、実験室内に隔離できる現象なら外部観測、自分を含んだ世界全体に遍在する生命を扱おうとするなら内部観測になります。

分子生物学との相克《そうこく》を通じて、私はそれを痛烈に意識した。というよりも、そうせざるを得ないほど現在の細分化された学問というのは偏っていると思った。それは、科学や宗教や、ひいては主観や客観さえも平等にこの世界にある現象として捉えようとする、私にとっての知的誠実さのマニフェストでもあります。

デカルトの地で書き上げた博士論文

私はその後、生物学から数理科学系の修士を経て物理学に転身します。これは完全に戦略的な発想で、大学は金と時間を使って学歴を買うところだと悟った。総合的な視野のない、狭量な専門家たちを全員まとめて倒すにはどうすればいいか考えたとき、物理に行き着いたのです。同時に、独学により際限なく拡大していった私の探求領域が、もはや広義の物理学でなければ回収しきれなくなっていたことも事実でした。

数学史上の重要な発見の多くが若い数学者によって為されているので、数理系では若い人にもリスペクトがあって、結局は自分で理解して新しいことを閃かなければいけないのでかなり自由に放っておいてくれた。修士ではカオス的な挙動を示す神経細胞のモデルを使って、決定論的で自由意志はないのにさまざまな新しい文法構造を自律的に生み出す脳のモデルをつくっていました。ブッシツ的な側面から見た、精神活動を伴う創造性の起源に迫ろうと考えたのです。この研究は、その後カオスを用いた自律的学習を一般化した連想記憶のモデルに発展し、実数の無限に潜む複雑性を活用するアナログコンピューティングが二進法のデジタルコンピューティングに対してどのような優位性を持ちうるかという脳の計算原理にも通じる基礎課題に対して、コネクショニズムから答えた知見の一つとして出版されています［参考文献10］。

数理的な技術論が主流でしたが、脳の解釈学など哲学的な話題も受け入れられる余地がある一方で、理論や思考では割り切れない生物実験の泥くさい話や、単純な数理モデルにできない生物の複雑性についてはあまり通じませんでした。そこで次の段階として、物理のように理論と実験が両輪として嚙み合い、現実世界の多様性を基盤としつつも一般論が高度に抽象化できる取り組みが必要であると考えた。振り返ってみれば、人文・理工系を問わずあらゆる分野のサイエンスに体当たりした末の消去法でした。

いわゆるサイエンスの範疇では、物理のPh.D.が最強です。数学も強力ですが、純粋数学ではサイエンスという意味で弱くなる。手の届かない世界という意味では、私も純粋数学に憧れと尊敬の念を抱いていますが、逆に偏りすぎていて現実と渡り合える技が少ない。その点物理は技が多く、数学を使って現象をモデル化し、実験との整合性が取れればいいという意味では、最もオールマイティーな学問なのです。ただし物性物理とか素粒子論とか伝統的なブツシツの物理ではなく、多様なスケールの生命現象が顕れる複雑系を扱おうと思った。

私が当時書いていた博士論文は、脳科学、エピステモロジー（科学認識論）、ロボティクス、ソーシャルネットワーク、情報理論、発生生物学、言語学などまったく異なる分野の研究を同時並行で進め、最後に一段抽象化したレベルで「複雑系における創発現象の類型論」という形にまとめる総論を書きました。一見バラバラに見えるけれども、そこには共通原理があり、数学的にも力学系や情報幾何学など一貫した方法論で攻め、抽象化したところではすべて同じ土俵で分類可能な解析法が見出せるという内容です。

生命現象のように複雑系として自己組織化する系に共通して成り立つ法則性を捉えるに

は、分子、細胞、人間などシステムの要素自体の個別性に囚われることなく、全体のダイナミクスとして現われる現象に対して横断的に成り立つ普遍性を特徴づけることが必須だと考えたためです。

これは、数理モデルとエピステモロジーの合わせ技によって初めて可能となる定式化で、具体事例から一般理論へと新しい分野の科学的知見が構築される際に、科学者集団のレベルで標準的に立ち現われる方法論です。

複雑系の見方では、分子が組み合わさって細胞となり、細胞同士がくっついて多細胞生物の個体となり、多様な個体が寄り集まって社会・文化・生態系を構成する。これを、部分の分析に還元しきれないシステム全体の創発的特性(emergent property)と言います。

これまでわかっている物理・化学・生物学の知識は、それらを部分的に破壊する実験を通して構築された理論で、それらを結集しても、自然の中で生きている状態を再現することができません。全体の中で機能している部分要素の役割を解析することはできるけれど、部分だけを単離してから組み合わせても、再構成できるシステムはウィルスや細胞移植など極めて単純なレベルに限られてしまう。もしくは機械として動くロボットによって部分的な機能を再現するにとどまる。ブツシツだけから始めて、自己再生能があり外界に対して自律的に進化して生存し続ける創発的システムを実世界に構成することができない。

宇宙寛《ひろ》しと言えども、深海から高山まで、なぜ我々が知る限り地球上でこれほど高度に多段階にわたって生命現象が発展し、絶えることなく続いてきたのか、その本質的メカニズムはブラックボックスのままなのです。

どこまで行ってもブラックボックスなら、ブラックボックスを生きている状態の基本単位として認めて、そのうえで創発する現象の一般論を探ろうと考え、できるだけ多様なスケールの複雑系を意図的にテーマに入れました。破壊でも再構成でもない、生命の本質に迫る新しい方法論とは何か。科学技術と自然の軋轢《あつれき》に対して、多様な脅威と恩恵でもって生命圏が無言のうちに指し示している次世代の生命科学のあり方とは何か。博士課程を通じて考え続けたことは、後に協生農法の基盤となる、「生態系の拡張」［参考文献1］という概念につながっていきます。

当時はさまざまな専門書を読み漁って試行錯誤しながら、日本の大学院では通らないだろうと思っていました。フランスだったら通ると思い、すぐに留学しました。フランスに行ったのは、サイエンス発祥の地であるヨーロッパの主要なポジションを占め、デカルトやポアンカレという優れた科学者が生まれたところで、サイエンスとは何かについて見極めたかったからです。この選択は間違っていなかった。私の論文の主張は日本よりもフランスのサイエンティストのほうが高く評価してくれました。何よりも、たとえまだ直感的な発想の段階であっても未知の領域にアプローチしようとする姿勢が、前例の有無にかかわらず常に個人的な賛否両論を巻き込んで尊重される文化があるところが健全だと思いました。

フランスではエコロジーや経済危機に対して市民のデモも活発で、パリでは地方の農民が朝の五時から大勢トラクターで乗り込んできて、シャンゼリゼ通りをぐるぐる回って占拠したりしていた。それに対して、同僚やエリート層の科学者たちが何ら実効的な解決策の議論ができていないのも、西洋の科学の実態を知るうえで非常に考えさせられました。旅先でCERN（欧州原子核研究機構）の高エネルギー粒子加速器を見た後に、外に広がる広大な農地に農薬を散布している風景を見て、まるでミクロの破壊を突き詰めることでブツシツの最小単位を取り出すように、西洋文明は繁栄のための莫大なエネルギーを用いてマクロに地球環境という粒子を破壊する実験をしているように思えてならなかった。各地の学会を飛び回り、化石燃料と大規模モノカルチャーに支えられて物質文明の栄華を享受するヨーロッパの知的な文化にどっぷり浸かりながらも、その先に世界全体にとっての未来がないということも直感的にはわかっていた。現代社会に蔓延する存在不安の根本を見た気がしました。

反動で、誰もいない山の中にこもって数日間過ごしたこともありました。ある夜、ガサガサと音がするので目を覚ますと、宙に吊るした自分の荷物が揺れている。野ネズミが食料を求めてかじっていたのです。私の視線に気づいたそのネズミは、私の背丈ほどの高さを躊躇《ちゅうちょ》なく跳躍し、閃光のように闇の中に駆けていきました。咄嗟《とっさ》に体が動いて、靴を手にして叩いた。ライトで照らしてみると、本当に小さい子ネズミのようなヒメネズミが血だらけになって転がっています。手にとってみるとまだあたたかい。自分の食料を守るためとはいえ一つの命を無意味に奪ってしまったことを後悔しました。

そのとき、自分が追いかけてきた距離を振り返って愕然としました。この小さなネズミは、何メートルもの距離を電光石火の速さで空を飛ぶように駆けていった。生物実験のラボで見る鈍重でのろまな実験用のネズミやラットとは大違いです。このネズミの命は、単にネズミとエサの間で成立しているのではない。この森全体が、山全体が、さらにはそれを支える雨や海洋の大循環が伴って、はじめて刹那刹那の躍動が成立している。人間の都合の良いように切り分けられた実験系では、これらの目の覚めるような自然の秩序は到底扱えないと感じ入りました。

このころに肌身で感じた問題意識は、後に協生農法の原型を与えた大塚隆《おおつかたかし》氏との出会いによって、新しい形の科学と産業のあり方として急速に結晶化していきます。

数少ない影響を受けた日本人

日本人に対して批判的な姿勢を書いてきましたが、日本人にも決定的な影響を受けた人が何人かいます。その一人が、運動科学という分野を確立した、運動科学総合研究所の高《たか》岡英夫《おかひでお》先生です。高岡先生の運動科学は、人間や動物のあらゆる運動を主観的なもの、客観的なものを含めて統合的に説明しようとする学問体系で、一九歳のときにはじめて書店で高岡先生の著書『極意と人間』を立ち読みし、衝撃を受けました。

単に解剖学やバイオメカニクス、生理学といった細分化された知識ではなく、人間から野生動物まで、生きて動いている状態の運動現象を総じて扱う、非常に質の高い理論が展開されていました。こんなにも美しい理論が、真実でないはずはないと思ったのです。生物学に抱いていた物足りなさを満たしてくれて、生物学も運動科学のような広い体系で考えるべきだと気づかされました。

もう一人は、二〇一六年に亡くなった言語交流研究所の創始者、榊原陽《さかきばらよう》先生です。先生は、生まれ育った国の言語を自然に話せるようになる「自然習得」について、そのプロセスの全体性と人間性を突き詰めました。外国語として学んだ言語はたどたどしく、生きき生きと話すことができません。その問題を解決するために、先生は独特なアプローチを採用されました。それは、多言語が飛び交う中で、耳で音を拾いながら言葉のキャッチボールをすると、大人でも赤ちゃんのようにいくつもの言語を自然に習得していくという方法です。

榊原先生の生き生きとした言語とそうでない不自然な言語という考え方は、私が子どものころに感じた生命観の一部とつながっています。さらに、言葉と人間を「自然科学」（人文科学ではなく）するという方法論にも科学する者として大きな影響を受けました。

高岡先生と榊原先生の提唱する新しい科学は、自分にとっての科学観を形成するうえで重要なリファレンスになりました。一方で、両者の理論と実践は科学的に有意でありながらも、創始者の主観に依存しない一般論や反証可能性の整備など、成熟した科学にとって必要となる陣立てからはまだまだ不完全なものでもあった。自分の科学的方法論として十分なレベルで使いこなすために、その改善法や検証法はずいぶん研究し、一般化を推し進める成果を出して貢献もしました。［参考文献3、8］実際に両先生の業績をこの目で見て体験し、そこから自分なりの経験を深めて新たな領域を切り開く機会を得られたことは、科学的知見の背後にある人間としての科学者の思想、その生き様や息遣いに肉薄しようとする姿勢につながりました。

例えば分子生物学という概念をつくったシュレディンガーは、分子レベルの化学反応と熱力学的な収支から生命活動を考察しようとしましたが、その実は従来の物理学で知られている相互作用で生物を詰めていくことで、逆に死んだブツシツだけの世界で成り立つ物理学には見出せない、それでいてブツシツ世界とは相補性をなす、生命特有の法則を見出せないかと考えていたのです。［参考文献4］

ちょうど、デカルトが松果体《しょうかたい》において精神と物質が独立した実体として相互作用することを証明しようと、現代科学の礎となった要素還元論をそのための道具として『方法序説』で構築したように。これは他ならぬヴァイタリズムを含んだ系譜です。またカントが彼にとって絶対的な真実であった倫理というものの普遍性を証明しようと、足固めとしての『純粋理性批判』から書き始めたように。カントにとっては理屈云々ではなく、とにかく善というものは究極で非の打ち所がないものである必要があった。こういった一人の人間として抱いていた根源的な動機を無視してしまうと、形だけの方法論が濫用され独り歩きを始めて、逆に後世の科学者の思考法や精神そのものを拘束してしまうのです。唯物論も唯神論も、そうやって世代間の伝承バイアスによって煮詰まって極端化したものだと思います。

自然科学が、トマス・クーンが明らかにした『科学革命の構造』を伴うような本来の生き生きとした活動として展開されるには、他ならぬ生身の人間の主観的な経験がその上位に取り戻されなければなりません。高岡先生の運動科学の創立は、端的に個人が為し得るその最も顕著な例であると感じられました。

このような、一人の人間としての科学者の思想と、集団的な合意形成〔参考文献5〕としての科学的描像の関係は、量子力学の創成期に活躍したハイゼンベルクが著書『部分と全体』の中で見事な述懐をしており、榊原先生の座右の銘でもありました。

サイエンスは記号化されたものにすぎない

デカルトの地でサイエンスを学び、日本人の偉人に影響を受けたことから、私はサイエンスが「方法論」だという考えに至りました。つまり、記号化された体系です。この液体を水と呼ぼう。この生きものをネズミと呼ぼう。現象そのままではなく、記号化する。その記号の間にある論理構造を仮説として定義し、それを適切な実験で実証する。そのプロセスに整合性があれば、結果がどんなに奇抜でも科学的知見です。

もちろん結果が間違っている場合もありますが、その間違いを批判するには、同様のプロセスを記号化し、まったく別のロジックを構築し、それまでの仮説をより拡張するか、それと反対か、前提を変えるかという差異はあっても、同じように記号化してロジックを構築し、それを検証にかける。そこで出てきた知見が積み重ねられていくことで、サイエンスは発展していきます。

その意味で奇妙に思うのは、日本のサイエンティストは精神に触れることが罪悪だと思っていることです。東洋の身体文化に「気」というものがありますが、それを日本のアカデミアでは議論できない。しかし、ヨーロッパのトップサイエンティストは何のわだかまりもなく興味を持ち、議論します。スピノザの神即自然（Deus sive natura）の考え方や、

生態系の自己組織化
エビデンス
全体最適な成長
AR・VRマネージメント
Synecoculture CMS
& IoT Server

SYNECOCULTURE –

ニーチェが喝破した「神の死」後の人間の神聖なあり方などは、教養の高い人たちの集まりでは普通に交わされる会話の一部です。少なくとも、世界で最初の大学をつくったアラブ世界も近代科学を発展させたルネサンス以降のヨーロッパも、〇から一をつくろうとするサイエンティストは、精神、ブッシツにこだわることなく、平等に議論のテーブルに載せます。そこには、あらゆる事象を自分の言葉で言説化しようという貪欲なまでに徹底された知性主義があり、科学の多様な発展を支える文化基盤を形成しています。

つまるところ、サイエンスが還元主義に基づいているのは確かですが、それがどのような記号体系に還元されるかは、実は完全に恣意的に選べるものなのです。伝統的なしがらみを抜けて世界を分け隔てなく見たときに、どのような切り口で、どの層を記号化するか。初めにあるのは、完全に科学者個人の主観に属する仮説であり、それによって現実世界の再解釈が有意な知見を生むかどうかを客観的なエビデンスと照らし合わせて検証していく。そこに科学が広く成功を収めた自由度があり、科学者としてのセンスがあるのです。結果として、科学革命の歴史は世界観の起点にあたる発想を如何に転換するかというゲームであり、旧来のパラダイムを完全に打ち負かすのではなく、より一般性の高い説明体系として、社会的な価値観の変遷の中で次世代の賛同者の支持を得られるかどうかのマイノリティゲーム（少数派が次のステップに勝ち残るゲーム）なのです。その点では、日本のアカデミアは実にもったいないことをしている。日本人が言う「要素還元主義」というのは日本人の頭の中にしか存在しておらず、その実態は欧米で記号化された分子なり相互作用なりの輸入された「要素」の上に限定された学問であって、新たに自ら現象の本質を捉える要素の概念を構築することは、少数の例外を除いて禁じ手になってしまっています。

だから「幽霊は科学的ですか」と聞くのはナンセンスです。むしろ「幽霊を科学的に扱うにはどうすればいいですか」が正しい。幽霊という心霊現象があり、それは丑三《うしみ》つ時にお墓に行くと出るらしいという仮説があったら、本当に丑三つ時にお墓に行くとそうしたビジュアルパーセプションが生じているのか。被験者を三〇人ほど用意し、それぞれを毎日同じ時間にお墓に行かせたら、曜日によって違うのか。お墓ならどこでもいいのか、特定のスポットがあるのか。そうした再現性、主観性、客観性の「境目」を明確にする検証にかける。そこで得た事実から、幽霊という現象に再現性や一定の発生条件があるのかを判断する。そういう手続きを踏んで幽霊という現象の記述に使える要素と関係性を抽出したうえで、その存在を云々するべきです。

現在は生物学や脳科学で扱える範囲に押し込まれてしまっている感はありますが、かつての心理学は、深く主観的な分野も果敢に扱っていました。それを抽象化したのが臨床心理学、特に精神分析と呼ばれる系譜で、フロイト、ユング、ラカンと発展し、フーコーなどに影響を与え、同時代に興った現象学（意識現象の内部観測に即して、客観的外部世界に対するイデオロギー体系が構成されるプロセスを探る学問）と相まって、現代西洋哲学の根幹を担う思想になっていく。でも、主観は記号化したものをブツシツに固着して止めておけないので、実験のしようがない複雑で曖昧《あいまい》な仮説が多い。そうなると、どうしても簡単に実験できる客観性の世界に流れてしまうところがあります。

一方で、およそ人間の精神活動すべてに及ぶ主観というものは無視できない大きさがあり、数学をはじめ科学理論を生み出す思考自体が属している領域なので、主観まで入れた世界を考えなければサイエンスは不可能です。そこで「間主客観性（インターサブジェクティブオブジェクティビティ）」という言葉とその数理モデルをつくり、論文に書きました［参考文献3］。主観であろうが客観であろうがその間の領域であろうが、記号化して論理を構築して共通するものを定量化し、再現性や反証可能性を定義しないと総合的なサイエンスにならない。これが、その論文に書いた主張です。これは、現在取り組んでいる食料生産と生物多様性の問題だけでなく、医療、経済、法システムなど持続可能性の根幹に関わる分野を統合的に科学化するためにも必須の方法論であると考えています。

この文脈で言うと、発見されている素粒子は客観のレベルでの記号化です。そもそも、素粒子を見た人はいません。人間がつくった機械がはじき出す数値だけを見て、人間が勝手に頭の中で素粒子という「描像」を思い描いている。機械で測っているので再現性はありますが、しょせん記号化したうえでの論理なので、その記号化の妥当性をきっちりと突き詰めなければなりません。日本のサイエンスには、この描像という考え方が決定的に欠けています。機械で測ったものが、即人間の思考より上位の客観になってしまう。大学の先生に向かって「それ見たんですか」と言うと怒られる。客観だけが最優先される世界です。

フランスのサイエンスのいいところは、サイエンスより哲学が上位にあることです。博士課程の研究をしているとき、指導教授とはこの素粒子と呼ばれる現象を説明する量子論的な「場」とは何かについて、よく終わりのない議論をしました。直接研究しているテーマとつながっていなくても、互いの「描像」についての考え方を深めるためです。フランスで知識人と呼ばれる人たちの間では、過去に分子生物学でＤＮＡの遺伝情報が四種類の塩基で記述されていることがわかったとき、その科学的知見だけに一喜一憂するのではなく、その知見が人間にとって何を意味しているのか、その新しい記号化や論理によって人間の思想のどこが変わり、どのような影響があるのか、社会に対するプラスマイナスの影響は何か、そういう議論が盛んに行なわれました。

主観、客観、精神、素粒子などの記号に惑わされず、結局は人間が記号化しているという前提の中で、人間の認識がどこまで広がり、この議論が何を共有しているかということに敏感にならないと、サイエンスは進歩しないと思います。

生命に関わる学問を書き換えなければならない

次はどのような研究をするか。私の場合、それを選択するときの基準は自分の中から生まれてくるものではありません。もちろん、自分のモチベーションや技術や能力は関係しますが、それは二割から三割です。なぜなら自分で計画し、スキルを高め、その結果としてこうなるはずだという仮説を完全に独力で遂行できるほど私は意志が強くない。残りの七割から八割は、そのときの状況に依存します。実際は、さまざまな出会いが重なった結果として選んでいて、自分で決めているかどうかさえよくわかりません。つまり、テーマは何でもいい。結果的に、具体的な応用を据えつつも、基礎研究としても新しい局面を開くような、基礎と応用の両方にリーチできるテーマを選ぶ傾向があると思います。重要なのは、サイエンスに興味を示す知的な人だけでなく、盗賊、犯罪者、悪い政治家など善悪すべてひっくるめたヒューマニティ全体に会わないと、本当に深みのあるテーマは見つからないということです。

例えば、凶悪犯罪の報道を見たときに、それを排除すべきものとして片付けるのではなく、自分自身が一体どういう環境に陥ったらそういう行動を取る羽目《はめ》になるのかを考えます。罪を憎んで人を憎まずという言葉があるように、同じホモサピエンスの個体であるその人が、なぜ狂気や悪に染まるのか、その成立条件を自分に当てはめて解いてみることが重要です。特に、人間の歴史を彩る悲惨さや残酷さには、大きなヒントが眠っている。しかし、これを静観するにはネアカでなければいけません。

そしてテーマを見つけるときに、自分の趣味を結びつけるのはやめたほうがいいと思っています。ほかの研究者がそうすることに意見はしませんが、好きだから、楽しいからというだけで、職業的な研究にするべきではないと思っています。

研究をするうえで重要なのは、その人がその研究をしていて「消耗しない」こと。優れているか劣っているかは、二次的なものだと思います。モチベーションより、呼吸するようにできるか。モチベーションだけがドライブ要因だとしたら、モチベーションがなくなったらそこで潰《つい》えてしまう。しかし、呼吸は自分の意思では止められないので、死を迎えるまでどこまでも続けることができます。速く泳ぐことより、溺れないことのほうが結局は遠くまで進むことができます。

その極意とは、フランシス・ベーコンが言った「我々は自然に従うことでしか自然に命じることができない（Natura enim non nisi parendo vincitur）」に通じます。榊原先生は、赤ちゃんのことばに対してつい発音や文法の不完全性といった外側から見た機械論的な解釈に囚われそうになるたびに、「自然に！」と叫んで、人間の内側に生まれつつある自然への素朴な観察に立ち返っていました。言葉を分類することに知的に満足して習得度に優劣をつけてしまうのではなく、ことばが自由に育つさまに素直に耳を傾けて、それが生き生きと枝葉を伸ばしていく秩序に心を躍らせる。人として、そこら中にありふれて見過ごしている、心が震えるような生命の営みを記述する「ことば」を見つけることが自然科学であると常々おっしゃっていました。また、高岡先生が最終的に世に問うた方法も、新しいモノをつくって人間の能力の末端を拡張するのではなく、身体という内なる自然に回帰し、人体を地球に比肩し得る資源とみなして機械文明を凌駕《りょうが》するほど高度に開発する身体思想、「身体資源論」に基づいています。これらの考え方は、アカデミアや実験室を飛び出して自然環境や社会要因と直に格闘しながら協生農法の研究を進めて行くうえで、大きなヒントになりました。私は、これら先人が人間と自然の新たな関係を築こうと奮闘してきた意志のベクトルが、自分を通じて新たなコンテクストで創造され続けることが、真に伝統的で革新的な科学活動であると思っています。

いつも肝に銘じているのは「地獄への道は善意で舗装されている」という言葉です。自分が好きでやろうが、他者のためだと思ってやろうが、よほどのことがない限り誰もが善意でやると思います。ただし、その善意が地獄に向かっているかもしれないことは、まったく別のレベルの話です。これまで幾多の科学者や技術者が情熱を注いできた努力の結晶や、それぞれが隣人の幸福を願って社会的な善に従って行動した結果が、巡り巡って人間活動を増大させ、現在の環境問題を引き起こしていると言っても過言ではありません。歴史を見る限り、科学者にとっての生きがいと未来世代への影響はまったく別物なのです。原爆の開発過程は、当時の科学者にとっては正に理想郷というべき環境が整っていたわけですから。

過去数世紀にわたって追求されてきた、科学技術による幸福の追求というスローガンは、結果的に大量消費社会という形で貧富の格差を増長する方向に働き、将来世代の持続可能性を脅かす自然資源の収奪を経済発展という名の美徳により正当化する形で、我々の思考や人間性に対して強大な支配力を拡張してきた歴史を知るべきです。それはその信条が拠って立つ社会の存立基盤を顧みることなく、むしろそのような問いを集団的に排除しようと、政治、経済、学術的インセンティブを始めさまざまな社会装置が（無自覚に）連合して働きかけるという意味で原理主義的であり、現代における最も徹底した宗教と言ってもよいかもしれません。専門家を名乗る科学者の楽観主義に満ちた充実した笑顔ほど、私には薄く野蛮なものに見えます。したがって、自分が好きでやっていることが人のためになればいいという考えと、人の役に立つことをやるのが嬉しいという考えは、対照的な位置関係にあるものの、現状の延長にあるBusiness as usualを肯定する価値観という意味で、同じレベルにあるということです。

むしろ考えなければならないのは、もう少し上のレイヤーにあります。自分のやっていることが、マクロの視点で見てどのような影響を及ぼすかということです。少なくとも私は、人が喜ぶだろうから新しいテクノロジーをつくって自分も幸せになる、自分が興味のあるテクノロジーを開発することを通して他者を幸せにするという考え方には、根本的な欠点があると思っている。それに突き当たっているのがこの二十一世紀だと思います。

それは、テクノロジーで人は幸せにできないという考え方に基づいています。これまで構築した科学技術の社会的有効性がほとんど破綻してしまうような状況が、自然資源の観点から見ると今世紀中には来てしまうとき、一つ上の視点で考えなければ太刀打ちできないからです。

人類全体で見れば、これまで数多《あまた》の技術革新も、グリーンイノベーションも、リサイクルも、CSRも、排出規制も、中国の一人っ子政策も、環境保護運動も、生物多様性条約も、慣行の発展シナリオを持続可能な方向に転換するにはまったく不十分であったことがわかっています。

そもそも近代化自体が、実体的な価値から乖離した貨幣の発明によって膨れ上がった資本主義の外部不経済を植民地支配によって打ち消そうという政治力学ですから、有限な地球の上で生きていくには根本的な欠陥があるシステムです。実際の政治やビジネスは、その根本的な仕組みを糺《ただ》すことができずに、さまざまな次善策を講じながらも崩れゆく土台の上で経済成長を積み上げて活動しています。巷に溢れるサステイナビリティ系の取り組

み も、残念ながら基本的にこの段階に包摂されます。このような状況を世界中に強いる強制力となったのが、産業革命と科学技術によって実現された軍事力で、戦争による支配関係を前提とした国力の競争が、現在に至るまで最も強力な技術革新の原動力になっています。他国による侵略という軍事的な災禍を免れるために、永続は不可能と知りつつも、皆近代化さらにはグローバリゼーションのゲームから降りることができないでいるのです。

それだけでなく、資本主義では経済成長なしに雇用を確保することができません。成長を続ける大量消費社会では、常に最新の商品やサービスに追いついていかないと、社会の構成員として欠格があるとみなされる「相対的貧困」に陥ります。三〇年前にはなかったものですが、今や携帯電話やパソコンを使ったやり取りができなければ就職先は限られてしまうでしょう。

これら資本主義社会が生む組織的な慣性や制約も、代替システムへの移行を困難にしています。高速で走っている乗り物が断崖に差し掛かっていると頭ではわかっていても、乗り物から飛び降りることは個人にとっては自殺行為になってしまうのです。

現状の延長では到底不可能で、非常にドラスティックな代替案に人類全体で舵を切らなければ温暖化や生物多様性の全球崩壊を回避できないという事実に対して、国連の会議や市民運動を始め、今まさに国際的危機感が高まっているところなのです。今後三〇年内にとられる行動が、決定的に重要です。

サステイナビリティというのは、後戻りが効かない非常に厳しい分野です。環境問題に連動して、食糧問題、健康問題、経済問題、安全保障問題などが根深く絡まりあっています。現在の農業で主流を占めるモノカルチャーを支える技術も、戦時中に開発された戦車、火薬、化学兵器がそれぞれトラクター、化成肥料、農薬へと姿を変え、戦後の混乱に乗じて近視眼的に普及された側面があります。民主的なプロセスを経て導入された制度が長期的に持続可能である保証はまったくないのです。

ローマクラブによる大枠のシミュレーションでは、現在の環境負荷は放っておけば今世紀中に世界人口が半減するような食糧危機を引き起こします。［参考文献9］それを回避するには現状から程遠い技術水準や全地域での完璧な人口抑制政策を必要とします。多様性と遅延がつきものの現実にはそれは不可能で、世界各地でさまざまな衝突を生むでしょう。たとえ回避策の方向に向かうとしても、放置シナリオとは別の種類の不利益や犠牲を意図的に選択するという重い決断を強いるものです。そして取り組みの開始が遅れるほど、そのトレードオフは年々深刻になって、将来の持続可能な社会の範囲を狭めてしまうことがわかっています。

これは人類史において何度も繰り返してきている類の意思決定で、兵士を犠牲にすることで多数の国民を守るという賭けに出る、戦争における人命の経済学に近いものがあります。いずれを選択しても、加害者と被害者は生まれます。また、歴史にｉｆはないように、どちらが結果的に良かったのか比較することさえできません。

　それでも、サステイナビリティに関わるプロである以上、これらの選択肢から自分の立ち位置、戦旗を選べなければならない。それはまるで、古代インドの叙事詩『バガヴァッド・ギーター』に描かれている光景と重なります。自他の生命としての同質性に気づいてしまった王族の戦士が、同族同士の殺戮の真っ只中でどのように生きるべきか苦悩する。軍人としての定めに従い、親子兄弟師を殺すか、自ら虚しい戦いより身を引き、王権（社会的立場）を失うか。

　しかしより身近に俯瞰《ふかん》してみれば、それは戦争における極限状態の話ではなく、日々我々が殺して食べている食物の命と、自分たちの親の命が、まったく遜色のない同じ生命であることを認識することと本質的に変わらないのです。食料生産の近代化は、生きていくために個人が他の動植物の命と対峙し、生命世界の因果の連鎖を経験する機会や時間を奪ってしまいました。本来は遠く狩猟採集の時代から、万物に生命を認め尊重しつつも、それらを殺して糧を得るところから、人間にとって自己の死を超越する共同体意識や、聖・邪なる存在への感受性が育まれてきたのです。私は、生命の普遍性と自我の個別性の間で葛藤する行為とは、未だ人智の及ばない生きている世界の法則に気づいていくことであると思います。そのような世界から人間の知性は生まれ、そのように歩を進めることでしか生きていることの困難さは昇華されていかない。

実験生物の命を機械論的探求の名のもとに奪うだけでなく、農業を通じて地球規模での環境破壊を推し進めてきた根本にある現代のバイオテクノロジーの視野狭窄的な考え方の行き着く先には、外部不経済と肥大した欲望があるだけで、生きとし生けるものが協力しあって成り立つ世界がありません。すべての生きものがその持てる命を輝かすことを前提にした、生きている世界の極小から極大までを貫く新しい生命科学が必要です。ブッシツへの還元に留まらず、細菌から巨木に至るまで、今急速に失われつつある表土や海の循環を創り支えてきた天文学的な数の生き物が織り成す共同体としての働きを活用し、有限な地球上で永続してきた仕組みに学ぶ精神を創ることが必要です。自然の中で生かされている命そのものを普遍的な基本単位として、生命に関わる学問を書き換えなければいけません。

具体的なミクロレベルのソリューションとしては、テクノロジーで人を幸福にするという名のもとに本質的な問題を覆い隠しているうわべの幻想を捨て、科学技術文明の発祥の上流にあり苦しみを生み出している根本的な要因を取り除くことを考えるべきです。私は、その枢要な柱の一つが農業を始めとする食料生産のあり方であると突き止め、研究テーマに据えています。

テクノロジーは人の痛みや苦しみを取り除く手段

馬を水場に連れて行っても、水を飲むかどうかは馬次第と言われるように、何かをやってもその人が幸せになるかどうかはその人次第です。与えられた状況の如何《いかん》にかかわらず、その人が幸せと感じるかどうかにかかっています。本当の意味での幸せはその人にしかわかりませんし、そもそも幸せは測りようがない。テクノロジーで少しぐらい便利なものをつくったからといって、幸せの本質が変わるとは思えません。

たった一つ、幸福についてできるアプローチがあるとすれば、それは苦しみを減らすことだと思います。幸せは純粋に主観的で、誰かと一緒にいることがある人にとって幸せである場合もあれば、ある人にとっては不幸になる場合もある。同じ人でも、時期や時間によっても変わってしまいます。

でも、苦しみは違います。腕を切られたら、誰でも痛い。空腹で栄養失調になれば誰も幸せとは思わない。今も人類の大多数が患っている苦しみは客観的な基礎を持ち、再現性がある。存在不安や信じるべき価値の喪失といった心の問題も、より大きな社会構造に影響を受けている具体的な基盤を持ち、将来的には「間主客観性」に基づく複数のアプローチが可能だと考えます。少なくとも、衣食住がある程度までは満ち足りていて、痛みや苦しみがないまともな生活が送れる状態の社会秩序があって、それとはまったく独立したところで、人間は勝手に幸せになっていくものだと思います。

それには、人間だけを考えていてもダメで、人間を含む地球生態系全体の命というもの、それらの最大多数の苦しみを削減する方法でしか、健全な命を育《はぐく》み、細胞から宇宙に至るまでの生命本来の輝きを発揮することはできないと思うのです。そのような世界でこそ、それぞれの命は生も死も自らと分け隔てのないものとして、野生生物のような美しさと脆《もろ》さを秘めながら十全に生きて死ぬことができると思います。

少なくとも、自然の中に与えられた生命本来の摂理から逸脱してしまう苦しみを減らしていくことがテクノロジー、サイエンスが着実に貢献できる領域です。テクノロジーに幸福論を持ち込むべきではなく、そんな言葉があるかどうかわかりませんが「苦しみ論」は持ち込む。それが私のサイエンスに向き合うスタンスです。

人の意志が創り出す未来

未来はやはり、精神が創り出すものだと思います。科学的エビデンスに基づく将来のシミュレーションには、「人間の意志」という歴史の転換点を決める重要な要素が入っていません。ローマクラブのモデルは、崩壊の危機へ向かう指数成長過程はうまくフィッティングできているのですが、地域の個別性が入っておらず、実際に社会が危機的状況に陥りラディカルでダイナミックな対応策がとられるようになる過程をどこまで予測できているかはわかりません。

スーパーコンピュータを使って温暖化を予測する地球シミュレーターでは、近代国民国家が誕生するきっかけとなったフランス革命は予測も再現もできないのです。サステイナビリティへと向かう人類規模の革命は、我々の意志を抜きにしては為し得ません。それは畢竟《ひっきょう》、フランス革命や明治維新以上の痛み、過去の世界大戦以上の破壊を伴うものとなるかもしれません。想像しえない未来に遭遇したとき、我々は一体何を選択するのでしょうか。未来予測に慄《おのの》く一方で、言語的存在である人間にとって、やはり「創造のふるさとは未来にある（ヴェリミール・フレーブニコフ）」のです。

私にとっての未来は、すべての可能性にひらかれた真《ま》っ新《さら》な場であると同時に、裸の知性と愚かさが戦う場所でもあります。自分個人が生きるであろうスケール以上の時空間を明確に射程に入れることが、未来への貢献になると信じています。危機に際して新たに科学が果たしてゆくべき役割は、科学技術史においても最も重要なものとなるでしょう。現行の社会システムが環境破壊に起因する紛争を回避し、持続可能性に対して実効力のある意思決定を実現するには、国家権力を立法・行政・司法に分割する三権分立に加えて、現場に即した多様な形で法に対する測定と評価を行なう「科学」を持続可能性の番人に据える「四権分立」が重要になるでしょう。

また、協生農法が展開しているアフリカ・サブサハラのブルキナファソの新憲法には、国民に持続可能な一次産業を保証するための条項が盛り込まれています。これは、フランス革命以来先進国のスタンダードとなった基本的人権の考えをもとに人間の都合を最優先に肥大してきた環境負荷と、優れた先住民族社会などで守られ、環境保護運動でも主張されてきた自然生態系がそれ自体で存続していく権利の対立を、人間と自然生態系双方が新しい形で共存できる産業に転換することで解決する方向を、世界に先駆けて国家レベルで宣言したものです。いずれも世界中で本格的に実現するのは私の人生のスケールを超えていますが、事の成否の分岐点までは見れるのではないかと思っています。

幸い、後に続く若い世代も育ち始めています。若さというのは有限ですから、本当に重要だと思うことをやらなければいけない。人が全力で取り組むことに未熟なことなどありません。どんなに不完全に見えても、次の世代が望むなら、私はそれを光にして進もうと思います。世代によって信じる価値感は移ろうものですが、それら表面的な違いに左右されないものこそ真に受け継がれて行くべきものです。

人類史的な分岐点を見越して設計された協生農法は、機械文明の危機と限界を、より包括的で自己再生能を核とする生命に基づく文明に転換する試金石となる試みです。その真価は、現在の延長の問題解決に留まらず、断絶した未来が露《あら》わになる時代に発揮されることを意図しています。

参考文献

[1] Masatoshi Funabashi “Human augmentation of ecosystems: objectives for food production and science by 2045” npj Science of Food volume 2, Article number: 16 (2018) https://doi.org/10.1038/s41538-018-0026-4
[2]『社会制御過程の社会学』船橋晴俊著、東信堂、２０１８年
[3] Masatoshi Funabashi “Citizen Science and Topology of Mind: Complexity, Computation and Criticality in Data-Driven Exploration of Open Complex Systems” Entropy 2017, 19(4), 181; https://doi.org/10.3390/e19040181
[4]『生命とは何か 物理的にみた生細胞』シュレーディンガー著、岡小天・鎮目恭夫共訳、岩波文庫、２００８年
[5]『部分と全体 私の生涯の偉大な出会いと対話』ハイゼンベルク著、山崎和夫訳、みすず書房、１９９９年、新装
[6]『精神と物質—分子生物学はどこまで生命の謎を解けるか』立花隆・利根川進著、文春文庫、１９９３年
[7]『社会科学と社会政策にかかわる認識の「客観性」』Max Weber著、富永祐治・折原浩・立野保男訳、岩波文庫、１９９８年
[8] M. Funabashi, “Invariance in Vowel Systems” J. Acoust. Soc. Am. 137, 2892 (2015)
[9] Limits to Growth: The 30-Year Update. by Donella H. Meadows, Jorgen Randers, Dennis L. Meadows. Chelsea Green Publishing (2004)
[10] M. Funabashi “Synthetic Modeling of Autonomous Learning with a Chaotic Neural Network” International Journal of Bifurcation and Chaos Vol. 25, No. 04, 1550054 (2015)

10

竹内雄一郎

Yuichiro Takeuchi

分散した知識で 街を編集するWikitopia

たけうち・ゆういちろう
博士（科学）

計算機科学者。トロント生まれ。東京大学工学部卒業、同大学院新領域創成科学研究科博士課程修了、ハーバード大学デザイン大学院修士課程修了。JSTさきがけ研究者、ニューヨーク大学客員研究員などを歴任。受賞歴にACM CHI Best Paper Awardなど。情報工学と建築・都市デザインの境界領域の研究に従事。

Wikitopiaとは何か

私が提唱しているWikitopiaという概念は、ウェブ上の百科事典ウィキペディアのように、あるいはオープンソースソフトウェアのように、不特定多数の人に絶えず編集され、改善される都市をつくろうという考え方です。決してバーチャルな概念ではありません。

サンフランシスコに「グラウンドプレイ」という制度があります。元々ペイブメント・トゥ・パークスと呼ばれていた制度をさらに発展させたものですが、広場をこんなふうに整備したい、公道の一部を公園に変えたいなど、地元住民が企画を立て、自ら提案し、市に承認されれば実行に移すことができる。そういうシステムです。ただ、市は承認するだけで、いっさいお金は出しません。ファイナンスも含めて、市民がすべてを「編集」するのです。

こうしたDIY的なアーバニズムの流れは、IoTのような新しい技術と組み合わせることによって、さらに加速させることができると考えています。例えば地域の公共照明を、ソフトウェアを通してプログラム可能なものに置き換えたとします。そのコントロールの権限が地元の人たちに与えられたら、自分たちで照明のプログラムを組むことができるようになります。また、３Dプリンティングなどのデジタルファブリケーション技術がさらに発展して、素人でも簡単に建築物がつくれるようになれば、グラウンドプレイのような制度を通して地元住民がつくれるものの幅がぐっと広がることになります。

そうした形でデジタルテクノロジーと融合し、さまざまな仕掛けが集結することで、少しずつ街が編集可能なものとなる。最終的にはウィキペディアのように、自分たちで自分の街と周囲を変えていけるような世の中になっていく。そんな社会を想定しています。


現在の私たちの活動としては、Wikitopiaの大規模な実験を実行できる場所を探している状態です。

日本でサンフランシスコのように公道を編集しようとすると、かつて新宿伊勢丹の前にごく短期間だけ「パークレット」をつくるのに一年近くの交渉が必要だったと聞くように、多大な時間と労力がかかってしまいます。そこで、私有地でありながら人通りがあり、実質的に公共空間として機能しているような場所を探しています。その点、銀座ソニーパークや、北九州市のスペースワールド跡地には、実験の舞台として魅力を感じています。

Wikitopiaは、現在はまだまだコンセプトレベルです。ただ、日本でもパークレットのような制度はすでに動き始めているので、ＩｏＴや拡張現実（ＡＲ）などの個別の技術と組み合わせていけば、こういう街ができるのではないかというイメージを膨らませています。

Wikitopiaは、先端技術を活用した、新しい民主主義をつくる試みとも言えます。研究として、街をつくる仕掛けの一つひとつを考えるのも面白いですが、別の面でも興味を惹かれる点があります。

ウィキペディアのようなデジタルの世界においては、新しい記事をつくろうと思えば、誰もが簡単につくれます。しかし、実際の街で何かをつくろうとすると、場所が限られているため、同じ場所であることをやりたい人と、別のことをやりたい人がバッティングするケースが生じます。このときに必要になるのは、合意形成です。

みんなの意見を吸い上げ、一つの決断を下す。マンションの管理組合で合意を形成するのでさえ苦労する日本社会で、街レベルですんなりものが決まるというのは考えにくいことです。その課題を、技術的にどのようにして解決するのか。コンピュータがその解決を支援できるのか。そういう視点に興味があります。

私はもともとコンピュータサイエンスを専攻していました。その世界から見ると、リアルな世界とデジタルの世界はきれいに分かれている印象を持っていました。しかし、このWikitopiaプロジェクトを始めていろいろな人と話してみると、本当はリアルとデジタルは連続していることに気づかされました。

デジタルの世界は、完全に仮想空間のように思われがちですが、実際には目に見えるリソースを使って運営されています。最も重要なサーバーは、仮想空間ではなく現実にサーバーというハードウェアがある場所に置かれていて、それを使うことなしにインターネットはできません。

また先ほど挙げたウィキペディアの記事の例のように、デジタルの世界ではいくらでもデータが増やせると思われていますが、これも厳密に言うと難しい。仮にリソースが無限にあったとしても、実際の運用上はうまくいきません。

オープンソースのソフトウェアの開発プロジェクトにおいて、意見が合わなくなって修復が不可能となったら、俺たちは俺たちでやるといってブランチアウトするのは簡単と思われています。しかし実際は、そこには現実の人間関係があって、そう簡単にはできません。ブランチアウトは、デジタルの世界でも最後の手段なのです。

デジタルの世界はすべて割り切りがよく、リアルな世界になると急にうまくいかないというのは、実は誤解です。デジタルの世界でも、何も気にすることなくいくらでも自由にできるわけではないのです。

だからこそ、ウィキペディアなどデジタルの世界で成功したプロジェクトにおいて、どのような調停や合意形成の手法が発展してきたのか、うまく回る仕組みとはどのようなものなのか、そこに興味を持っています。それをリアルの世界の街づくりに生かすことができれば、徐々に街のつくられ方が変わっていくのではないかと考えています。

コンピュータサイエンスは、集合知が強く信じられている世界だと思います。何でも民主的に、参加型にすることが、無条件によいことだと信じられてきました。しかし世の中には、トンチンカンなことを言い出したり実行したりする人も大勢います。それは、ウィキペディアやソーシャルメディアを見ていれば容易にわかります。

今私たちは研究の一環として、街づくりに関するアイデアを募集するコンペティションを実施しています。コンペですので受賞作品が決定されるわけですが、私たちのコンペでは審査員が決める賞に加えて、多くの人の意見を総合して民主的に決める賞も用意しています。しかし、誰もが受賞作品の決定に手軽に参加できるようにすると、トンチンカンな人やあまり深く考えない人も入ってきて、いわゆる「バズる」ものばかりが受賞作品として選ばれてしまう可能性があります。こうした事例はすでに山ほどあります。単純な投票制などにすると、真剣に考えているようで、その瞬間に湧き上がりやすいものが票を集めてしまう傾向があるのです。

これは、とにかく何でも民主的にすればいいのだ、という考えに対する一つの反証という気がします。Wikitopiaでは、そうした可能性をシステムとしてどのように排除するか、何らかの工夫が必要だと考えています。

コンピュータサイエンスの外に行く

大学院に入ったのが二〇〇三年、五年後の二〇〇八年に博士号を取りました。携帯電話の高性能化が急速に進んでいた時期で、二〇〇七年にはiPhoneが出てきた。モバイルが世の中をどのように変えていくのか、当時非常に興味を持って見ていました。

でも、そこに社会的な視点はまったくない。携帯は常に持ち歩くので、そこから人の行動履歴が取れたり、コミュニケーションの履歴が取れたり、撮影した写真の記録が取れたりなど、大量の個人情報が取得できます。これを生かす技術をつくりたいと思っていただけです。技術的に実装できる段階になったら、社会的な視点やプライバシーの問題は、誰かほかの人が考えてくれればいいと丸投げする発想しかありませんでした。

今、情報技術が露骨に世の中を変えるような時代です。社会的視点を考えなくていいと悠長なことは言っていられない。コンピュータ技術を研究開発している人も、技術だけ開発すればいいわけではなく、社会的な影響も考えなければいけないというスタンスに変わっています。私が大学院にいたころ、少なくとも私の周りではそういうことはあまり考えなかった気がします。

二〇〇八年にソニーCSLに入社して以降、私は情報技術と空間の融合に興味が移っていました。マインクラフトやシムシティなどのゲームの世界では、何もかもがビットでできているので、いくらでも空間を組み替えることができます。でも、現実のフィジカルな世界では、オフィスに窓を一つ増やしたいと思っても、コピー&ペーストではできません。ゲームの世界のような可変性を現実の空間に持ち込みたいという単純な技術的な興味がありました。

コンピュータサイエンスでは、現実の空間はあまり扱いません。コンピュータの画面の中で、あるいはせいぜいテーブルの上くらいのスケールで格好いいデモが動いているだけで、なかなか建築スケールまで意識が及びません。比較的小さなスケールで完結した話をしてしまう傾向があります。

一つ例を挙げると、未来のオフィスをつくる研究というのが、以前からコンピュータサイエンスの一つの研究ジャンルとして存在しています。一九九〇年代、オフィスのデザインの主流は、個々のデスクを間仕切りで区切った「キュービクル」でした。その当時発表された、未来のオフィスのあり方を提案した論文を読むと、キュービクルの壁をディスプレイにするなど、基本的なデザインはそのままで、そこにコンピュータテクノロジーを入れ込むアイデアがほとんどです。

つまり、オフィスの空間デザインそのものは、コンピュータサイエンティストの領域外という発想です。私は、それでは問題があると思った。

キュービクルに続いて登場したのが、キュービクルを否定する「オープンプラン」でした。オープンプランはその名の通り、間仕切りを外した、周囲との垣根のないオフィスです。キュービクルがオープンプランに取って代わられると、それまでコンピュータサイエンスで行なわれてきた、キュービクルにコンピュータテクノロジーを入れ込むような研究は、すべて無駄になってしまいました。

未来のオフィスや住宅、都市を考えるとき、空間を扱うことは避けられない。だとしたら、空間の設計は自分たちの対象外とするのではなく、そこを含めて議論できないと、自分たちが積み重ねてきた研究が無駄になってしまいます。

しかし空間について、コンピュータサイエンスの中だけで議論していても、浅い議論で終わってしまう。コンピュータサイエンスの外に行かなければならない。建築分野の勉強をすれば、頭に描いたSFっぽいシステムをデモとしてつくるだけではなく、もう少し実効性のあるものができるようになるのではないか。そう思ったのが留学をしようと思ったきっかけです。

そこで二〇一〇年から二〇一二年まで、ハーバード大学に留学しました。Graduate School of Design（GSD）という、建築と都市計画の大学院です。

ハーバードに行ってみると、意外なことに気づきました。周りの学生や教官は、建築や都市計画が社会にどのような影響を与えるかという話を延々とする。テクノロジーばかりやっている人の中で育ってきた私には慣れない議論です。その文化的な違いを体験し、テクノロジーが実際にどのような影響を生み出すのか検証する社会実験に興味を覚えたと思います。もしハーバードに行っていなければ、技術に特化した部分ばかりにフォーカスしていたと思う。Wikitopiaという発想にたどり着いていたかどうかわかりません。

この研究を始めてから、以前より考える幅が広がったと思います。

かつての興味は、空間演出に近い分野だった。口では生活する空間と言っていたとしても、実際には空間にテクノロジーを導入し、ちょっと格好いいものがつくれたら満足していたのです。私のイマジネーションは、そのレベルで止まっていました。

ハーバードでは、逆にテクノロジーの話はあまりしません。彼らは、基本的にテクノロジーに対する興味が薄い。例えば都市計画系の人にはほとんど政治家みたいな人も多くて、貧富の格差だとか人種差別の話ばかりしている。建築の学校だからといって建物の形だけを議論しているわけではありません。そういう場に二年間もいると、自分の興味も変わってきてしまうのが現実です。

つくりたい街、実現したくない街

自分が理想とする街の形が頭の中にはっきりとあって、それを実現したいというわけではありません。そうしたプロセスをたどってできた街は、たいてい独りよがりなものになってしまうと思います。

ニューヨーク大学で研究員をやっていたとき、グリニッチ・ヴィレッジという街に住んでいました。都市の多様性の魅力を訴えたジャーナリスト、ジェイン・ジェイコブズが好んだグリニッチ・ヴィレッジです。いつも活気にあふれた、とても住みやすい街でした。ジェイコブズの本を読むと、ボトムアップ的なプロセスに任せれば自然と街は良くなる、グリニッチ・ヴィレッジのようになると言っているように受け取れました。素晴らしいと感銘を受けたのですが、実際は現在のグリニッチ・ヴィレッジは家賃も高く、お金持ちの集まる街だからこそ住みやすい街が維持できているのです。

本当に住みやすい街だと思ったのですが、それは富裕層の集まる街だった。格差の存在を前提とした、ごくわずかな人しか住めない街を理想像と言うことはできませんし、またWikitopiaのようなボトムアップ的なプロセスを徹底すれば、自然と街がグリニッチ・ヴィレッジのようになると無根拠に言うこともできません。自分がつくりたい街の形も、Wikitopiaが実現する街の形も、はっきりと言うことができないというのが正直なところです。

逆に、実現したくない街ということで言うと、画一的になることは避けたいと思っています。大勢の人が街を編集した結果、画一化が進むとは思いたくない。しかし、コンピュータサイエンスが世の中を画一化する元凶という議論は常にある。ネットカルチャーが世界を覆い尽くした結果、インスタグラムに上がった画像を見ても、そこが日本なのかアメリカなのかタイなのか見分けがつかないという現象が起きています。みんなで意識的に画一化を目指しているというわけではなく、それぞれの自発的な選択の結果、ライフスタイルが没個性化しているのです。

言語や振る舞いなど表層的な違いを取り払うと、人間は意外と似たような存在であるのは間違いないので、どうしても求めるものは同じになってしまうのかもしれません。そこに応えられるようなものであれば、画一的でもいいかもしれない。しかし一部のニュータウンの現状などを見ると、簡単には納得できない。

また、隔離の進んだ街も好きではありません。

子どものころ、ロサンゼルスのゲーティッドコミュニティに住んでいました。中には何でも揃っていましたが、有色人種は少なく、特に黒人はほとんどいませんでした。そもそも調査によれば、アメリカのゲーティッドコミュニティの内側と外側では、治安に有意な差はないそうです。他人を信頼していないからゲートで囲っているだけの話で、本当に必要なわけではありません。あれは、治安を良くするための塀ではないのです。

驚いたことに、そういうところに長く住んでいた私は、黒人を普段見ないくせに、なんとなく黒人が怖いと思っていました。隔離された空間にいると、自分と違う他者に対する印象は確実に悪化していく。そんな街には住みたくありません。

社会に分散した知識を集めると、どのような街が編集されるのか

ウィキペディアはうまく稼働しているシステムですが、実は設計理論が確立しているわけではありません。なぜうまく機能しているのか、設計のどこに鍵があるのか、よくわかっていないのです。現に、ウィキペディアを運営するウィキメディア財団は、ほかにも「ウィキ○○」というサービスを数多く運営していますが、ウィキペディアほどの成功例は他にありません。

オープンソースのプロジェクトにしても同じで、リナックスのコミュニティはうまく機能していると思いますが、どのようなモチベーションでそこに人が集まっているのか、どんな理由でみんな継続的に貢献しているのかなど、それほど深くわかっていません。

オープンなコミュニティがどのような条件のもとで成立するか。システムをみんなでつくる場合、どうやれば多様性やらモチベーションやらを維持できるのか。非常に重要な研究課題です。こうした課題は、Wikitopiaに直接関係してきます。

学術界では、それぞれの分野の内部の価値観に従って、学術的に重要な仕事とそうでない仕事とを区別します。しかしネット社会という外部環境から影響を受け、伝統的な価値観は瓦解し始めています。例えば情報系の応用分野では、ネット上で「バズる」研究が引用数などの伝統的な指標を勝ち取るようになっているので、みんな競って凝った映像をつくってYouTubeにアップしています。ネット社会の力学が、伝統的な学術的価値の評価基準を打ち負かしてしまっているのです。

音楽業界は、クラシック音楽とピコ太郎のP・P・A・Pが同列で競争するような世界になっています。建築家も「インスタ映え」する作品をいかにつくるかという流行に乗らないと食べていけない。面白いのは、インスタ映えする建築を目指した場合、もはや建築は建築とだけ競争しているわけではないということです。建築が、ピコ太郎のP・P・A・Pと競争しているのです。ネット社会の力学は、あらゆる分野における伝統的価値観をねじ伏せようとしています。

Wikitopiaを単純に実装したら、このようなネット社会の力学に従って街がつくられていくようになるかもしれない。みんなで街を編集すると、P・P・A・Pみたいな街になるかもしれない。それが具体的にどのような街を指すのか想像がつきませんが、もしそうした帰結は望ましくない、避けるべきだと言うならば、Wikitopiaをどのように設計すれば避けられるのか、考えなくてはなりません。

また、みんなで編集した結果P・P・A・Pのような街ができたのであれば、それはみんなの欲求の中から生まれてきたものに間違いはないわけです。パッと見の印象で、避けるべきと切り捨ててしまっていいのかというのも本当は微妙な問題です。オーストリアの経済学者ハイエクは、知識というものは社会全体に分散して存在していて、だから中央のエリートの持つ知識だけであらゆる判断を行なう中央政権は誤りなのだと言いました。P・P・A・Pのような街というと反射的に抵抗を感じてしまいますが、ハイエクの思想には正しいと感じる部分が多くあります。だからこそ、分散した知識で街を編集するWikitopiaに可能性を感じているのです。

11

笠原俊一

Shunichi Kasahara

無意識な知覚を
コントロールできたら、
自分は自分を
どのように認識するのか

かさはら・しゅんいち
博士（学際情報学）

2008年早稲田大学大学院理工学研究科修士課程修了。同年ソニー入社。ユーザーインターフェースの研究開発に従事。2012年MIT media labにて客員研究員。2014年よりソニーコンピュータサイエンス研究所にリサーチャーとして参画。2017年東京大学大学院情報学環博士課程修了。テクノロジーによる体験の伝送や、“Superception”という研究コンセプトに基づきコンピュータによる知覚の制御や拡張に興味を持つ。これまでの研究成果は、SIGGRAPHやUIST、CHIなどの国際会議やSXSWで発表されつつ、テクノロジーの社会実装も行ない、アート・テクノロジー・サイエンスの領域で活動している。

人間はテクノロジーに適応し、進化する

大学院でロボットや人工知能を扱う研究をしたあと、二〇〇八年にソニー本社に就職しました。そこでインターフェースの研究開発部門に配属されます。ちょうどiPhoneでマルチタッチができるようになったり、テレビがジェスチャーで操作できるようになったりするなど、ユーザーインターフェースの進化が著しかった時期です。

研究開発部門ではありましたが、比較的製品開発に重点を置いていて、ピュアな研究というより事業部の抱える課題を研究開発的にアプローチする部隊でした。当時はタッチパネルがカメラに導入され始めた時期で、フリック（画面を指で払うように動かす動作）の動きをストレスなくできるようにする方程式を改善したり、画像センシングを用いてジェスチャーでテレビを操作できるようにしたり、速く打てるキーボードをつくろうとしたり、さまざまな研究開発を体験しました。その後、転機が訪れます。

拡張現実（AR）のエンジンがソニー本社で開発されたこともあり、それをインターフェースに組み込めないかという相談を受けました。試行錯誤の末アイデアを提案し、それが評価されます。その実績をもとにマサチューセッツ工科大学メディアラボへの留学の機会をもらい、半年間ヒロシ・イシイの研究室で自由な研究に勤《いそ》しみました。

半年後に日本に戻り、マルチタッチ、ジェスチャー、ARなどのインターフェースに関する研究開発に携わる中で、心に引っかかることがありました。

それまでは、使いやすくする、わかりやすくする、できないことをできるようにするなど、人間が機械を使う手助けをするインターフェースを開発してきました。でも、時代が違う。速く打てるキーボードを開発しても、現実には女子高生が打つフリック入力のスピードにはかなわない。それを目の当たりにして、人間が機械を使うためのテクノロジーを進化させるのではなく、人間がテクノロジーに適応し、進化することを知ったのです。

だとしたら、人間がテクノロジーに適応し、自分自身が変化することを加速させる研究をしたほうが、これからのコンピュータと人間との関係という意味では面白いと思った。機械によって人間が拡張したり、人間自体が変化したりするような研究をやりたい。そんな思いが強くなっていきました。

いとも簡単に揺らぐ「自分とは何か？」

最初は、他者が見えているものを自分が見えたらどうなるのか、一つの視点を共有する研究に取り組み、頭部搭載のカメラ映像伝送とバーチャルリアリティ（VR）を組み合わせたシステムを構築し、さまざまな実験をしていました。私の中で二つ目の発見がありました。

視線を共有する実験をやっているとき、私が相手の見ているものを見ている状況をつくり、握手をしました。私が手を伸ばして相手と握手をしている状況で、相手の視点から私を見ようとすると、あたかも私が私と握手をしているように思えた。

「あれ？　俺って何だろう」

「俺の身体のはずなのに、俺じゃない」

人間が自分を自分だと思うことは、自分を知覚していることにほかなりません。でもテクノロジーによって、こんなにも簡単に「自分とは何か？」が揺らぐことがわかった。人間は何らかの知覚によって世界を認識したり自分を認識したりします。でも知覚は簡単に揺らぐ。知覚の可塑性に可能性を感じた。ということは、テクノロジーによって人間の知覚をコントロールして人間の内部に入り込めるのではないかという強い勘が働きました。

その瞬間から、より知覚に特化した研究を始めます。ところが、はじめは自分の中から湧き上がる「面白い」「やってみたい」を言語化するのが難しかった。自分の思い描く面白いものを体験可能なシステムとして自ら構築し、実験や実際の体験で起きる現象や発見を繋ぎ合わせていくうちに「Superception（超知覚）：知覚のエンジニアリング」というテーマが言葉として浮かんできました。Superceptionとは、Super + Perceptionの造語であり、〝テクノロジーで、人間の知覚は変容できるのか。他者との共感を生み出せるのか。無意識の知覚に作用することができるのか〟ということを研究するテーマです。

ただ、そのテーマの蓋を開けると知らないことだらけ。そこをどのようにして研究で切り開いていくかが、今の私がトライしているところです。具体的には、VRを使って「これは自分の身体である」という感覚をうまく利用することで、身体の知覚を変えたり、EMS（電気筋肉刺激）を使って、「自分が行なった行為」という知覚を生み出したりする現象を明らかにしてきました。しかし、知覚が揺らぐ現象がなぜ起きたのかをサイエンスできないと、本当の意味でのエンジニアリングにはなりません。

とても簡単な例としては、電気の明るさを変えたいとき、電圧を下げれば熱が下がって電球の光が弱くなるという理屈がわかっています。その理屈が制御対象になれば、エンジニアリングが可能になります。しかし、人間の知覚はまだわからないことが多く、その前提を定義する段階で足踏みしていますが、知覚の仕組みを制御する理屈さえわかれば、その理屈を使って工学的に制御できる。それを、コンピュータ技術を用いてコントロールすることは、いずれできるようになると思います。

人間の知覚をコントロールすることは、いずれは自分のパーソナリティや自分が何をどのように感じるかということさえもコントロールすることです。今日は重要な会議があって自分がプレゼンテーションするから、自分の主張を押し出す積極的な自分になろうとする。すると、自分の知覚がコントロールされているとは気づかなくても、アグレッシブな自分になる。今日は高額な買い物をするので、慎重な自分になろうとする。どのようにコントロールされているか、自分ではわからなくても、慎重になることはできるかもしれません。

人間は何によって制御されているのか

自分のことを一番わかっていないのは、結局のところ自分だと思います。自分がしゃべったり行動したりする背景は、自分ではわからない。蓋を開けてみれば、コマーシャルやソーシャルメディアによってコントロールされているかもしれません。今の自分が、本当に自分の意思によってしゃべったり行動したりしているのかさえわからないものなのです。

だとしたら、自分が構成されている要素をすべて明るみに出して、その要素を自分がコントロールできるようになったらどうなるのか。つまり、無意識な知覚を意識的にコントロールし、自分がどのように世界を見るのか、自分は自分をどのように認識するのか、そんなことまでもコントロールする方法があるのではないか。それは「機械を制御するコンピュータ工学」と「人間を制御する科学」の接点として、新たに「知覚工学」という分野になるのではないかと考えています。

私は自分に興味がある。自分がわからないから自分を知りたい。優柔不断で、ある選択をしたときに「しまった、そうじゃなかった」と思うこともしばしばある。どうして自分はこんなにも合理的ではなく、正しい選択ができないのか。昨今は、あらゆるシステムのAPIが公開され、ネットワーク、ユーザーインタフェース、IoTなどが進化し、自分以外のことはこんなにもコントロールできるのに、どうして自分を自分でコントロールできないのか。そうした感覚から、この分野に関心を持ったのかもしれません。

テクノロジーは本当に社会を良くするのか

知覚の研究を始めても、今のところ自分のことはわかりません。自分に対する理解度を深めたつもりでも、わかればわかったなりに、さらにわからないことが増える。こうなったら、わからないことを楽しむしかないかもしれません。

そうなると、テクノロジーが社会を良くするかどうかもわからない。このテーマに取り組み始めてから、かなり手応えを感じています。知覚のエンジニアリングが解明できれば、社会に与えるインパクトも大きい。しかし、果たしてそれがいいことなのかと問われると、自信を持って社会を良くすることにつながる研究だとは言い切れません。

結局のところ、テクノロジーをどのような形で使うかに尽きると思います。原子力を発電に使うのか、核爆弾に使うのかによって、まったく正反対になるのと同じ。つまり、新しいテクノロジーを何に使うのかということが重要になると思います。

仮に、どのようなことに使われるのか知らずにテクノロジーが発達し、知らないうちに知覚が制御されるテクノロジーが進化すると、知覚が深く解明され、さらに知覚を制御するテクノロジーが生まれてくる。そのとき、そうなることのリスクと可能性をしっかりと提示して議論し、どう使うべきかを考えることが重要です。その手続きを省き、いつの間にか得体の知れない大きな存在によって知覚がコントロールされたとしたら、人間はおそらく強い拒否反応を示すと思います。

一方で、研究者の役割は新しいフロンティアを見つけることで、それがどう社会に使われるかについてはニュートラルだと割り切る人もいます。自分の生み出したテクノロジーがどのように使われるかに対して責任を持てないというのも一つの考え方です。だとしたら、せめてすべてを見せることによって、正しい議論を巻き起こし、より良く使う方向性を定めるべきだと思います。

好奇心がドライブする研究

今、こうして知覚というテーマに真正面から取り組んでいますが、実際は曖昧《あいまい》な状態で雲を摑むような感覚で走っていました。自分の中の関心が言語化され、しっかりとした像を結んだ結果、今があります。つまり、この五年間ぐらいは、自分でもまったく予測していなかった方向にたどり着いた面白さがある。

個人的には、次の三〇年もそうありたいと思っています。

トーマス・エジソンは、電球を発明しました。エジソンは、どういうつもりで電球を発明したのか。もちろん、明かりを提供することで人々の暮らしを豊かにしたいという思いは絶対にあったと思いますが、本当はエジソンも、ただ光っているものが好きだっただけかもしれません。電圧かけたら光るってかっこいい。ただそう思っただけかもしれない。世界を変えてきたテクノロジーは、そうした俗人的な趣味嗜好や好奇心にドライブされてきたのではないかと想像します。

もちろん大局的には、私の好奇心が社会を良くしていたという状態が望ましい。でも大前提は自分勝手で、常に自分が面白いものに対してアプローチをしていたい。正直に言えば、自分が面白いと思ったことや、自分の内部から湧き出る好奇心に素直にいたい。それによって解明されたことが、結果的にさまざまなものに応用され、エンジニアリングとして良い方向に向かえば、社会的使命をまっとうしたような気分になれます。

とはいえ、三〇年後にどのような好奇心にドライブされて研究をしているか、それがわかってしまったらつまらない。三〇年後に完璧に人間の視覚をハックするARをつくるといっても、最初の五年間は面白いかもしれませんが、そのあとの二五年間はつまらない気がします。むしろ、五年先には何をやっているのだろうというワクワクした状態を六回続け、結果的に三〇年後を迎えていたという状態を続けていたいと思います。

現状、私はやりたいことをやらせてもらっていて、楽しくないことはやっていない。知覚の研究に取り組んでいても、その研究で博士号を取ったわけではありません。しかし、自らが実験で発見したことをもとに、今までニューロサイエンスや心理学などの知覚の研究をしてきた研究者と出会い、ディスカッションしながら勉強する時間は楽しい。話すたびに新たな道が拓けてくるのは、私にとっては至高のひととき、この上なく楽しい幸せな時間です。

これまでのSuperception研究は視覚を用いたものがいくつかあります。視覚を切り口にした理由は、視覚は知覚の中で優位性があり、優位性があるがゆえに人間は視覚に翻弄されているのではないかと考えたからです。つまり、視覚が「どのように自分を捉える

か、どのように世界を捉えるか」という知覚を変容させるための一つの重要なアクセスパスであると感じたのです。

一つの例として、技術的な進歩に伴い、カメラが高精細化されて、VRなどの映像表示の精緻さが上がると、さらに高精度に視覚情報がコントロールできるようになる。それこそ、人間の内部へアクセスするための手段として、テクノロジー的にも準備されてきているということです。そういうこともあって、今、とくに面白い時期を迎えています。

結局、誰もが自分の幸せに忠実に生きれば世の中は良くなる

語弊のある言い方になるかもしれませんが、私の知覚に対する興味から生まれる原動力と、例えば、ある国の難民を助けたいと思う人たちの内部から生まれる原動力は、実は同じなのではないかと思うことがあります。

誰かを助けたい、この人たちの笑顔を見たいという思いによって脳を活性化させているのが、社会貢献をしている方々のベクトルだとしたら、好奇心という言葉で表現できるものが、私の神経回路を幸福にさせるベクトルです。

社会貢献をする人たちも、誰かの笑顔を見ることによって、あるいは誰かを助けることによって自分が幸福になれなかったら、その活動はやらない気がする。だとしたら、結局

のところ何に対して自分が幸福だと思うかというところに、誰もが忠実に生きようとしているだけなのではないでしょうか。

人類は、何が自分を幸福な気分にさせるかについて、多様性を持っています。そしてその多様性が、さまざまな分野にさまざまな影響をもたらすはずです。それぞれが自らの幸福を満たすためのベクトルで働けば、世界は幸せになる。そう考えれば、私だけ自分の好奇心ではなく社会貢献をするために研究するべきだといっても、あまり意味はない。ならば、私が今この瞬間に思う、私が私を幸福にする好奇心に忠実に生きるほうが、よっぽど正直な気がします。

もちろん、自分の研究が社会に貢献することを否定するわけではありません。私が好奇心を持って取り組み、生み出した何かが社会に貢献すれば、もっと幸福になる。それでも最終的に余計なものを削ぎ落とした根源は「ホワット・メイクス・ミー・ハッピー」にすべての人が忠実に生きることではないでしょうか。

五年後に私が抱いている好奇心が、いま夢中になっている知覚とは別のものになっている可能性は高い。でも、自分の中に湧く好奇心が変わることこそ成長や進化だと思っています。今の私にとって世の中で一番面白いものが知覚ですが、もっと研究を深めていくと、今とは異なるファクターが出てくる可能性がある。その時点で、そのときの自分が持っている辞書に照らし合わせ、いま何が面白いのかが再定義できれば、それが考えうる最も幸福な状態になると思っています。

自らの好奇心とその変化に素直になるために、気をつけていることがあります。それは、言葉です。言葉には、人間が共有可能なメディアとしての力もありますが、逆に束縛力もあると思っています。自分が口にした言葉に対してコミットする世界において、自分が知覚を研究しますと言ったことが社会への強いコミットメントになると、知覚から抜け出せなくなる。言葉で自分の活動を規定してしまうこともあると思うし、自分が立てた表現に縛られてしまうこともあると思います。

誰が何を研究しているかを広く認知してもらうときには、そうしたキーワードは強い力を持ちます。しかし一方で、その言葉が最終的に自分を制限することもあり得る。私ぐらいは、自分を縛るキーワードからニュートラルな姿勢でいたい。つまり、五年後に私が知覚について研究していなくても、許していただきたいのです。

私は、ときどき飽きっぽいと指摘されますが、私自身は飽きっぽいと思わない。私の中では興味の変遷が一本の筋が通ってトレースできている。最終的にそのトレースの中の一本を言語化できれば、強いものになると思います。

かつてはインターフェースをやっていた。そして今は知覚をやっている。もしかしたら数年後には人工知能をやっているかもしれないし、量子コンピュータに好奇心が移っているかもしれない。そうした一つひとつを見るのではなく、最終的に好奇心の変遷がすべてつながり、すべてまとめるとこういうことを研究したのだと言えたら、それでいいのではないかと思います。

三〇年後に振り返って自分の取り組んだ研究を分析したとき、一つの言葉で表現することができれば、私はそれで満足すると思います。おそらくそれが、サイエンスとしてもエンジニアリングとしても、ある一つの「軸」を世の中につくったことになるのです。

12

フランク・ニールセン

Frank Nielsen

情熱だけで研究をする。
幾何学とは、
そうした研究者しか
続けられない
分野である

フランク・ニールセン
博士（理学）

並列コンピューティングの研究により、フランスのENS修士課程を修了。計算幾何学で、フランス国立情報学自動制御研究所（INRIA）より博士号を取得。ビジュアル・コンピューティングの研究を行なう目的で、1997年よりソニーコンピュータサイエンス研究所に勤務。現在は情報幾何学を、データ解析から機械知能といった分野で応用する先駆的な研究を行なっている。数冊の教材を執筆し、書籍の編集も行なっている。220を超える論文を共同執筆し、情報幾何学の国際会議Geometric Science of Information（GSI）を共催している。フランスのエコール・ポリテクニークでコンピュータサイエンス関連の教科を複数担当。ACMおよびIEEEのシニアメンバー。

幾何学の魅力

サイエンスは、絶対的なものではありません。アプリオリの情報を入れないとサイエンスが生まれないことからも、それは自明です。前提をつくるから構造が生まれる。幾何学の場合、公理を決定してはじめて理論がつくれます。公理がなければサイエンスがない。人間は当たり前の公理を選んでいる。ところが、当然だと思っていた公理を外すと、まったく違う世界が開けることがあります。

例えば、ユークリッド幾何学では、一つの直線に対してその線上にない点を通る平行線は一本だけしか引けません。ところが、空間投影になると平行線は一本だけではなくなります（平行線が地平線にIntersect）。列車に乗ってレール（平行線）を見ると、それらが水平線（無限）で交差していることがわかります。これは、非ユークリッド幾何学の例である射影幾何学の特徴です。

ユークリッド幾何学の中にあった公理の一つをなくしたら、まったく幅広い世界が開けたのです。そこにたどり着くまでに一八〇〇年かかりました。人間の頭は、まだまだそこまでの準備ができていない状態です。

私たちは小学校で三角形を描いたり、円を描いたり、道具を使って単純な図を描いてきたから、幾何学にはそのイメージがありますが、本来は代数をやわらかくしたイメージです。可能性が無限にあり、世界が開ける数学の分野の一つだと認識しています。

幾何学を研究している私も、幾何学とは何かということを明快に言えません。わからないと言っていい。幾何学で重要な問題を挙げられないのは、幾何学自体がどのようなものであるかを定義できないからです。ウィキペディアにもたくさんの種類の幾何学が載せられていますが、結局のところ、幾何学の定義がよくわからないというのが実情です。

どんな分野でも深く研究していくと、その分野の基礎を破らなければ本質を理解することはできません。それを行なうことで理解の梯子《はしご》に登ります。

幾何学の基礎を破ってはじめて、ユークリッド幾何学から双曲幾何学の世界が見えてくる。基礎的な部分のどういうところを破れば（＝どんな公理を否定すると）まったく新しい世界が開けるのか、そこが研究者の冒険であり、旅だと思います。


私はフランスで生まれ育ち、子どものころは自然に魅せられ、何も考えずに人生を楽しんでいました。グランゼコールの二年生まで数学と生物学に興味を持っていましたが、二一歳のころに分野を絞らなければならなくなった段階で、コンピュータサイエンスを専攻しました。はじめて知った世界でしたが、もっと理解を深めていけば、独自の概念をつくれるのではないかと思えたからです。

コンピュータサイエンスには、エンジニアリング寄りのコンピュータサイエンスと、ごく基礎的なコンピュータサイエンスがあります。両方を学ぶ中で、次第に幾何学をコンピュータで取り扱うことに魅力を感じるようになっていきます。

修士号（並列処理）を取得したあとに入ったフランス国立情報学自動制御研究所で、計算幾何学の博士課程の研究に取り組みました。ソニーCSLに入社した一九九七年からは、情報幾何学の論文を精力的に書くようになりました。

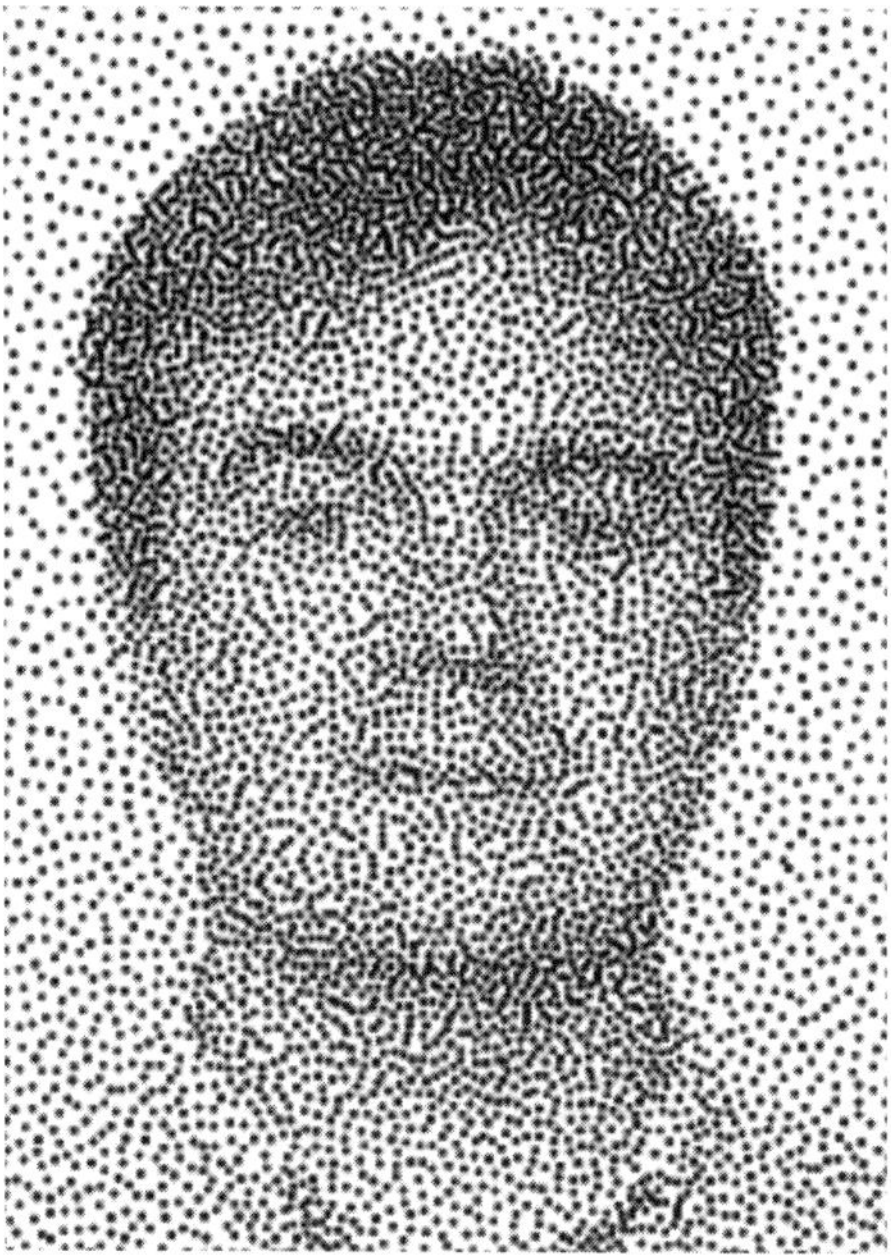

私が好きな写真。点描が私＝フランク・ニールセンと知覚される幾何学的図形であることを示している

本格的に情報幾何学の研究を始めたのは日本に来てからです。大学やそれまで所属した組織では、論文を書いて通せば認められる世界でしたが、ソニーCSLはただ論文を書くだけでは認めてもらえません。研究をやる理由と明確な意義が求められました。

そこで私は、計算幾何学と情報幾何学を融合させた「計算情報幾何学」[参考文献1]という分野を生み出しました。計算幾何学は、幾何学に複雑な計算理論を導入し、幾何学的な計算問題（例えばVLSIのICの領域を計算する）を効率よく解くアルゴリズムを開発したり、その計算の複雑さを本質的に解析したりする研究分野です。一方、情報幾何学は数理神経学者の甘《あま》利《り》俊一《しゅんいち》氏が提唱した概念で、微分幾何を使い、情報分野における確率分布の空間を幾何学的に説明しようとする学問体系です。

さらに、その計算情報幾何学とコンピュータビジョンと機械学習を結合させる「ビジュアルコンピューティング」[参考文献2]という新たな概念の研究を始めました。この手法を駆使して開発したビジュアルコンピューティングの技術が「イメージセグメンテーション」[参考文献3]です。

イメージセグメンテーションは、映像や複雑な画像の中から人間にとって意味のあるものを選択して切り分け、それをコンピュータ上においてリアルタイムで消したり移動させたりできます。このベースにある計算情報幾何学では、情報を点や球面など（多様体）の幾何学的実体と表現し、特殊なアルゴリズムを設計して使います[参考文献4]。

研究者像は一つにくくれない

研究者にはいろいろなタイプがいると思います。問題にぶつかり、それを解決し、新しい理論をつくる研究者もいますし、冒険者でもある研究者がいます。

予測できないけれども何となく新たな地平を感じ、その道を歩みたい、新しい大陸を発見したいと思う。それが冒険者でもある研究者です。しかし、新たな地平はあるかないかわからないし、まったく予測できません。ただ、情熱だけでその研究をする。そうした研究者しか続けられない分野、それが幾何学です。

研究者としての関心は、年々広がっています。そうしないと、今と違うところに行けないからです。時間は限られています。四〇代の研究者としてのキャリアは、せいぜいあと一〇年から一五年です。今は時間が一番大切で、時間の管理をしないといけない。自分がまとめて出したい理論のハードルは、時間との戦いかもしれません。

研究者はいろいろなことを同時にやっています。もちろん、一つの問題を深く考え、それを解決したいと考える研究者が多い。そうしないと、フラストレーションを感じるからです。でも、私はすぐに解決できなくても構いません。しばらく置いておき、半年後ぐらいにまた引っ張り出して、もう一度挑戦する。その間、さまざまな学会に出席し、まったく関係のない講演を聞いたり、まったくあり得ないものを合体させたりすると、思いがけない偶然の発見があり「エウレカ！」の気分を味わったことが何度もあります。研究者を、机に座ってお堅い理論をつくっている人と勘違いしている人がいます。でも私はそういうタイプではありません。ものとものを組み合わせたり、あり得ない分野を入れ込んだりすることで生まれるクリエイティビティを重視し、そこで思いがけない発見をすることを楽しんでいます。

例えば「幾何学的な政治の世界」とはどのようなものか。

もちろんそんなものは日常生活にありませんが、それを考えるとき、何が距離で何がモデルで何がデータか。そういう妄想に近い思考をしているうちに、そこから大きなアプリケーションが生まれてくることもあります。まったく幾何学に興味がない人が、時折すごい幾何学をつくっているのを見たり、幾何学に会えるはずのないところで出会えると、興味を掻き立てられます。そこに触発されて、新たな発想が生まれることもあるのです。

研究者は政治家と似ているかもしれません。

どういう方向へ行きたいかその幅を決めて、その中の五割の時間を期待はずれのない研究に充て、残りの五割は結果がどう出るかわからない開発を進める冒険に出る。やらなければならない義務と、新たな未来を構築するための挑戦。この二つの要素に邁進しなければば、有権者の支持は得られません。

研究者も、毎日のようにプログラミングをする基礎的な研究が必要です。それもアイデアのフィードバックになっています。何が開発できて、何が開発できないか。何が計算できて、何が計算できないか。それを確かめていく作業は必要不可欠です。

もう一つ、思いがけない偶然の邂逅の確率を上げ、思いもよらない新たな発見を見つけるために、できるだけたくさんの研究者の話を聞きに行く冒険に出ます。海外での学会の場合、往復の飛行機の時間は途《と》轍《てつ》もなく長い。ヨーロッパや南北アメリカでの場合、片道一〇時間以上座っていなければならないことがほとんどです。それは冒険に向かう道の途上ですが、誰にも邪魔されることなく静かに座って思考を巡らせる時間が、新たなアイデアを生む機会にもなります。かなり多くのアイデアが機内で生まれていますが、そうした体験をした研究者は、私だけではないと思います。

確実に言えるのは、研究者は一生勉強しなければならないということです。

自分の知識を広げるため、たくさんの論文や本を読まなければならない。最低でも一日一本の論文、それだけで一年で約三〇〇本になる。ただ、今は論文が山のように出ているので、何を読めばいいか吟味しなければなりません。そして、論文を読むのが目的で読んでいるわけではなく、その論文を読んだら、もしかしたらどこかでつながることもあるかもしれない、見たことのない橋がつくれるかもしれない。そういう思考を巡らせる時間も必要です。研究者は常に読み、考え、アウトプットし、試し、検証し、さらに考える。その繰り返しを楽しめる人でなければなりません。

研究と実社会とのつながりも見逃せません。

社会的視点を幾何学に結びつけるのは珍しいけれども、フランスの音楽チームの研究者と一緒に、幾何学的な音楽空間を研究しています。

ピタゴラスは「ピタゴラスの定理」で有名ですが、最初に音楽の理論を構築したことで知られています。幾何学的なハーモニーを論じた、幾何学と音楽の本もあります。ここには、もう少し可能性が残されていると思います。すべてが幾何学的なものと言えるかどうかはわかりません。しかし、私が生きている間に幾何学との新たなつながりを探したい。それはずっと飽きない気がします。

でも、その後は苦労が待っています。論文を書かないといけない。果物が食べられるようになるまでは待たないといけないように、研究者によっては大きい理論が出て来るまでじっと待たなければならないこともあります。

私のような研究者は特別かもしれない。でも、研究者はスタイルも生き方も楽しみ方もそれぞれで違っています。研究者を一つのイメージで捉えるのは間違っています。新たな発見を心待ちにする研究者は、ユニークだからこそ成果を上げられるのです。

研究活動以外の時間は、自然の中にいます。海や山が大好きです。研究者としての喜びや楽しみと、自然の中にいるときの楽しさには、大きな共通点があります。自然を見ていると、新たな発見に感動することが多い。研究者にも発見したときの感動の楽しみがある。だから、自然を眺める感動と研究の感動には、通底するものがあると思うのです。予測されたものは、あまり面白くありません。三〇年後の世界を考えたとき、私は今のように冒険していたいと思います。

自然の中での冒険、例えば一日中歩いているときに新しいものや、想像してもいなかったことを発見します。研究も同じです。ただ論文を読んで改善するような仕事は、履歴書を長くするために役立つかもしれませんが、結局、自分が感動していないから発見がありません。研究も、散歩の一つの形態かもしれません。

GeneaBookとは

今の世界が嫌なのは、私たちが機械に負けているのが顕著だからです。

機械から、さまざまな病気が生まれています。ビデオゲームに依存する人、メールチェックに惑わされる人、ほかにも挙げればキリがありません。私も、メールは一日返事をしないとストレスになってしまいます。

今後、インターネットがなくなるとは思えません。これからの人類のために研究者によってつくられたインフラだから、これは人類の財産になります。それは間違いない。けれども今は、財産というよりナルシシズムを満たす道具に成り下がっています。

フェイスブックやインスタグラムは、即物的です。しかし、落ち着いてゆっくり考えられる人は、即物的なものではなく家系や血筋など壮大に続く系譜に興味を持ちます。自分の歴史を理解したい。そういう長い時間を理解したいと思うものです。

私も、父親がデンマーク人で、母親がフランス人のため、いろいろなルーツが入っている。そうした興味もあって、家系図をつくりたいと思いました。ただ、家族の系譜を紡いだ家系図ではありません。

今、さまざまな分野の研究のペースが速くなってきています。研究の成果をできるだけ早く投稿し、誰にでも読める状態にしないと読んでもらえません。インターネットにないものは、存在していないも同然。グーグルで検索できなかった論文は、読まれる可能性はほとんどありません。それがショックでした。

そこで考えたのが、例えば私が五世代前の人と話ができて、彼または彼女が考えたアイ

デアを改善し、提示できるようなアイデアの系譜です。例えば、道路をつくるときに使うアスファルトに関するある実験が、九〇年経った今も継続されています（ピッチドロップ実験 https://tinyurl.com/d538s42）。これは、一人の研究者では完結できません。何世代にもわたる研究者が実験を引き継ぎ、それを次世代に渡していきます。もしかしていつか親子だけではなくて、複数の時代の家系がノーベル賞を受賞するかもしれない！

これがGeneaBookというアイデアです。研究者は、自分の人生を費やし、自分が設定したテーマの研究だけでなく、時代を超えた研究ができないかと考えています。

それは、メッセージを将来に送れる「アイデアタイムカプセル」です。

研究は、一つのジャンルの中でまとめないといけない。この常識を取り払い、世代という常識も取り払ってみれば、アイデアはもっと広がると思います。

家系図は面倒くさく、地道にコツコツ作業ができる人だけがやっているようなイメージがあります。しかし、残して続けていけるアイデアの系譜ができれば、もう少し人類の役に立てるのではないでしょうか。インターネットのインフラがあるように、フェイスブックのようなGeneaBookがあれば、さらにサイエンスは発展する。幾何学も、そういうベースの上に新たな発想が生まれるのではないかと思っています。

研究者は好奇心を探求する時間を確保しなければならない

研究は、取りあえず楽しまなければなりません。仕事というより、自分の楽しめる空間であり、興味があり、情熱を傾けられる状態でいなければならない。ソニーCSLは、自由さが一〇〇パーセントだから、逆に非常に責任が重い。

それに対し、大学教授は仕事のようです。教える、卒業させる、予算を引っ張る。研究者としてのビジョンはあっても、事務作業が多いからなかなか研究の時間が取れません。

個人としてのテーマで研究する時間は、買いたくても買えないものです。それをもったいないものにさせないように、自分の研究を楽しみながら、多大な時間を確保して取り組まないと、せっかくの研究者としての時間が無駄になってしまいます。

自分の時間と価値観は自分で探し、満足させないといけない。そのうえで、新しい大陸の発見ができればいいと思います。でも、そこに大陸がないかもしれない。そういう意味でいえば、たしかに膨大な時間をかけたものが結局無駄になる怖さはあります。

でも、研究者は二〇代から始められます。最初はテーマが見つからなくてもいい。自由にチャレンジするべきです。ただし三〇代、四〇代になってもテーマが見つからないようでは、危機意識を持ったほうがいい。これは、スポーツ選手とよく似ています。ある意味では、研究はスポーツのようです。論文を速く読めるように、情報を速く検索できるようになるためのトレーニングをしなければなりません。

研究は、人類に良い世界を見せるためのものです。しかし、その良い世界は悪い世界があったからこそ生まれたものです。たくさんの落胆や悲しみを乗り越えてきた日々があったからこそ、新しい発見の大きな喜びもある。だから、研究者が新しい大陸がないことを恐れる必要はないのです。

イギリスの数学者に、マイケル・アティヤという人がいます。彼は「数学が一番手ごろな旅ができる」ということを言っています。

私もそう思います。これまで幾何学を研究し続けてきて、幾何学的につながらない分野はありませんでした。そういう意味では、抽象的なこれまでまったく見たことのない図を見せられても、すぐに私は頭の中の旅が始められると思います。研究者の好奇心は、それほど弱いものではありません。

参考文献

［1］ Computational Information Geometry For Image and Signal Processing, Nielsen, Frank, Critchley,

Frank, Dodson, Christopher T. J. (Eds.), Springer 2017
[2] Visual Computing: Geometry, Graphics, and Vision, Frank Nielsen, Charles River Media, 2005
[3] Statistical region merging. Nock, Richard and Nielsen, Frank, IEEE Transactions on pattern analysis and machine intelligence, 26 (11), pp.1452-1458, 2004.
[4] Geometric Structures of Information, Frank Nielsen (Ed), Springer 2019

13

遠藤謙

Ken Endo

エンジニアとしての楽しみとは、
ユーザーに使われ、機能し、
喜んでいる姿を見ること

えんどう・けん
博士（学術）

2001年慶應義塾大学理工学部機械工学科卒業。2003年同大学大学院にて修士課程修了。2005年より、マサチューセッツ工科大学メディアラボバイオメカトロニクスグループにて博士課程の学生として、人間の身体能力の解析や下腿義足の開発に従事。2012年博士取得。一方、マサチューセッツ工科大学D-labにて講師を務め、途上国向けの義肢装具に関する講義を担当。現在、ソニーコンピュータサイエンス研究所リサーチャー。ロボット技術を用いた身体能力の拡張に関する研究に携わる。2014年には、競技用義足開発をはじめ、すべての人に動く喜びを与えるための事業として株式会社Xiborgを仲間と起業し、代表取締役に就任。2012年、MITが出版する科学雑誌Technology Reviewが選ぶ35歳以下のイノベーター35人（TR35）に選出された。また、2014年にはダボス会議ヤンググローバルリーダーズに選出。

私は「研究者」ではなく「エンジニア」である

私は研究者を「新しいものの発見や創出を重視する人」と定義しています。加えて「生み出したものが使われることを重視する」姿勢も必要だと考えます。一般的に、この後者を重視する人が「エンジニア」と呼ばれる。したがって、この定義と条件から、私は自らを研究者ではなくエンジニアと名乗っています。

とはいえ、研究者とエンジニアの境目は曖昧《あいまい》です。基礎研究から始まって応用研究に進み、それが実装化され、実際の「モノ」としての商品をデザインする。研究開発のプロセスはグラデーションのようです。ピュアなリサーチをする基礎研究者もいれば、基礎研究を実用化に導く応用研究者もいます。

一方のエンジニアは、より開発に近いフィールドにいる人を指します。私の場合は、基礎研究から開発まで、すべてのグラデーションをカバーする活動をしています。それでもエンジニアと名乗っているのは、エンジニアとして「勝負」をしているからです。

もちろん、研究者も勝負しています。研究に没頭し、答えにたどり着けるかどうかわからないテーマに一生を捧げる研究者もいる。その尊さは、エンジニアとは別物です。

ただ、彼らはエンジニアとは異なる「アカデミックな場所」で「ほかの研究者」と勝負している。それは、執筆した論文のインパクトを競う勝負です。

エンジニアの場合は、また違う意味での勝負が行なわれています。開発したモノは「モノとして機能するか」「社会的に受け入れられるか」「ビジネスとして成立するか」という条件が、すべて備わっていないと通用しない。モノをつくるエンジニアは、そんなシビアな世界で勝負している。その一翼を担っているという自負が、私のベースにあるのです。

私のエンジニアとしての成果は、あくまでも自己満足であり、世間的な評価と一致しているとは限らない。その自覚はあります。ただ、自己満足するモノこそ、社会に受け入れられると私は信じています。むしろ、世間に受け入れられようと「いい顔」でつくったモノは、長続きしない。マーケティング的発想で、単にメディア受けするだけのモノを、私はつくろうとは思いません。

エンジニアが優れているのは、自ら言葉を発して何かを伝えようとするのではなく、モノをつくって動かすことで、何かを伝えられるからです。エンジニア自身は言葉を発さなくても、モノの機能と価値が優れていれば、周囲の人が評価する。自分がつくったモノがすべてを語ってくれるので、自分で語る必要がない。

私の場合は義足をつけた選手が速く走るという価値が、成果の一つになります。それが達成できなければ評価されない。だからこそ、その厳しい世界で勝負したい。私ではなく私がつくったモノを見てもらいたい。

最近、言葉に対する世の中の反応が過剰だと感じるようになりました。ベンチャー企業の勝負は、自分たちのやりたいことを口で語り、それに賛同したり評価したりする人たちからお金を集め、そこからモノをつくるプロセスを経て成果を狙う。お金を集めたものの、結果としてモノができるかどうかわからないリスクを背負っているという意味では、胆力があります。ただ、その言葉が軽く感じられ、純粋にモノをつくる人とは思えないこともあります。

エンジニアは、言葉からではなくモノから勝負を始められる。言葉の力で勝負する人やそういう勝負の仕方をする人がいる世界ではなく、私はモノで勝負する世界で活動し続けようと思っています。

エンジニアとして「楽しい」と思える瞬間

エンジニアとしての喜びは、自分がつくったモノ、チームで取り組んで出した成果がユーザーに使われ、機能し、喜んでいる姿を見ることです。それこそが、私が楽しいと思える瞬間です。

モノや成果を出す前に、自分が取り組んでいる研究開発で世界を変えてやろうと意気込むことはありません。社会との関わりで言えば、世の中が「凄い」と驚くような現象を提示し、その後、社会がそれをどう判断するかを見て楽しむ感覚です。

ここで言う「凄い」現象とは、それまで歩けなかった子どもがふいに歩けるようになるように、過去とはまったく違う現象が起こることを指します。そんな現象を目の当たりにしたとき、私は「凄い」を感じる。ただ斬新なだけのものは、私にとっての「凄い」ではありません。いくら斬新で新しくても、実用性がなく、実際に人に使われなければ、社会が受け入れたことにはならない。私はそれを嬉しいとも思わなければ、ことのほか楽しいとも思いません。

ただ、それがどんなに楽しくても、私がつくったモノが大衆的になると途端につまらなくなる。デザインもコモディティ化すると陳腐化するように、自分のやっていることが広まってしまうと、飽きてしまうところがあります。

代表を務めるXiborg（サイボーグ）という会社でも、このソニーCSLでも、なるべく飽きないようにしたい。飽きてしまうと、やっていることがすべて苦痛になるからです。もちろんモノには大衆化のフェーズがあり、それは必要な工程です。それでも、自分が注力するフェーズだとは思っていない。

もともと、ゼロからイチを生み出すことが好きな人間です。ロボット義足も競技用義足も、その強みを生かしてほかの人が真似できない領域に達しています。そのステージにいるときは、チームを誇りに思い、自分も楽しいと思っている。

ただ、危機感は常に心の中にあります。もっと上に行きたい、もっといいモノをつくりたい。そうしなければすぐに追いつかれるし、どんどんコモディティ化していく。テクノロジーは新しいモノをつくっていかなければ意味がありません。そう考えると、自分しかできない領域、自分のチームにしかできないステージに存在し続けることが、飽きない条件になっているのかもしれません。

そもそも私は、自分の好奇心に忠実に、やりたいことをやっているにすぎません。自分が「凄い」と思うアイデアにコミットし、実現に向けて試行錯誤し、完成させ、それを待ち望んでいる人に提供する。結果として社会がそれについてどのような判断を下すかは確認しますが、仮に受け入れられなくても落胆することはありません。

社会が反応しなくても、自分と実際にモノを使うユーザーにとって価値が高ければ、自分の中での評価が変わることはない。私はこの「コアバリュー」を重視し、むしろ社会の代表であるメディアの評価軸「メディアバリュー」と分けて考えるようにしています。

研究開発で最も重視するのはコアバリュー

本当に価値のある「コアバリュー」と、メディアが取り上げる「メディアバリュー」の間には、埋めがたい乖離《かいり》があります。

初めて義足を装着して走り始めた子どもがいたとします。それまで走れなかった一人の子どもが走れるようになった事実には、いわく言いがたい価値がある。義足のアスリートが速く走る姿にも、高い価値がある。これが、私の言うコアバリューです。

ただ、義足のアスリートが速く走る姿は、パラリンピックなどの世界的なイベントの力もあって、メディアも高い関心を示します。しかし、一人の子どもが初めて走った尊い姿には、メディアの関心は決して高いわけではありません。これが残念でなりません。

脚を失くしてから一度も走ったことがなかった子どもが、初めて義足をつけて走り始めた「凄さ」は、その場にいなければわからないかもしれない。私はエンジニアとして、そんな子どもたちがつける義足をつくり、彼らが初めて走る現場にいたいと熱望します。それこそが自分が楽しいと思える瞬間であり、モチベーションになっているのです。

コアバリューに関して、二〇一七年に二つの試みを実行しました。

二〇一七年一〇月に「ギソクの図書館」というイベントを開催しました。クラウドファンディングで資金を集め、そのお金で二四種類の板バネを購入し、豊洲《とよす》のとある施設でユーザーが気軽に試せるようにしたイベントです。

このイベントでは、メディアバリューに翻弄されないように、パラリンピックという言葉をひと言も使わず、義足の人が普通に走れる世の中をつくるために、このイベントを開催すると言って始めました。

というのは、板バネメーカーは日本にも海外にもありますが、板バネを置いておけばみんなが買ってくれて、結果として儲かる産業ではありません。だったら、みんなで力とお金を出し合い、義足の人が走れる環境をつくればいい。現場レベルでは非常に盛り上がり、イベントの実現に向けて動き出しました。

しかし、イベントに賛同してくれる企業は見つかりません。オリンピック・パラリンピックの広報活動の一環にならないという理由で見向きもされませんでした。なので、クラウドファンディングでお金を集めたのですが、これはオリンピック・パラリンピックの文脈とは関係のない、義足の子どもたちが走れる世の中になれば素晴らしいというメッセージを伝えたかったからです。

もう一つは、二〇一七年一一月に開催された「SHIBUYA CITY GAMES　世界最速への挑戦」というイベントです。渋谷の公道を交通規制し、賞金を懸け、世界トップクラスの義足ランナー三人を招待し、六〇メートル走の世界記録六・三九秒の更新に挑む。このイベントでは「六〇メートル走の世界記録を出す」とだけブチ上げたのです。

競技場で走る義足のランナーは輝いています。裏を返せば、競技場に行かないとその雄姿は見られません。残念なことに、多くの人にとって、競技場に足を運んで義足のランナーが速く走るシーンを見る機会はありません。

だとしたら、多くの人が集まる渋谷のど真ん中で本気のレースをやってもらおう。そこで初めて義足のランナーを目にした人々の心に足跡を残せればいい。そういう狙いで実行しました。結果は大盛況。オリンピック・パラリンピックという風呂敷を広げなくても、むしろ広げなかったからこそ、コアバリューを伝えられた実感がありました。

二つのイベントの体験から、コアバリューがあり、社会的に意義あることをやれば、メディアバリューはあとからついてくることを学びました。自分の研究開発を社会的に意義のあるものにしようと、無理にメディアバリューを高めようとしなくてもいい。メディアバリューは、結果としてついてくる。仮にメディアバリューがつかなくても、コアバリューには影響を与えません。

コアバリューを追求するために捨てたこと

　エンジニアとして、やりたいことはたくさんあります。しかし、すべてをやることはできません。優先順位の高い活動に絞り込むため、多くのことを切り捨てました。

　例えば、ビジネス系のコミュニティには参加しなくなりました。昔は「参加したらいいことがあるかもしれない」と期待し、「人脈を増やすことも大事な仕事だ」と思っていましたが、自分の不向きなことである不特定多数とのコミュニケーションを無理してやる必要はないということに気づいたからです。イベントが無駄であるという意味ではなく、私の場合は、ほかに優先すべきことがあるという考えが強くなった。学会にもあまり行っていません。

　泊りがけのイベントにも参加していません。三日も四日も研究開発ができないのは、日進月歩の技術に向き合うエンジニアの世界では、致命的なロスにつながります。しかも、そうしたイベントは週末に開催されることが多いので、家族との時間が奪われてしまいます。私は、家族との時間を犠牲にしてまで、参加しようとは思わないのですが、それは自分と家族を犠牲にする人間に、他人を幸せにできるはずはないという信念があるからです。

　結果として、異なる分野の人に新たに出会う機会が少なくなりましたが、ほとんど不自由は感じていません。会いたい人、会うべき人には個人的に直接会いに行っているからです。異なるジャンルの人と話すのは刺激的ですが、お互いにその「下地」がなければ不毛な会話に終わる。学び合おうという姿勢が感じられなければ、どんなに著名な人でも、どんなに優秀な人でも、会っても仕方がない。

ボストン東スクールという、発達障害、主に自閉症の子どもたちが集まる学校がありますが、そこには全米から自閉症の子どもを持つ親たちが集まってきます。その親たちが苦悩する姿を見ると、彼らの日常が想像を絶するものであることはひと目でわかる。親は、自分の子どもが幸せになってほしいと必死に頑張りますが、親が死んでしまったら子どもたちは生きていけません。

そうした現実を見てきた私が、自分の子どもが生まれたとき、障害を持って生まれなくてよかったと思ってしまった。そう思ってしまうことが悔しい。それまでメディアで障害者に関わる発言もしてきましたが、綺麗ごとを言ってきたと痛感しています。だからこそ障害を個性と表現したり、障害をテクノロジーでなくすと言ったりするなど、安易なメディアバリューにおもねるようなことをしたくないのです。

障害を持っていることで不便を感じたり、できないことがあって煩《わずら》わしく思ったり、不満を覚えたりする弊害はなくなってほしい。ただ、テクノロジーによって身体を拡張し、障害を代替することが、すべての障害者にとっての幸せにつながるわけではない。障害がある人がすべて、テクノロジーを使いたいと思わなくてもいいのです。

脚が動かない人が、脚が動くようにならなくても、車椅子で何ら不自由なく暮らしていけるのであれば、それでいい。健常者でも、拡張現実（AR）によって身体を拡張できる時代がやってくることにワクワクしている人もいれば、そう思っていない人もいる。いろいろな人が、さまざまな価値観で生きている社会の中で、たった一つのテクノロジーで世界を変えるなどというのはおこがましい。実際、それほど変わらないのが現実の世界です。

自分の好奇心を追求することを突き詰めていけば、社会は本当に良くなるのか

私は、倫理観のない人が科学を追求しても、必ずしも社会は良くならないと考えています。一人ひとりが、無条件に自分の興味が赴くままにやりたいことをやればいいわけではない。

ただ、その倫理観にも基準があるわけではありません。歴史に応じて変わるものだからです。価値観は変わる。何が正しいと断言できる人はいない。ハサミは、紙を切る道具で

ある一方で、武器にもなる。ハサミをつくる人は、世のため人のためになるものだと思ってつくったはずですが、それをどのように使うかはまた別の話です。

水でさえ武器になる現実を見ると、悪用しようと思えば何でもできる。そうした現実を前にして、自分の好奇心だけで新しいことをやる「何でもあり」とは思えません。

私はエンジニアとして、モノを使うユーザーに対する責任のもとに取り組んでいきたいと思います。

世の中は複雑系で、絶対にコントロールはできません。だとしたら、自分の周囲半径五メートルぐらいは自分でコントロールし、責任を持って自分が納得したモノ、自分がいいと思えるモノ、自分が楽しいと思えるモノ、使ってもらった人が喜ぶモノ、つまりコアバリューの高いモノを世に出していきたい。

結果的に、それで世界の一部が少しでも良い方向に進んでくれたらいいですが、大上段に構えて世の中を変えようとは思っていません。

そもそも、利他的な発想と利己的な発想は、誰もが持っているものです。多くの人がやっていることは、割合は別にして、両方の要素を含んでいるはずです。

ただ、自分が楽しいからやっていると明言、断言できない人も多い。周囲から「自分のためにやっている」と後ろ指を指されるのが嫌だからかもしれません。それをぼかすために、あたかも「社会のためにやっている」と言っている場合もあるかもしれない。

自分だけを犠牲にして、ほかの人を幸せにする人はいません。結果として自分が犠牲になることもあるかもしれませんが、犠牲になっている状態に満足しているからこそ、それが続けられるはずです。私は、自信を持って、胸を張り、自分が楽しいことをやって、コアバリューを追求し続けたいと考えています。

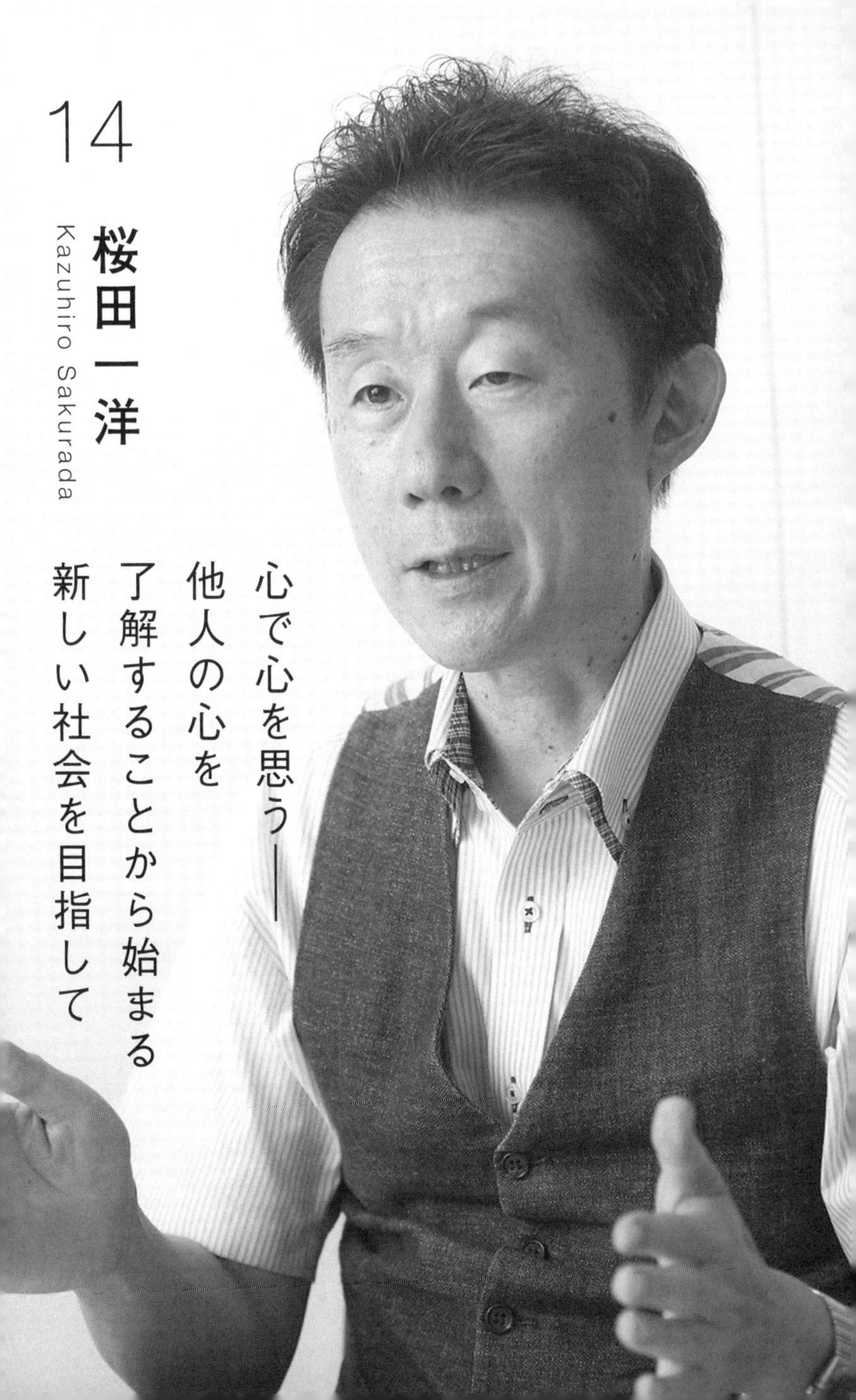

14

桜田一洋
Kazuhiro Sakurada

心で心を思う——
他人の心を
了解することから始まる
新しい社会を目指して

さくらだ・かずひろ
博士（理学）

1988年大阪大学大学院理学研究科修士課程修了。同年協和発酵工業入社。東京研究所で創薬研究に従事。その間、京都大学医学部、Salk研究所で客員研究員。2000年に協和発酵東京研究所で再生医療グループを立ち上げ主任研究員に就任。 2004年ドイツSchering社により神戸に新設されたリサーチセンターのセンター長として移籍し、Schering本社コーポレート研究幹部会メンバー（Corporate Research Vice President）、日本研究部門統括、ならびに日本シエーリング社の執行役員を務めた。Bayer社とSchering社の合併に伴い、Bayer Schering Pharma（BSP）の日本研究部門統括、再生医療本部長、グローバル研究幹部会メンバー（Global Research Vice President）ならびにバイエル薬品の執行役員リサーチセンター長の役職を務めた。2007年12月末に会社合併に伴う戦略の変更によりリサーチセンターを閉鎖。2008年1月から米国KPCBのベンチャー企業iZumi Bio社で最高科学執行責任者（CSO）を務め、バイエル薬品で開発したヒトiPS細胞技術の移管作業を実施。2008年より2018年までソニーコンピュータサイエンス研究所シニアリサーチャー。2011年から理化学研究所政策審議委員（特別顧問）、2013年6月から科学技術振興機構研究開発戦略センター特任フェロー。2016年4月理化学研究所医科学イノベーションハブ推進プログラム副プログラムディレクター就任。2017年5月より同プログラム傘下、健康医療データ多層統合プラットフォーム推進グループグループディレクター兼務。1993年に大阪大学から理学博士を授与。

子どもたちに自由がある社会を残しておきたい

ライフという英語があります。それは「生命」とも訳せるし、「人生」とも訳せる。生命という概念は、一種の科学的な抽象です。それに対して、人生は一人ひとりの具象です。生命の研究をしても、そのコンセプトが抽象のままで一人ひとりの具体的な人生につながらないとしたら意味はない。それが、私のサイエンスの根本にあります。

その考えに至った背景には、私が科学者として過去にやってきたことへの全否定がありま す。なぜなら、何も結果を出していなかったからです。

それでも前を向いて挑戦し続けるのは、私が誰かに操作されたり支配されたりする世界で住みたくないし、自由な世界で生きたいし、私の息子が大人になったときに、自由がある社会を残しておきたいという夢があるからです。

それを支持する人が増えてくれば、世の中はそういう方向に進むでしょうし、そうでなければ、未来は監視社会のほうがいいという流れになっていく。それは正しい、間違っているということではありません。一人ひとりが考えなければならない問題です。

私は研究者として苦しんで結果が出ないときに、逃げずに本質に向き合います。失敗を繰り返す中で、ものを変えていくのは容易ではありません。そのときに私を救ったのは、自分に対する批判精神です。人を批判しても絶対に変わらない。自分が変わる以外に変わりようがない。そう考えたのです。

その発想から、競争・合理性・効率ではなく、心と身体、人と人、人と自然に「協応」する概念に基づいた「幸せな均衡」からなる世界の構築を目指すようになりました。

研究者を志した動機

研究者になりたいと思ったのは、中学生のころです。ハンチントン病で若くして亡くなった女性が書いた本を読み、病気で苦しむ人のために何かできないかという強い思いが湧き起こりました。当時の自分と本を書いた同世代の女性の、死を直前にした桁違いの成熟度に圧倒された一方で、医療の限界を痛感します。

そこで、より根本的なところから病気を治したいと考えます。今はここにない、何か新しいものを発見したい。今は助けられない、尊い命を助けたい。それは今も続く私の根源的なドライビングフォースです。大学に進学して遺伝学、分子生物学、神経科学などを修め、二〇年にわたって製薬企業で薬の開発に取り組みました。

製薬企業では、ずっと先端医療の研究に携わり、とにかく新しいことを探しました。誰も取り組んでいないころからゲノム創薬を始め、一九九五年には再生医療の研究を始めています。幹細胞を使った研究を開始したのも二〇年前です。

しかし、新しいことを探し続けたのは、既存の医療がうまくいっていない裏返しでもあります。生命医科学の枠組みでゲノム創薬や再生医療をやっても、決定的なブレイクスルーは得られない。生命医科学の本質に立ち返り、病気とは何か、病気をどう治していけばいいのかという視点にたどり着きたい。そんなモヤモヤした思いを抱えていたとき、当時ソニーCSLの所長だった所眞理雄《ところまりお》さんに会った。この人は同じところを目指している。そう感じ、ソニーCSLに移籍して研究を始めました。二〇〇八年九月のことです。

京都大学名誉教授で、文化勲章を受章した桜田一郎《さくらだいちろう》は、私の祖父です。祖父は高分子化学の研究者でしたが、いつも研究室で言っていたのが「エトバスノイエス」という言葉でした。ドイツ語で「何か新しいことはないか」という意味です。

高分子化学の研究者として、日本ではトップクラスの研究者だった祖父でさえ、常にエトバスノイエスと言っていた。何か新しいものを見つけるのが科学の本質だと幼いころから叩き込まれているので、既存の枠組みを変える性向が培《つちか》われ、新しいことをやりたいという思いにつながったところがあるかもしれません。

新しいことは、何かを生み出す大事なきっかけになる。現代の新しいものと言えば、ソーシャルネットワーク、IoT、人工知能が思い浮かびます。これらは、確実に世界を変え始めています。新しいことをやれば、たしかに目立つし注目されます。ただ、その新しいことが本当に正しいのか、世界を変えたことで本当に人々を幸せにするのか、手放しで肯定するのは疑問が残る。

新しく面白いように見えることに意味があるわけではなく、より本質的なところに歩を進めなければ意味はありません。それには、適切な問いを立てることが鍵を握る。科学の原点は、正しい問いを立てることにあるからです。

病で苦しむ人を何とかしたいと思っても、どのような形で何とかすればいいのか、あるいはそもそも病気とは何かという本質が間違っていたら、いい答えにはたどり着けません。

人生を楽譜のように表現する――未来は現在の状態にのみ左右される

とはいえ、人間は基本的に適切な問いは立てられません。正しく世界を認知しようなどと偉そうなことを言っても、人間は限られた情報の中で認知しているため、その範囲でしか世界を認知できないからです。

頭の中は一種のサイバー空間ですから、その中で考えたことは「仮想」であり「幻想」です。リアルでフィジカルな現実世界と、頭の中で思い浮かべる仮想世界の間には常にギャップがあり、埋められない何かがある。

立場や立ち位置の違いによっても、現実世界の見方は異なります。数学者と生命医科学の研究者と臨床の医師は、拠って立つバックグラウンドが大きく異なるため、当然ながら見え方も違います。問題は、数学者と生命医科学と臨床の医師が、あまりにも根本構造が違うため通約不能性（incommensurability）に陥り、お互いの概念を共有することができなくなっていることです。それぞれの立場でバラバラに現実世界に立ち向かっている状況のため、まったく違う概念をつなぎ合わせないとお互いに理解できない。オープンシステムサイエンスの根本は、この問題を解決するものだと思います。

アメリカの哲学者トマス・クーンは「何か矛盾が起こったら、科学のパラダイムの枠組みを変えなければならない」と言っています。オープンシステムサイエンスは、パラダイムを変えようとする試みです。もっとさかのぼれば、ソニーの井深大《いぶかまさる》さんが一九九三年に唱えた「ものに依存した価値ではなく、心に戻らなければならない」という言葉は、機械論的なものの見方の限界を克服することにつながると思っています。

機械論とは、生命を機械のように理解し、表現する生命科学の一つの方向で、「線形の因果」、つまり言語に似た「主語・述語」のように説明することです。しかし生物や自然は非線形の非平衡開放系（散逸構造）で、数学や言語ではありのままに表現できません。

だからこそ、機械のような「近似」が、理解するうえで重要になる。物事は人間が理解できなければ意味はないので、その方法は誤りではありません。どんなに人工知能が発達し、何か新しいことをやろうとも、それらはすべて人間が認知するための研究なので、機械論は必ず介在してきます。

ただ、問題がないわけではありません。機械論は近似なのに、それを真実だと思い込むという問題が、今の自然科学や社会問題の根本にある。近似だと思っているうちには謙虚さがありますが、それを真実だと思ってしまうと、真実の現実世界を知っているという過信を生み出してしまいます。謙虚さが失われた不幸が、機械論が過剰に積み重なってしまった一つの原因だと思います。

そういう意味で、機械論の生命科学と複雑系の生命科学は、まったく通約していないということになります。それを通約させるのが私の研究課題で、それがどうにかこうにか解けたのが、現在の状況です。

その解は、簡単に言えば人生を楽譜のように表現することにあります。ある年齢の人のある時点の心と身体の状態があります。それは、学習したデータにどのような特徴があるかを数値化した「特徴量」を使えば、科学的に身体状態を表現できます。その状態推移をたどったものが、その人の過去の人生です。それはちょうど作曲された曲に似ていて、過去に関しては状態推移が決まっています。

一方、ある時点から未来を見ると、その人の未来は決まっていません。さまざまな可能性があります。ただ、陸上をやったことがない人が、明日一〇〇メートルを九秒六で走れと言われても、絶対に走れないので、それは「制約のある自由度」と呼ばれます。人間の未来には無限の可能性が開いているとはいえ、やはり制約があって、人によって未来の自由度は違ってきます。しかし、その人にとって最適な心と身体のスタイルを見つけることができれば、制約の自由度の中でも健康で充実した生き方を見つけられるのです。

それは、数学のマルコフモデルを使うと表現できます。マルコフモデルは、未来の状態は現在の状態にのみ左右され、過去に起きた事象には影響されないと仮定する確率モデルです。自動作曲には、状態遷移確率というマルコフモデルが使われています。ある音符の状態から次の音符の状態に推移する確率の中に音楽の特徴があるので、それを数学で表現することができる。それと同じように、未来を状態遷移の確率としてある程度表現できるのではないかと考えたのです。

心を心で思うことで生まれる新たな未来

未来の制約条件と可能性を記述できるとした場合、客観的な数値として測定できる健康に関しては理解しやすいと思いますが、主観的な「生き方」を記述できるのかという疑問

が残ります。これは、メンタライジングという概念で表現します。メンタライジングとは「心で心を思うこと」です。

心で心を思うということには二つの意味があります。例えば目の前にいる人が、鬼のような形相《ぎょうそう》で座っているとしましょう。その顔を見ると、直感的に不快感を覚えるはずです。それは言葉ではなく、情感のなせる業《わざ》です。その情感を、いろいろなことを考えながら、言葉で表現しようとします。このような、嫌だ、楽しい、美しいなどといった非言語的な感覚を言語に置き換えることが、心を心で思うメンタライジングの一つです。

人間は非言語的な感覚を言葉に置き換えないと理解できないので、非線形と機械論が合わさらない。それが不幸の始まりです。本来は、人間は見方が違う人がいても相手に一〇〇パーセント同調する必要はありません。でも、違うものの見方が合わさったときに生まれるものを尊重しなければ、新しいものは生まれません。

一人で考えているだけでは、ある考えだけにとどまりますが、ある自由度を持っている二人が合わさると、新しいものが生まれる。このとき、お互いの心を予測することがもう一つのメンタライジングです。ただ、心を予測するのは非常に難しいので、目の前にいる人に自分のパーソナリティーを伝える技術は重要です。心を読むのが得意な人は問題ありませんが、苦手な人もたくさんいる。でも、数学をつくる世界の人と情感の世界で生きる人のように、違った人たちが入り交じって生きる社会のほうが素敵だと思うのです。

これからの世界を変えていくには、心で心を思うサービスや商品が必要になると思います。そのためには、心で心を思うことの本質を理解しなければならないですし、心で心を思うことが苦手な人には、心で心を思うことの素晴らしさを伝えたい。今まで合理性や効率に徹してきたシステムの上に、心で心を思うことを助ける概念やサービスをつくっていきたい。そこから、新しい文化も生まれてくるのではないでしょうか。

まったく違う人間が意気投合して新しいものをつくることを助けるテクニックが、次のカルチャーの基盤になると思います。それを、私が研究している枠組みで実現させたいと考えています。通約不能に陥っているサイエンスを融合させて新しいカルチャーをつくりたい。そこがこの研究のダイナミズムで、サイエンスの楽しみにもなっています。

人工知能やデータ主導型サービスの限界

科学者として、たしかにとんがって誰にもわからないようなサイエンスを提示したいという野望はあります。ただ、それは通約されていない。理化学研究所で霞が関の官僚と話をしたとき、科学者が小難しい話をしても市井《しせい》の人にわかってもらえなければ、研究は先に進みませんと諭されました。それでは意味がないのです。単純化することで理解し合えるのは重要なので、そういう意味で科学者はできるだけ柔らかく表現しなければなりません。

とんがった科学者を目指している人に言いたいのは、人間が認知できないものをつくっても意味がないということです。デカルトもニュートンも、同時代の人たちに認識されていますし、ダーウィンも『種の起源』で一瞬にしてスターになった。誰もがわかる形で表現することを意識するべきなのです。

私の理論は、すでに二〇一二年には確立されていました。ところが、どのように表現すれば人に理解してもらえるかがなかなか確立できなかったため、七年間もの歳月が流れてしまいました。

要素還元主義的な科学には限界があります。それは、心を理解することが非常に難しいからです。奥深くまでは絶対にわかりません。わかるのは、表層の一部です。そこに今の人工知能やデータ主導型サービスの課題や限界が見えてきます。

屈強な企業や人が、人を操作して支配することで、自分の思うような社会をつくりたいと思っています。それは、私が提唱する心で心を思うこととは正反対の世界です。自分と違う意見の人の裏をかいてでも操作する思想です。それは、お互いの違いを認める民主主義の根幹を成す人権を無視しています。

この問題は、人が道徳的に成熟するチャンスをも奪うと思います。スマートフォンなどのスマートデバイスに乗った人工知能が、あなたはこう行動すればいいですよと指図するようなものです。相手と話をしながらどこを突っ込めば相手が関心を持ってくれるか、懸命に話しながら見つけようとする姿勢を失います。そうなると、争い事は減るかもしれませんが、人間が一緒になって何かをつくるチャンスを奪ってしまいます。

彼女を映画に誘うときに、彼女が好みそうな映画をフェイスブックなどのデータを取ることによって最適解を導くことができます。一見合理的ですが、そこには自由がない。人権を無視しています。見えない、知らないから楽しいのに、フェイスブックでデータを出してしまったら、楽しめない。そんなことはやらないでくれ。それが私の意見です。

ソーシャルネットワークは世界中につながっていますが、つながればつながるほど「部族」にわかれていきます。似た者同士がつながりやすいため、似た者は似た者の集団をつくるからです。これは、サイエンスと非常によく似ています。物理学は物理学の中だけで閉じてしまうので、周囲に生物学があろうが数学があろうが気にしない。自己批判精神がなくなり、完全なる解を出せなくなり、限界に陥っていくのです。

データの利活用を自己決定する仕組みが、操作支配される社会を変える

私の研究は、人の心を分析し、個別化するものです。これは、悪用されやすい。そこで

操作や支配のためには第三者がデータを使えない仕組みをつくりたいのです。それは自己決定権と呼んでもいい。

　例えばホテルで映画を見ているときに、扉の下から今見ている映画に関連する映画の割引券がスッと入ってきたら、薄ら寒い気持ちになります。でも、ホテルのコンシェルジュにお勧めの映画を尋ねたとき、昨夜見た映画を聞かれたうえである作品を提示されたら、そのような気持ちにはならないはずです。

　自分のデータを自ら誰かに提示して、一緒に何かやりましょうというのは、私が決めていることになります。自分にサービスをしてくれる人を自分が決める。そういう仕組みを自己決定権といいます。この仕組みは個人情報が守られ、しかも自分で個人情報を活用する判断ができる。同時に、人工知能等で評価されることから逃れる自由を保障する。そうなると、中央集権でこっそりデータを解析する手法は生き続けられなくなります。

　この自己決定権という人権を意識した形のデータ利活用の仕組みに、私の技術を埋め込むことができれば、世界を操作し支配することに与《くみ》しないでやれるのではないか。むしろそのシステムが構築され、世界を操作し支配しようとする人がそのシステムに入ったときに、いかに自分が醜く邪悪であるか気づくはずです。

　世界を操作し支配するものの見方がいかに卑劣であるかを知れば、そういうことをする人たちは減っていく。それでも変わらない人はいるかもしれませんが、自分の心を知れば操作して支配しても楽しくないと気づくのではないか。心で心を思うことが人を操作するよりも楽しければ、そういうふうにしたいと思うようになるはずです。

差別された人の正義を守るために手段を選ばないと考えればテロが起こる。そうすると問題は解決しない。だからこそ、違うものの見方をしている人が仲良くするための仕掛けをつくるべきなのです。その仕掛けが整ったとき、操作と支配、テロによる抵抗という終わりなきシナリオが終結し、不自由な世界がもっと自由になるのではないでしょうか。

そういう社会をつくるとき、データサイエンスが助けてくれる。技術は使い方の問題なので、自己決定権や自分の判断でいろいろなことができる世界になれば、きっと技術に負けて操作され支配されることはなくなるのではないかと考えています。

15

佐々木貴宏

Takahiro Sasaki

仮想世界のシミュレーションで、「現実世界」をより良くする

ささき・たかひろ
博士（工学）

1999年慶應義塾大学大学院理工学研究科計算機科学専攻、博士号取得。博士論文のタイトルは“A Study on Darwinian and Lamarckian Strategies for Evolutionary Computation”。卒業後、研究活動を一時離れ、ソニー（本社）で戦略担当部署に配属。その後、ソニーコンピュータサイエンス研究所にてテクノロジープロモーションオフィスのスタッフとして勤務。この間、社内や日本社会、そして世界全体が直面する課題について考察する中で、あまりにも複雑でさまざまな要素が絡み合っている実世界の問題に対しては狼男を一発で撃退するのに相当するような銀の弾丸となる完全な解決法などないのではと考えていたところ、オープンシステムサイエンスの考え方と出会い、2008年より研究活動に復帰。研究活動以外では身体を動かすことが大好きで、ボルダリングの上達の中に制約充足問題を解くのと等しいプロセスがあることを見出し、無我夢中になっている。

シンプルなルールを論理展開するのが好きだった学生時代

社会現象、経済現象、自然現象など、さまざまな要素が複雑に絡み合って生じる複合的な現象をモデルとして構築して、計算機上でのシミュレーションを通じて、その現象の理解と問題解決に向けた意思決定を支援するための方法論について研究をしています。そのルーツは、小学生時代にさかのぼります。

小学生のときに、パソコンに出会いました。高学年になったころに一般家庭で購入できるパソコンが市場に登場し、我が家にもそれがやってきました。最初は雑誌に掲載されていたゲームのプログラムを、意味もわからないまま打ち込んで動かしてみたり、市販のゲームを買ってきてはロードして遊んだりしていました。

中学校に上がるころになると、自分で考えてプログラムを書きたいと思うようになり、生まれて初めてシミュレーションプログラムをつくりました。今にして思うと初歩的なプログラムで、壁の中でいくつかのボールがぴょんぴょん跳ねるようなものでした。

ボールが壁にぶつかったときには、ボールに設定した弾性係数に応じた跳ね返りが起こるようプログラミングしてあります。例えば弾性係数を1にすると、スーパーボールのように「ボヨーン、ボヨーン、ボヨーン」と跳ねる。こんどは弾性係数を1よりも小さくすると、跳ね返りは少しずつ減衰していきます。反対に、弾性係数を1より大きく設定すると、跳ね返りが元の位置を超えて、ボールの運動が発散する。自分で打ち込んだプログラムが動くさまを見ながら、現実を再現できるだけでなく、現実には起こり得ないことも思考実験としてプログラムの中では起こすことができることに興奮したことを覚えています。

小中学生のころから今に至るまで、用語や年表などをひたすらに暗記する科目は一貫してあまり好きではありませんでした。逆に一つの法則や定理、もしくはかなり限定された「これだけは覚えておけ」という最低限のルールだけを理解し、そこからロジックで展開できる学問が好きでした。また、数学においても、公式を目の前に与えられた問題に単に適用するだけでは、解を得られたとしても真の意味で自分で問題を解いている感覚が得られず、どこか満ち足りなさを感じることが多々ありました。

あるとき、数学の試験で一つの問題にふとはまってしまいます。その問題は、ある公式を使えば解けるもので公式自体は覚えていたのでそのまま適用すれば簡単に次の設問に進めたはずなのですが、その公式が公理からどのように導かれてその形になるのかということにふと気がいってしまい、試験中にその証明を始めてしまった。長いステップを得て証明が済んで満足したときには、解答用紙のスペースと試験の残り時間が無くなっていて愕然としました。その回の数学の試験結果は惨憺《さんたん》たるもので、先生に「どうしたの？　珍しい」と心配されました。

そのような思考回路だったこともあって、高校のときに物理学の授業で習ったニュートン力学の世界には引き込まれました。というのも、「$F = ma$」というたった一つの式を起点に、物体の運動だけでなく、波の伝播の仕方、気体の状態方程式や電磁気学などさまざまな現象を説明することができる。後になって、ニュートン力学などの古典的物理学には限界があって必ずしも万能ではないことを学びますが、当時は、基本となる少数の法則や方程式から、お互いに一見関わりのないこと、森羅万象をなるべくシンプルに説明しようと試みる物理学の世界観に大きな魅力を感じたのです。また、アインシュタインの相対性理論や量子論などに関する書籍もむさぼるように読み、一見直感に反するようなことも論理的な帰結として導き出され、それが後に現実の現象として検証されるといった歴史的な経緯を学んではワクワクしていました。その延長で、大学でも物理を勉強したいと思っていました。

学習と進化のシミュレーション

しかし、大学でコンピュータを使ってロボットアームの制御をする実験の授業があり、そこでプログラムを組むと、高校時代には少し距離を置いていたコンピュータの面白さを思い出しました。さらに計算機科学の授業では、アセンブラを使ってリアルなコンピュータの上で動作するバーチャルなコンピュータをつくる課題があって、夢中になって取り組みました。そのような経緯もあって、計算機科学への興味が物理学へのそれよりも上回ることになり、最終学年では計算機科学をテーマとしている研究室に入りました。

研究室に配属されてからは、学習と進化のシミュレーションというテーマを選びました。生物の変化を説明する進化論には、ダーウィンの進化論とラマルクの進化論がありました。キリンの首がなぜ長くなったのかについては、ダーウィンの説とラマルクの説とでは、それぞれ次のように説明されます。

ダーウィンの進化論では、ランダムな変異によりいろいろな首の長さのキリンが現われる中で、首の長いキリンは高いところにあるエサを取ったり、遠くの外敵をいち早く見つけたりすると、ほかのキリンよりも生存に有利になるため生き残る。一方、首の短いキリンはエサを取るにも外敵から身を守るにも不利になり、早く死んでしまう。結果的に、生存に不利な首の短いキリンは自然淘汰され、生存に有利な首の長いキリンだけが生き残ったため、現在のキリンの首は長い。これがランダムな変異と自然淘汰をベースにしたダーウィンの進化論による説明です。

一方のラマルクの進化論は、獲得形質が子孫に遺伝することが進化のドライバーとなるという説です。キリンの首は最初は短いけれど、一所懸命高いところにあるエサを食べようとして首を伸ばしているうちにだんだんと首が長くなった。そうした努力によってキリンが一生のうちに獲得した形質が、何らかの形で次の世代に伝わり、長い世代を経てキリンの首は長くなった。これがラマルクの進化論による説明です。

当然のことながら、筋トレをして筋肉ムキムキになった人の子どもが、筋肉ムキムキで生まれてくるわけではありません。一般的には、獲得形質は遺伝しないというのが通説です。

ただ、よくよく調べてみると、獲得形質の遺伝がまったくないわけではありません。外敵が多い環境に住むミジンコは、外敵に食べられないようにトゲを発達させます。その発達したトゲが、どのようなメカニズムであるかはともかく、次の世代のミジンコには最初から生えている。獲得形質の遺伝による進化も、あり得ないわけではないのです。

しかし、自然界を見渡すと、生涯の間に獲得した形質の遺伝はほとんどなく、一度リセットされるという世代交代が支配的なプロセスになっています。それがなぜなのか不思議に思い、確かめようと思ったのが大学院での研究です。

コンピュータ上に仮想環境をつくり、その中に今のディープラーニングのもととなっているニューラルネットワークを一つの個体と見立てたものを複数個置きます。その仮想環境に食べたら栄養になるもの、毒になるものをばらまき、ニューラルネットワークで表わした個体がそれを食べるようプログラムします。

そのとき、エサと毒にはそれぞれを特徴づけるパターンを割り当て、どういうものを食べたら自分にとって利益をもたらし、どういうものを食べたら害をもたらすのかを学習させます。一定期間を生涯として過ごした個々のニューラルネットワークはその間に積み上げた利益に応じた適応度の差異により自然淘汰のふるいにかけられ、次世代を残します。そのときに学習した結果を次の世代に渡すのか、渡さずにリセットするのか、ダーウィン説とラマルク説に基づいた世代交代のモデルを仮想環境でシミュレーションし、両者を比較しました。

シンプルに考えれば、一度学習して獲得したものをそのまま次世代に伝えることができるラマルクの進化モデルのほうが、効率が良さそうに見えます。しかし、いろいろ条件を変えてシミュレーションしてみると、スタティックな環境の場合はたしかにラマルク型のプロセスのほうが圧倒的に有利ですが、ときどき世界がガラッと変わってしまう環境を想定すると、ラマルク型ではそれまで学習したことが徒《あだ》になったりする。結果的に、世代ごとにリセットされるダーウィン型の遺伝のほうが、ダイナミックに変動する環境のもとでは強いことがシミュレーションで示されました。

ここまでの結果は想像の範囲内なのですが、面白かったのは、ダーウィン型のモデルでは学習能力の高い個体が進化によって現われてくるという予想外の現象が見られたことです。最初はまっさらな状態で生まれ、エサや毒を食べて学習していくと、その試行錯誤のプロセスを通じてエラーの曲線が下がっていく。その下がり方が世代を重ねるにつれて変化していきました。初期の世代ではなだらかに下がるのに対して、数百世代あとの世代になると、生まれた直後はむしろ初期世代の個体群よりもエラーが高くパフォーマンスが悪いにもかかわらず、その後の学習によってエラー曲線が急速にストンと落ちるようになる。ダイナミックな世界では生存に有利なルールがどのようなものであるかが生まれるまではわからないため、特定のルールに対して生まれつきのパフォーマンスの高い形質を遺伝させても有利にはなりません。一方で、自分の生まれ落ちた世界のルールを理解して自らの行動パターンをなるべく早く適応的なものに調整できる個体は生存に有利になります。つまり、学習能力のより高い個体が自然淘汰の中で生き残りやすく、結果的に学習能力の高さが進化によって獲得されるということです。

ここまでの結果を出すのに、博士課程にまで行かなければなりませんでした。最初は修士課程を修了してどこかに就職するものだと思っていましたが、修士になって始めたシミュレーションの研究が修了の時点で途中までしか終わらなかった。自分が満足する最後までやりたいと思ったのが、博士課程に進んだ動機です。研究者になろうという大義を意識していたわけではないし、どこかの段階で熟考して決めた覚えもない。なんとなく自分の興味の赴くままに過ごしていたら、こんなことになったという印象です。

一九九九年に博士課程を終え、そのままソニーCSLに就職しました。それまでは自分の好奇心の赴くままに研究をしてきたので、人に話して「面白いでしょ？」と言ってもらえることが多かったのですが、「それは何の役に立つの？　儲かるの？」と言われる。目に見えて人の役に立つようなこともやらなければならないのかと思い、籍はソニーCSLに置いたまま、ソニー本社に出向しました。

ソニー製品に使われる機器に入るオペレーティングシステムの開発、主に初代アイボにも用いられたOSの次期バージョンの開発を担当しました。そうした開発をしばらくやったあと、ITを活用した新しい教育サービスの立ち上げに携わります。ソニーCSLに戻ったのは二〇〇五年、それ以後もビジネス的な空気も理解しつつ、アカデミックなバックグラウンドも持っている立場として、リサーチと応用の架け橋をするような仕事を二、三年やりました。その経験を積んでから、ピュアなリサーチに戻ってきました。

やりたいことをやったほうが、結果として役に立つ

初めてプログラミングしたボールが跳ね返る遊びで、現実世界にはない弾性係数を持っ

たボールがどのような運動をするか。進化の実験の際に、リアルな世の中とは異なる世界があったとき、世界はどういう振る舞いをするのか。感染症の広がりと病原体の進化や地球規模での水の大循環のモデル化など、ターゲットを変え、条件を変え、「もしこうだったらどうなるのか」という頭の中の空想をシミュレーションしてみました。

ナイーブな空想のままに終わらせるのではなく、シミュレーションしたうえでロジックに落として可視化し、さらにイメージを膨らませる。この際限のない営みに、多大な関心を持つようになりました。

自分の興味のあることが社会に実装され、応用され、使われることで満足する。もちろんそれは嬉しい。ただ、自分の本性は変えられません。はじめから社会の役に立とうと思って研究するのでなく、面白そうなこと、自分のやりたいことをやり、その結果が社会の役に立てばハッピー。すぐに役立つことよりも、突拍子もない発想も含めて試し、それが結果的に面白い成果につながる。そういう順で考えないと、モチベーションが上がらないことに気づきました。モチベーションが上がらないと、最終的には社会に貢献できるアウトプットの量も小さい。そう割り切り、自分の興味の赴くままに好きなことをやろうという心境にたどり着きました。

高校時代は弓道に取り組みました。その際に部活を指導しにいらしていた師範の先生か

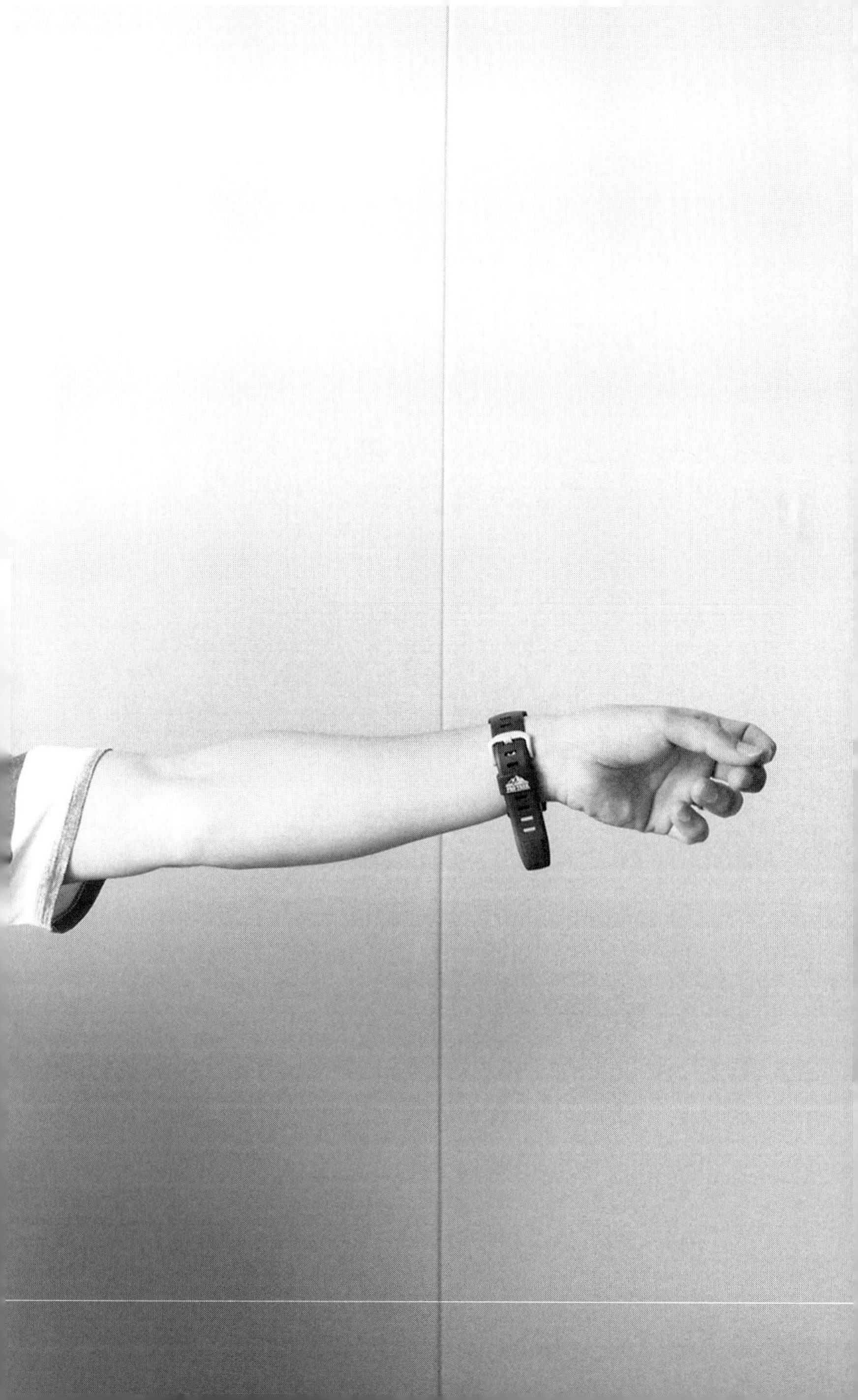

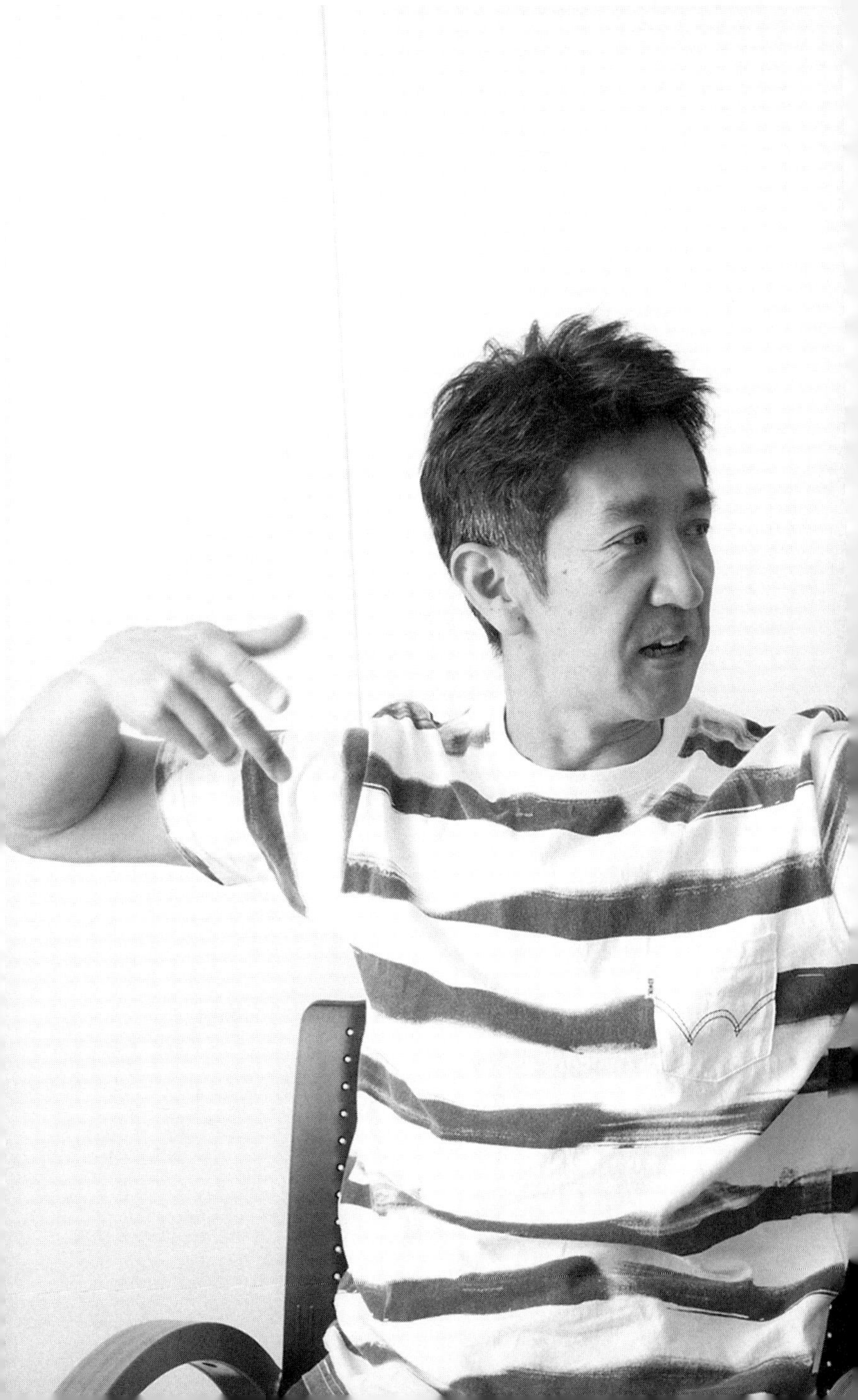

ら「弓道と弓術とは違うものだよ」と教わりました。「術」では技術が優れていることが最優先されますが、「道」ではその根底にある考え方、所作、生き方といった人間性が優れていること、メタレベルの向上が重要視されます。そして、術を意識して追わなくとも道を究めていくプロセスの中で副次的な効果として自然に術が伴ってくる。むしろ術を追ってはいけないと教わりました。

例えば、弓道では的を狙ってはいけない。正しい姿勢、正しい形で打てば、自然に的に当たるという考え方をとります。

弓道における射術の法則を「射法八節《しゃほうはっせつ》」といい、正しい姿勢のベースとなる「足構え」から、矢を射終わったあとの姿勢「残心《ざんしん》」まで、八つのステップがあります。

途中、弓を持ち上げて弦を引き、矢のシャフトが口のところまで下がってきた状態を「会《かい》」といいます。その会の状態から矢を発射する「離れ」と続きますが、離れのときに、意識して弦を離してはいけない。「会者定離《えしゃじょうり》」という仏典の言葉があります。出会った者同士は必ず離れる運命にある。時期が来れば自然に離れる。自然体でいれば、的に当たる。そういう考え方が弓道にあります。

研究も同じです。無理に社会貢献を意識するのではなく、正しいことをやっていれば自然に貢献に結びつく。そういう姿勢で研究に臨んでいます。

もちろん評価されるのは嬉しい。人の役に立ちそうだという実感が持てたときには、ワクワクします。けれども、最初からそれを目指すわけではありません。結果として評価がついてくるのであって、評価がモチベーションを掻き立てる動機にはならない。極論すれば、評価されなくてもそれほど落胆しません。

世界を変えると大上段に構えるようなことも意識したことはありません。研究の動機としては内生的なところが出発点にある。やっている間にビジネスにつながる何かが見えてきたら、自分も完全無欠の高潔な人間というわけではありませんから、経済的な恩恵に浴したいという思いがまったくないと言ったら嘘になります。そのような動機のもとに研究のアウトプットの表現を微調整するようなことはありますが、そのことが研究の大局的な方向性に影響することはありませんし、ましてや活動のメインのドライブフォースにはなり得ません。

一方で、研究の成果が悪用されないようにしたいとは願っていますし、研究者の責任としてそこは常にウォッチすべきだとは思っています。シミュレーション技術に限らず、どのような研究成果であっても善意だけでなく悪意をもって応用することが可能です。何が悪用であるかは立場によって異なってくるとは思いますが、個人的には人を傷つけるようなことに役立ててほしくはありません。平和的な用途に限って使ってほしい。

研究に限界はない

数年前、ボルダリングという趣味に出会いました。ボルダリングは、ロープなどの確保用具を使わずに壁を登るフリークライミングの一種で、ホールド（手がかり、足がかり）を利用しながら登ります。このときに、課題ごとに定められたホールドのみに手足を置いて、ゴールを目指して登ります。

自分が習得済みの技能のレベルに対して簡単な課題であれば、途中に多少のミスや無駄があってもゴールにたどり着けます。しかし難易度の高い課題になると、すべての動作にミスや無駄が許されなくなる。肉体の疲労が最小限の状態で最も難易度の高い「核心」を迎える必要があり、核心を超えたあともゴールに至るまでに必要な体力を残しておくなど、すべての条件が整わなければクリアするのは難しい。そのとき、自分の「限界」を意識します。

しかし、この限界は、眼前に立ちふさがり、押しても跳ね返される巨壁ではない。壁は壁としてそこに見えているのですが、単に今はそこに手が届かないだけで、さまざまな準備が整うことで手が届くようになり、押すことさえできればスッと容易に動く。それが私の抱く限界というもののイメージです。

ボルダリングをやっていて思うのは、限界を「超える」のではなく「遠くに押しやる」というイメージのほうが実感に近いということです。学問領域や研究も同じです。無理だと思った限界の範囲を遠ざけてフロンティアを広げていく感覚に近い。もちろん、現時点で到達できる範囲はある。でもそれは、スタティックに決まっていて動かないものではなく、届いて押すことさえできれば動かせる。

人類や社会の発展もそのようなプロセスで進んできたように思います。ボルダリングは個人の趣味レベルの話ですが、人間が抱えている諸問題も、人類全体の努力によってストレッチしながら対処すると、スッと問題が解決し、世界が広がってくる。逆にいうと、人類の歴史はその限界を広げてきた歴史でもあると思います。研究者として、まだまだ押せる感覚を持っています。

失敗を恐れずに動いてみることが現状打破の基本

研究者としてスランプを感じたことがないわけではありません。五年ぐらい前、妄想が湧かず、何をやったらいいかわからない時期がありました。興味に基づいた研究だけをしていると、コンスタントに具体的な成果が出るわけではない。そういうときは苦しくなります。でも、ただ静かに待っていても何も起きないので、取りあえず動きます。

停止している車の運転席に座っているドライバーは、ハンドルの位置を見るだけで、タイヤがどの方向を向いているかはわかりません。ハンドルはまっすぐ向いていても、実際は一回転した状態で止まっているかもしれない。タイヤが曲がっているか曲がっていないかは、車を動かしてみないとわからない。

苦しいときも同じです。止まった状態のままでは、今の状態はわかりません。だから何でもいいからとにかくやる。研究に直接関係することである必要はありません。何かやってみて、その結果、自分の心理状態がどのような方向に動き出しているかを見極めながら、自分の状態を把握し、必要であれば軌道修正しながら走ってきました。

思い起こしてみると、ボルダリングをしているときの自分の行動パターンも一緒です。新しい課題を目にしたときに、しっかりと観察し、手足の運びを頭の中で組み立ててから壁に取りつくのが正しい作法なのでしょうが、まだ熟練者ではない私には取りあえずやってみて、何回か落ちて、修正しながら少しずつ進めていくやり方のほうが性に合っている。取りあえず一度触ってみないと、どのように登ったらよいのかイメージが湧きにくいのです。

今までの物理の世界は、ある問題を外部視点で見て、定式化して解いてきました。しかしオープンシステム、複雑系の問題、我々が抱えている問題は、観察者がシステムの内部にいる。内部観察者の立場で物事を解決したり、ソリューションを求めたりしなければならなくなっています。今まで古典的な物理が扱っていた問題とは、性質が違う。だからこそ、今までの物理やサイエンスの方法論が、そのまま使えない問題に直面している状態です。

サイエンスは再現性が重要です。ある現象を理解するには、実験のパラメーターをいろいろと変えて、何回も何回も同じ実験をします。こういう条件があるときはこういう結果になり、その条件を外したときはこういう結果になった。この条件をつけたとき、一回目はこういう結果が出た、でも二回目は別の結果になった。では、三回目を同じ条件でやってみよう。そうしたらこういう結果が出た。だから、こういうことが言える。ここまで積み重ねたうえでの再現性が重要です。

しかし、現実世界の問題は、気候変動の問題にせよ経済の問題にせよ、実験することはできません。実験してダメだったからといって、やり直しはできない。そこが内部観察者の問題の難しいところだと思います。

このような困難な点を、仮想的かつ科学的に扱うことができるのが、私の研究するシミュレーション技術です。完全にリアルな世界をコピーできるわけではありませんが、人間の理性で考え、なるべく現実に近いようにつくった仮想的な世界の中で、さまざまに条件を変えて試行するのがシミュレーションです。

失敗しても問題は起こらない。やり直しのきかない現実世界をより良くするため、条件を変えながら何度でもトライすることができる。だとしたら、動いてみる、やってみることしか現実を動かす方法はないのではないでしょうか。

16

磯崎隆司

Takashi Isozaki

物理学と
統計科学の
融合を

いそざき・たかし
博士（工学）

東京工業大学理学部物理学科、東北大学大学院理学研究科物理学専攻博士前期課程にて理論物理学を修めた後、精密機器メーカーにて光デバイスや電子デバイスの研究開発に従事。その後人工知能研究に転じた。電気通信大学大学院情報システム学研究科社会知能情報学専攻博士後期課程にて博士（工学）を取得。2010年ソニーコンピュータサイエンス研究所入社。近年では物理学的観点を利用した統計的推定方法や因果情報分析の基礎とそれらのデータ分析への応用、そしてオープンシステムデータアナリティクスと呼んでいる、オープンシステムにおけるデータ分析の方法論に関する研究を行なっている。

役に立つかわからない「文化」より、役に立つ「文明」を研究したい

大学では素粒子理論を勉強し、大学院で物性理論物理を専攻しました。ミクロの世界の量子現象が、マクロではどの程度まで見えるのか、その境界領域では何が起こっているのか、そうしたこととの理論的研究です。

通常の世界では量子現象が見えないのですが、どうしてそれが消えていくのか。やや哲学的な要素があって、そこに強く惹かれた面があります。量子力学の分野には、哲学的な議論になる「シュレディンガーの猫」という思考実験があります。

そもそもの前提として量子力学は、粒子を重なり合った状態として記述するという理論です。重なり合った状態とは、複数の状態を同時に持っているということになります。これは、原子や分子レベル以下のミクロの世界ではまだしも、私たちが生きるマクロの世界では理解が困難です。その理論解釈に疑問を抱いたエルヴィン・シュレディンガー（量子力学の建設者の一人）が、そのおかしさを問うために考えついた思考実験です。

仮に蓋がついた箱の中に、一匹の猫と、一時間以内に五〇パーセントの確率で崩壊する放射性原子と、原子の崩壊を検出すると青酸ガスが発生する装置を入れたとします。すると、一時間後の箱の中では、猫が五〇パーセントの確率で生きている状態と死んでいる状態がモデルとして融合されています。つまり、このとき量子力学では猫の生死が重なり合

ったモデルとして記述されます。我々が目に見えるマクロな状態と量子力学的な確率的に発生するミクロの事象との関係を、同じ土俵で記述するやり方はいいのか。そうした哲学論争もあるマクロな量子現象について、大学院の修士のときはその具体的な理論を構築するため、多体系有限温度の経路積分、多次元準古典近似、量子摩擦といった概念や手法を用いて研究をしていました。

理論物理学は、シンプルに面白いからやっていて、リアルの世界に生かすという発想は特にありませんでした。頭の中で興味を掻き立てられる、それに尽きる世界でした。研究者には、そういうところに面白味を見出す人が数多くいて、当時の私はまさにそういうタイプでした。

ただ、私が研究していたのは、社会一般には見えませんが、宇宙のどこかには存在はしているもの。数学者は、まったくの空想の世界で現実とは関わりのないことを考えても構いませんが、物理学者は基本的に世の中に存在していることを調べようとしている。だから単なる妄想ではなく、現実にあるものを突き詰めています。

とはいえ、宇宙の全貌は見えません。たしかにそういう意味では実感できないものですが、論理的に突き詰めていくと、そう考えざるを得ない世界が宇宙には確かにあるのです。ただ、見ているところが普通の人と少し違う場所なのかもしれません。すごく小さな見えない世界を見ようとしていました。

研究は非常に面白く、博士課程に進んで研究を続けたいと思っていたのですが、一方で私の意識の中には実用的なものに惹かれる部分もありました。

理論物理の世界は当然ながら基礎科学的で、テーマによっては哲学的な面もあり、将来社会の役に立つのかはなかなか見えないことが多いのは事実です。私は言わば「文化」をつくるイメージで研究していました。しかし、実用的で社会に貢献する「文明」寄りのこともしたい。次第にそうした思いが強くなり、就職することにしました。

紙と鉛筆の世界から、実験と実証の世界へ

就職した会社は、当時新しい分野の研究を活発にやっていると思えました。その中で目を引いたのが、光の応用技術の研究です。もともとその分野には強く、蓄積やノウハウがあるようで、量子力学の効果を取り入れたデバイスをつくるという話もあり、自分の専攻とも重なって興味を持ちました。とはいえ配属先は、私が大学院で研究していた微視的な量子の世界ではありませんでした。新しい方法で結晶をつくった研究者がリーダーで、その結晶をうまくデバイスとして製品化していくチーム。基本的には光学の物理、とくに電

気制御で光をうまくコントロールしていくという、光デバイスでした。

当時は光通信が業界でもてはやされていた時代で、光デバイスを使って光通信の新しい製品を出そうという、広い意味では物理の知識を生かせる部門でした。ただ、私が研究していた素粒子や量子力学などのミクロな世界とはそれほど関係がない。私は理論屋で、ずっと紙と鉛筆での計算だけの世界でやってきた研究者だったのが、いきなり実験をやることになったのでみんなについていくのが大変でした。実験装置の扱いに戸惑い、自分がどんな貢献ができるのかまったくわかりませんでした。

しかし結果的にこの経験は今の私には不可欠なものとなっていました。理論研究のみだった自分が実験室で材料やデバイスの電気特性、光学特性、熱特性を調べ、なかなか理論通りにいかない実験結果と対峙し、考察し続けるという経験を得たのです。実際の現象を考察して理論にフィードバックするという経験はのちの統計科学での理論的研究に大いに役立っています。

研究チームは成果を出し続けたため人数も毎年増え、製品化に近いところまで進んだため、本社からスピンオフすることになりました。チームはデバイスを設計してシミュレーションし、半導体プロセスをクリーンルームで行ない、デバイスを光通信のファイバーとつなげる。私は後れまいと、必死に食らいついていきました。

デバイスの設計に関わるようになると、この仕事は自分に向いていると思い、だんだん面白くなってきました。こういう設計にしたらこういう特性が出るのではないか。それをシミュレーションしながら実証したり、実験の結果を踏まえて、なぜそうした現象が起こっているのかを説明したりするポジションです。その意味では、私の持つ物理現象に対する理解が頼られるようになってくる。ますます面白くなってきたので、将来は光デバイスの設計を長くやっていこうと考えるようになっていました。

しかし製品化過程の実験では困難が待ち構えていて「なんでこんなことになってしまうんだ?」という謎の現象が起こっていました。それを懸命に解読しようと奮闘したのは、この部署にいたときの最も強く印象に残る思い出です。

光通信で使われる光は赤外線なので、目では見えません。つまり、見えない光の動きを想像することになります。見えない光を懸命に考え、どうしてこの光はこんな振る舞いをするのだろうなどと、想像の世界で暗闇を彷徨《さまよ》うような状態が続きました。

この謎の現象を解明するために、さまざまな論文を読み込み、最初は「こんなことも起こるんだなあ、でも自分たちの実験には関係ないな」と思っていたことが、ある日急に「あれ? もしかしたらこれかもしれない」と気づき、シミュレーションを試してみました。

ただそれは、それまでは理論的には起こらないとされてきた現象でした。したがって、設計の段階からその前提が採用されていました。従来この設計に携わってきた人と違い、私はあとから設計に入ったので、その前提が誤りかもしれず、その前提を外すと起こり得る現象だと気づきました。シミュレーションすると、予測した通りの結果が出た。自分なりの気づきによって解を生み出し、従来、解決できなかった謎を、少しは解明できたのではないかとようやく本当に仕事をしたという気分になりました。

ただ、その現象が起こり得ることはわかったものの、対策は非常に難しく、根本的に設計を変えるべきなのではないかという議論になりました。ところが、その議論の最中に本社としては成果が出ていないと判断、残念ながら研究開発は打ち切り、会社もたたまなければならなくなりました。

残念ながらその時点で製品化はできませんでしたが、新しく立ち上げた会社に若い私が飛び込んだのは、結果的にいい経験になりました。とくに、自分たちが頑張らないと会社が潰れてしまう状況で必死に研究や開発をする日々は、私にとっては刺激的な体験でした。

研究の過程で生まれた、従来の統計科学への疑問

次にはカーボンナノチューブから電子デバイスをつくろうとする、いわゆるナノテク研究のチームに入り、デバイスを設計し、クリーンルームでデバイスを作製しさまざまな実験を行ないながらまた目に見えない電子の不思議な挙動を想像するという日々を送りました。この研究も残念ながら途中で打ち切られたため、また次の仕事を考えることになり、今度は実験的な研究開発ではなく、理論的な解析に携わりたいと考えます。しかし物理系で理論的な研究テーマというのはその会社の中でなかなか見つからなかったので思い切って物理やデバイスを捨てて別の分野でテーマを探索しました。

たどり着いたのは、人工知能でした。ところが、それまではデバイスに関する実験を中心とした研究開発をやってきたので、ＡＩの研究者がやるようなレベルのプログラミングができません。プログラミングができず、人工知能に関する知識は何もない。この致命的なビハインドをキャッチアップするため、半年間勉強させてくださいと新しい上司に頼み込みました。中途半端に入ってしまうと、仕事に追われて体系的な勉強ができず、研究者としてたいしたアウトプットは絶対出せないと判断したからです。

会社の理解があり（当時の上司には感謝しています）、半年間で人工知能の概論、機械学習、統計学、プログラミングを学び、半年後にはコアモジュールをつくれるレベルまで引

き上げました。ここでは理論物理学の難解な数式と格闘してきた経験が理論の学習に活きました。こうした一連の判断と半年間の勉強が、結果としてその後の私の人生にとっての大きなターニングポイントになりました。

少しは研究ができるようになったので、翌年にはじめて人工知能の論文を書きました。発表後もそれを発展させる研究をして自分としてはかなり面白いと思える研究構想を描いていましたが、残念ながら会社の都合で研究グループが解散になってしまいます。人工知能の研究を強力に推進するには、時代が少し早かったのかもしれません。

人工知能のシステムをつくっているときに、疑問を覚えた分野がありました。統計科学です。データがたくさんあれば、たしかに現在の理論で十分に満足できる結果が得られます。しかし、データが少ないときはどうなのか。

例えばサイコロを三回振って、たまたま五が三回出たら、普通の頻度や割合という考え方を使えば五が出る確率が一で、ほかの目が出る確率は〇になります。でも、たった三回の試行だけで、一と〇の確率と決めてしまっていいのか。それは明らかに破綻しています。頻度をベースとする伝統的な統計学では、適応できないのではないか。ベイズ統計も知っていましたが、これも私には腑に落ちない。データが少ないときに、どのように確率を割り当てるのがいいのかという疑問を感じ、それに対する新しいアプローチを考えました。私の脳裏に浮かんだのは熱力学の理論でした。

熱力学には、自由エネルギーという、エネルギーとエントロピーと温度を主役とする概念があり、自然はこの自由エネルギーが最小の状態を好むのです。エネルギーの最小状態と、システムの起こり得る状態の可能性を表現するエントロピーの、最大状態とのせめぎ合いのバランスを温度が決めているといった解釈ができます。

データ数がたくさんあれば、頻度が最も高い状態が統計的な推定として最も良いのは確かです。しかし、データが少ないときは、頻度の高い状態とエントロピーの高い状態とのせめぎ合いのバランスがあるだろうという点が、すごく似ている。物理学の歴史を振り返ればアナロジーの追求は過去に大きな変革をもたらしていることがわかります。例えば熱量学から熱力学への大きな転換を果たしたカルノーは熱機関と水動力学とのアナロジーをヒントとしたと言われています。日本が生んだ最高の物理学者とも言われる南部《なんぶ》陽一郎《よういちろう》の「自発的対称性の破れ」という概念は当時発見されたばかりだった超伝導理論からのアナロジーによると本人が語っています。

データから情報を取り出すという課題は熱からエネルギーを取り出すための熱力学という体系が生まれた当時の課題に近いと私は考え、エネルギー、エントロピー、温度の三者の関係を考えるのが重要だと思っています。研究当初、調べてみるとたしかにエネルギーの概念は、統計科学で記述しようとすれば、数学的に形態が似た部分がある。ただ、温度

についてはまだ誰もきちんと言及しておらず、もちろん定式化もなかった。私の感覚では、むしろ温度が非常に重要だったので、この三者がないとダメだろうと、頭の中で考え始めていました。つまり温度をしっかり考慮することによって数式的なアナロジーを超えて情報の世界を別の見方から理解することが初めて可能になるのです。

しかし、これほどの基礎的な理論研究は、普通の企業研究所ではやれません。在籍していた会社は、そのころ役に立つ研究開発にシフトしていたので私は開発部門に移されました。そこでは製品としてのソフトウェアをつくるという経験ができ、これも研究や実装の現在の仕事に役立っていますが仕事としての研究は一旦中断しました。

その少し前から、熱力学の考えでドクターが取れるのではないかと考え、電気通信大学の社会人ドクターに通い始めました。担当の教授と課題認識が合い、充実した指導を受けドクターが取れました。そうなると、もっと続きの研究がしたくなります。そこでソニーCSLに行き着き、ようやく研究を本格的に開始することができました。

統計科学と物理学との融合

統計科学と物理学は、もっと融合されるべきではないかとその後も考えています。熱力学について調べ直し、一年半ほどかけて熱力学と統計科学に関する論文を書きました。しかし、論文をレビューしてくれる人がいない。新しいジャンルであるため、物理系に出しても、情報系に出しても、両方の分野をわかる人がなかなかいないからです。今のところは背後にある科学的思想の部分は省いて、熱力学的アプローチによる新しい統計メソッドの論文として出版しています。

北野宏明（ソニーCSL所長）も、システムバイオロジーの論文はなかなか通らなかったと言っていました。レビューされない論文はすごくいいかもしれないという意見をソニーCSLの当時社長だった所も言っていました。興味深い話としては、通信の世界において量子力学を使って暗号化することで絶対に見破られない技術が実現化されつつありますが、その量子暗号を最初に考えた人の論文は、三十数年間通らなかったと聞いています。私はまだ五、六年ですので気長にチャンスを待とうと思っています。大学や国の研究所の統計学者や機械学習あるいは情報理論、物理学の研究者とも議論をして、物理の素養のある人の何人かは、理解できる、イメージは合う、熱力学がそうした普遍性を持っている可能性を感じている研究者はいる、といったフィードバックを得ているので諦めてはいません。

この研究活動でさまざまな文献を読み、学問の生成過程についても知りました。例えば『素粒子物理学をつくった人びと』[参考文献1]や『熱学思想の史的展開』[参考文献2]などからは多くの学びを得ましたが、現実世界を説明する科学は確立するまではあくまで仮説です。多くの著名な研究者も間違った仮説を考え提示しています。統計科学も、想像の世界で勝手なものをつくれるのではなく、現実の情報の世界をうまく説明するという意味で経験科学であると思います。最終的に現実をうまく説明できるものが生き残ればいいので、さまざまな仮説があっても構わないはずです。物理学で現われたひも理論や今はそのモデルの妥当性が疑われないクォークやビッグバン理論も、最初は認められない仮説でした。統計科学の世界でもそんな大胆な仮説がもっと出てくると面白いのではないかと思います。

統計的な因果の推測についても研究していて、熱力学アプローチの具体的な応用先であるとともに、それ自体も重要なテーマだと思います。受動的な観察データから推測できる因果については、まだ明確には定義されていません。これは時間の矢に関する哲学的・物理学的原則に基づいていると考えられ、そうなると統計学で閉じた世界ではありません。この領域で熱力学アプローチの応用を含め、新しいメソッドやアルゴリズムをいくつか考案し、こうした成果はさまざまな実データの分析ですでに活かされており、ソニーグループ内外で展開されています。この活動を進めると、必然的に統計科学は物理学とより密接になるかもしれないと思っています。うまくいけば私の熱力学的な考え方が許容される下地になるかもしれないと思い、私の数あるモチベーションの中の大きな一つになっています。

森羅万象をもっと理解できる世界をつくりたい。それが私の目指す未来です。

二十世紀までは、主に数学、物理学、化学などの基礎科学が大きく発展し、その工学的応用が現代文明の発展に寄与してきました。二十一世紀には、生物学、脳科学など複雑系の理解が進み、情報工学による情報伝達の高速化もあって、社会科学的な面も理解が進んでいます。

一方で、私たちを取り巻く森羅万象を理解するための情報の素となるデータは、増大の一途をたどっています。しかし、これらのデータから情報を十分に抽出し整理して人間が理解する形に整える科学技術はまだ十分に発展しているとは言えません。私は、そのための科学技術の構築をしています。そしてその成果として出てきたものは、きちんと届けられるところに届けたい。せっかく見つかったものは利用してもらうほうがいい。

いろいろな人に「論文を書きたいの？　社会実装をやりたいの？　どっち？」と聞かれますが、必要だと思うので両方やりたい。最初は論文を書く目的で研究してきたとも言えますが、今はさまざまな手法や考え方を広く使ってもらうチャンスがたまたま自分に訪れたので、このチャンスは利用すべきだと思っています。

私は物理学の経験によって、宇宙という制約の中で生きていることを意識するようになりました。そのため、世界を理解するための制約、原理が何なのかを知ることが重要であると感じており、その制約、原理の中でどこまでできるのか、その限界に迫りたいと思います。

情報についての制約や限界はまだ十分に解明されていません。人工知能や統計科学も昔の数学的な演繹的世界に加え、得られるようになったデータによる経験科学的な面もより強まっており、帰納的なアプローチや考え方の重要性が増してきていると思います。これは、物理学がたどった歴史にもヒントがあります。十九世紀末に物理学はすでに完成されたと考える人もいた中で、それでもうまく説明できなかった事象の追求を続けていた中から、二十世紀にまったく新しい理論的枠組みである量子力学が誕生し、微視的な世界の理解が進んだという事例です。こうしたことから理論と実験、演繹と帰納の両面で経験を積んだ私に貢献できることがまだあるだろうと、楽観的ですが考えています。

参考文献

［1］『素粒子物理学をつくった人びと』〈上〉〈下〉ロバート・P・クリース、チャールズ・C・マン著、鎮目恭夫ほか訳、早川書房、2009年

［2］『熱学思想の史的展開』〈1〉〈2〉〈3〉山本義隆著、筑摩書房、2009年

17

吉田由紀

Yuki Yoshida

小さな解明が
積み重なれば、
いつか全体像がわかるはず

よしだ・ゆき
博士（医学）

日本女子大学家政学部家政理学科化学専攻卒、三菱化成生命科学研究所に入社。出芽酵母の分子遺伝学、分子生物学研究に従事。長崎大学大学院医学研究科にて博士（医学）を取得。放射線生物学研究、免疫学研究を経てシステムバイオロジー研究に従事。2009年ソニーコンピュータサイエンス研究所入社。

遺伝子組み換えの研究から

人生は、人との出会いです。

ちょうど、遺伝子組み換えの話題が世間を賑わせ始めた時期でした。NHKで「遺伝子組み換えとは」という番組をやっていて、たまたま高校のときに見ました。それまでは羊などから抽出しなければならなかった有用物質が、細胞でつくれるようになったという内容だったのですが、番組で取り上げられている技術に、興味を覚えました。

そんなとき、夏休みの課題の一つに、遺伝子組み換えがたまたま入っていました。もう少しどんな技術なのかを詳しく知りたいと思い調べると、次から次へと興味を掻き立てられる話題が出てくる。遺伝学に興味を持っていたこともあり、大学は生物科を志します。

もともと、学校の先生になりたいと思っていました。どの教科の先生がいいか考えていましたが、自分の得意分野と、教える楽しさを味わえる教科を考えたとき、浮かんだのが生物でした。生物で学校の先生になろうと生物学科を受験しますが、あえなく不合格。第二志望の化学科に入りました。

ただ、一年後に転科できるシステムがある大学だったので、転科したいと化学科の先生に話したら、こんなことを言われました。

「遺伝子組み換えをやりたいなら、僕の研究室に入ればいい。卒業研究で遺伝子組み換えの最先端を走るところに学生を出しているから、生物に行かなくてもできるよ」

生物の先生になりたくて、生物科に行きたかったものの、当時の私は解剖実習が苦手でした。苦手なことをやらずに済み、しかもやりたい遺伝子組み換えができる。だったらわざわざ転科しなくてもいいいか。そう思い、化学科に残ることにしました。


卒業研究では、核酸とタンパク質の構造と機能を研究しメッセンジャーRNAのキャップ構造を発見した東京大学の三浦謹一郎《みうらきんいちろう》先生の研究室に参加させていただきました。

そこは遺伝子組み換えを第一線で行なっている研究室で、組織から単離したRNAからcDNAに転写し大腸菌の中でタンパク質を発現させるという研究をやっていました。その研究は次のようなものです。ある二つの酵素のRNAの配列は似ていないのに、タンパク質の三次元構造を比較すると、違う配列のRNAから同じような構造タンパクが発現し、しかもその機能は違う。この研究に携わらせていただき、この後もできれば何かしら研究に携りたいと思いました。

でも、そのためには大学院に行かなければなりません。研究室で実験に勤《いそ》しむ大学院生を見ていると、とにかく大変そうに見えた。大学院生として研究するのは大変だ、本当の研究者は大変だと思い、結果、私はサポート職でいいと、三菱化成生命科学研究所に研究補助員として入社しました。酵母遺伝学の研究室に入り、酵母の遺伝子組み換えに携わります。

遺伝子組み換えは、それまで一部の限られた人しかできない技術でしたが、ちょうどそのころから遺伝子組み換えがスタンダードになりつつあり、専門的な知識がなくても行なうことができるテクニックになっていました。

研究員が研究の方向性や実験方法の選択、進め方の指示を出し、私が研究員と共に実験を進めていきます。その結果を見て、その後どのように研究を進めていくか、研究者と研究補助員が一緒にディスカッションしながら決めていくという研究スタイルでした。

私にここまでタッチさせてくれた寛大な室長・研究員のもとで研究をできたことに非常に感謝しています。そこで研究を積み重ねていくうち、研究補助員ではなく研究者として、もっと自分が興味を持ったテーマについて研究に携われたらいいのにと思い始めました。

人との出会いが研究との出会いに結びつく

そのころ、家族の都合で長崎に移ることになり、私は研究所を辞めざるを得なくなります。辞めるまでの間に、それまでのような研究補助員の仕事が見つかればよかったのですが、そううまくはいきません。苦労している姿を見かねた研究所の同僚が、声をかけてくれました。

「以前、長崎大学と共同研究をしたことがあって、そのときご一緒した先生がとてもいい先生だったから、その人に相談してみたらどう？」

勧められるままその先生と話をしてみると、背中を押されました。

「そんなに研究マインドがあるなら、大学院生になればいいんじゃないの？　そこで勉強して研究者になったら？」

運良く、長崎大学医学部に社会人大学院コースができたところで、大学院を受験し、原爆後障害医療研究施設所属の研究室で内分泌学・放射線生物学の研究をしている研究室に入りました。

そこの教授は、ポストチェルノブイリプロジェクトに長年携わり、福島の原発事故のときにメディアで有名になった山下俊一《やましたしゅんいち》教授で、現在は福島県立医科大学の副学長をされている内分泌学・放射線生物学の専門家です。当時、山下先生はポストチェルノブイリプロジェクトに取り組んでいて、研究室内では放射線関連の細胞傷害性に関する実地調査、臨床、疫学、など多くの取り組みが行なわれていました。私自身も放射線発癌のメカニズムの解明の研究に取り組みました。

人生は、人との出会いであり、それは非常に大切なことだと思います。幸い、そこまでの私の人生は、人との出会いがうまい具合につながり、いい仕事に巡り会えてきました。大学院を卒業したときも、再び出会いに恵まれます。

大学院卒業後、すぐには仕事が見つかりませんでした。今後のことを考えていると、半年後にたまたま国立病院長崎医療センターというところに肝疾患センターができて、そこにポストドクター（ポスドク）として雇用されます。

そこでは、自己免疫疾患に関するバイオマーカーを見つける仕事をしました。バイオマーカーとは「血液や尿などの体液や組織に含まれる、タンパク質や遺伝子などの生体内の物質で、病気の変化や治療に対する反応に相関し、指標となるもの」です。

それまで免疫に関する仕事は経験したことがなく、何をやればいいかさえまったくわかりません。でもそこのボスがその道の専門家で、非常に珍しい病気のバイオマーカーに関する論文から、有望なターゲットを発想されました。

その病気は「原発性胆汁性肝硬変」という自己免疫疾患で、原因不明の難病です。肝臓の胆管が詰まり、胆汁が肝臓中に溜まることで肝硬変になり、罹患者の一〇パーセントが死に至る病気です。致死率は一〇パーセントとそれほど高くありませんが、肝硬変に至る経緯や前兆がわからない。最初の症状としては、黄疸《おうだん》が出て全身が痒《かゆ》くなるだけで、あとは自己抗体が出てくるだけ。目に見えて症状が悪いわけではないのに、自分が悪くなるか悪くならないかがわからない。薬も「ウルソ」という、詰まった胆汁を溶解させる薬しかなく、劇症の患者は肝移植以外の治療法が確定されておらず、「死」と直結してしまう病気でした。

　私が携わったのは、このマーカーが出た人たちは悪くなる、このマーカーが出ない限りは大丈夫という線引きができるようなマーカーを見つける仕事でした。

　実験の結果、かなり有望なマーカーを発見しました。しかし、このマーカーが出ないから絶対に安全とは言えず、このマーカーが強く出てこない限りはそこまで心配しなくていいとしか言えないレベルのマーカーにとどまりました。それは進行したら出てくるマーカーなので、その経過は現時点では予測できないため絶対とは言えないのです。ただ、出てしまった人は劇症になる可能性が高いと告知することとなり、それはとても責任の重い診断をするということであり責任を感じました。ただ、研究はほとんど成功の部類に入り、それなりの充実感を得ました。

　ところが、そもそも全国で三〇〇〇人しかいない特殊な病気なので、いい検査薬になったものの、商売としては成り立たない。臨床検査会社に売り込んでも、こんなに症例数の少ない病気の検査薬を発売してもビジネスにならないと言われ、有効な研究成果でも必ずしも商品と結びつかないことに愕然としました。

システムバイオロジーの難しさを痛感する

大学院を卒業し、医学博士となりました。国立病院長崎医療センターに一年半所属し、バイオマーカーの探索の仕事をしつつ痛感したのは、患者さんに直接対応するなどの診察ができないもどかしさでした。医学博士でも医師ではないので、病気の解明などができてもそれを実地に使って治療するということはできない。

そんなとき、家族とともに、東京へ戻ることになりました。一年半ほどある研究所にて免疫の研究に携わりましたが、たまたま北野宏明（ソニーCSL所長）のところで酵母を使ってシステムバイオロジーをやる人を探しているという情報がありました。実験室は信《しな》濃町《のまち》の慶應大学。そこで科学技術振興機構のプロジェクトとして酵母の研究をやることになります。これが、今も取り組む研究との出会いでした。

それまでは、一つの遺伝子を調べ、それからそのネットワークを調べていく仕事をしていました。しかし、システムバイオロジーという分野は、大きなネットワーク全体がどのようになっているかを今までの研究結果などを統合してネットワークを推定・構築し、その機能や構造の特性について理解を深めていく研究です。そういう意味ではスケールが壮大で、それまで経験してきた研究とはかなり違います。

酵母は、いろいろなことがわかっていますし、実験もしやすい生物なので、システムバイオロジーをやるには向いています。私自身も酵母については長年扱ってきた経験があったので、酵母だったら面白いかもしれないと感じました。

長崎で最後に携わった免疫系の仕事も、免疫そのものが未解明の部分が多い分野であることに加え、アレルギーが引き起こされたり、別の病気になったりすることに免疫のバランスが関係していることが可能性が指摘されていたもののそのバランスがどのように保たれているのか大変複雑な領域でした。

そのバランスとは、結局のところネットワークです。免疫を勉強していくと、もっと大きな目でバランスを見なければわからないと痛感していたところに、システムバイオロジーという分野を知ったので、システムバイオロジーをこの分野に当てはめれば免疫がもっとわかるようになるという淡い期待を持って研究に臨みました。

免疫の研究をした経験から、免疫はどれほど解明が進んでいるものも複雑すぎて簡単には理解ができない分野であるとの思いもあり、慣れ親しんだ酵母でやることに安心感がありました。ところが、その見立ては甘かった。わかっていたつもりの酵母でも大変で、やればやるほどわからないことが増えていきます。酵母のような単細胞生物でさえこれほど複雑なのに、人間のことなどどうやってもわかるわけがない。暗澹《あんたん》たる気持ちになりました。

それまでは代謝なら代謝に限定し、一つの物質的なエネルギーの変化だけを見る研究をしてきたのですが、システムバイオロジーはもっと網羅的に見る。そういう意味では画期的な学問領域です。しかし、わかっている事実を組み合わせてこういうことだと言うのは簡単でも、全体の中でここがわからないと言うのはすごく難しい。システムバイオロジーできちんと語れるものをつくり上げていくのは難しいという感覚を、やればやるほどひしひしと感じました。

とは言うものの、人の病気に関わるようなことでシステムバイオロジーが使えれば、今までわからなかったことがわかるかもしれません。そこまでできなくても、もう少し単純な形で切り取り、バイオマーカーとして有効になるとか、何らかの疾患原因を見つけられるような仕事になればいいと、常に考えています。

二〇〇五年から一〇年以上、システムバイオロジーと付き合ってきました。今のところ私にとっては、やればやるほど難しくなる学問領域です。わかったことを組み上げていく学問なので、今のように細かいことが網羅的に調べられるようになると、それを使って組み上げることはできても、人間の感覚では理解できなくなっています。コンピュータで解析し、自動的にネットワークを導き出す形以外は無理になってきた。

逆に言えば、コンピュータの力を存分に使うことで、学問としても進化していける道が

細胞の物理生物学

カレイダグラフ4
次世代シークエンス解析
Python

見つかってきました。そこにインプットするデータは、今まで通り人間が一個ずつ細かく地道な作業として行なう実験でやっていくしかない。その両極に進んでいくとき、私がどのように貢献できるか、今後も携わっていけるか、判断する時期に来ています。

生涯一分野の研究者は幸せか？

システムバイオロジーを研究しながら、興味の対象が変わってきました。

もともと植物やハーブに関心があったこともあり、植物の成分で食品として有望なものに関する興味が膨らんできました。機能性ポリフェノールや、食物繊維の問題などにも関心があります。一方で、植物を染料として使う習慣もあるので、人間は植物全体をどのように使っているのかという問題に好奇心を掻き立てられています。だからといって、それがどのように仕事につながるか、今のところ明確なビジョンはありません。

食べ物だけれども、きちんと選べば薬として使えるものは数多くあります。生薬を使った薬膳は、なかなか一般家庭にはなじみませんが、普通の野菜を普段から適切な形で摂取すれば、人間の身体にとって有効な成分となります。野菜の本当の意味での効能を知らない人はたくさんいると思うので、そういう知識を啓蒙し、もっと手軽に食べられるようになればいい。そういう思いから、その方面の研究も少しずつ進めています。

バイオテクノロジーの研究者は「一遺伝子を一生探究する」という人も多くいる分野です。生涯をかけて一つの分野を研究してきた方も多くいらっしゃいます。そういう方に話を聞くと、自分の専門以外のことをほとんど知らなかったり興味を持っていない人も多く存在します。例えば免疫の分野では、B細胞の専門家はT細胞のことをまったく知らないと平気で言ってのける。最先端の知識はなくても教科書レベルの話でもよいのにと思ったりしたものでした。もちろん、彼らの「知らない」のレベルは高いのかもしれませんが、一般の人から見た研究者は、一般の人向けに一般的な科学を話すレベルの知識と経験は持っているはずなので、それをわかりやすく説明できるぐらいの汎用性は持っていてほしい。でも私もそういう研究者が多くいる研究所で育ってきましたし、大学院のときも自分で見つけた遺伝子を四年間ずっと研究していた。一つの道でずっと研究し続けることの幸福はあるかもしれないと思う一方で、いろいろなことに携わり、いろいろなことを知ることができたのは、研究者としてプラスに働いているという思いもあります。

ただ、あなたは何の研究者だと聞かれたとき、ひと言では言えないもどかしさもあります。それに、これから何をやりたいのですかと聞かれたときにも困る。今「あなたは何を研究しているのですか」と尋ねられたら、迷わず「システムバイオロジーです」と答えます。でも「何が専門ですか」と聞かれたら、おそらく「分子生物学」と言います。分子生物学的な手法を使ってさまざまな研究に取り組んできたので、それは嘘ではありません。研究で扱ってきた生物としては酵母が最も長く、愛着もあります。酵母の研究者のネットワークに知己に多いのも事実です。そういう意味では「酵母の研究者です」と名乗ることもできます。実際、実験室で研究するだけでなく、自分で天然酵母を起こしてパンをつくることもあるほどです。

自分の関心事を突き詰めれば世の中の役に立つ

長崎時代、私は自己免疫性疾患を研究しましたが、肝疾患センターではすべての肝疾患を扱っていました。医師が臨床の話を聞かせてくれて、臨床の治療例なども研究会で聞く機会があり、沈黙の臓器と呼ばれる肝臓の状態悪化に気づかず、ひどくなってからしか病院に来ない患者さんたちがたくさんいたのは悲しい限りです。

研究の力でもっと早く病気がわかったり、現状では治療不可能な状態の患者さんの回復を可能にする研究もできたらいいと考えていました。そんな中でバイオマーカーを見つけられたのは、達成感も満足感もあった。自分の成果は直接見えませんでしたが、困っている人のためになる研究をしたいという願望はあります。

今取り組んでいる研究が直接つながるかどうかは微妙ですが、人の役に立つような研究の成果を出せたらという思いは持ち続けています。大学から会社に入るときに補助研究員でもいいから研究に携われる仕事に就こうと思った理由の一つは、直接創薬には結びつかなかったとしても、人の役に立つ研究がしたかったからです。その思いは営々とつながっているので、いつか人間の「健康長寿」に役立つ何かを見つけたい。

子どものころに読んだ科学漫画に「一九九九年、癌の特効薬が見つかる」と書いてあったことを覚えています。この言葉に衝撃を受け、二十一世紀にはすべての病気を治す薬が開発されていて、病気はすべて治るようになっていると信じていました。今、すべての癌に当てはまるわけではありませんが、特効薬や治療法が確立されています。癌に罹《かか》っても、生き続ける人が増え、決して「死の病」ではなくなっています。

しかし、これからさらに長寿化が進むと、現在はあまり問題になっていない病気がクローズアップされてくる可能性もあります。未知の病が誕生するかもしれません。私は、長寿化で発症する病気だけではなく、現在もまだ発症のメカニズムがわかっていない病気に関して、それを治す特効薬ではなくとも、未来の医療に役立つような遺伝子の機能や疾患の発症メカニズム、そのバイオマーカーなどの有益な情報が見つかることを願っています。

研究を進めて、いろいろなことを知れば知るほど未知の世界が広がっていく中で、わからなければわからないなりに、自分が今疑っている小さな世界のある一部分を解明することができれば、そしてさまざまな研究者の小さな解明が積み重なれば、いつかそれらがつながって、全体像としてわかるに違いないと信じています。

18

山本雄士

Yuji Yamamoto

病気にさせない医療を実現する

やまもと・ゆうじ
医師

東大病院などで主に循環器内科に従事した後、科学技術振興機構研究開発戦略センターフェロー、慶應義塾大学クリニカルリサーチセンター客員准教授、内閣官房医療イノベーション推進室企画調査官などを歴任。2012年よりソニーコンピュータサイエンス研究所リサーチャー。投資型医療による社会の成長を推進しており、医療データに基づく予防を推進する（株）ミナケアの経営も担っている。1999年東京大学医学部医学科卒業、2007年米国ハーバードビジネススクール卒業（MBA）。日本内科学会認定内科医、日本医師会認定産業医。2014年日本起業家賞受賞。2011年より私塾である山本雄士ゼミを主宰。共著書に『投資型医療』、訳書に『医療戦略の本質』（M. E.ポーターら）、『医療イノベーションの本質』（C. M.クリステンセンら）など。

医療の道に染まっていく

小学生のころ、将来農業をやりたいと思った時期がありました。両親が庭でやっていた家庭菜園が面白くて、手伝いに夢中になったんです。農業熱が冷めたころ、今度は相撲取りに憧れます。当時の横綱千代《ちよ》の富士《ふじ》が分厚い懸賞金をもらっているのをテレビで見て、「やっぱり横綱だ」と言い出し、親に止められました。そうかと思えば、どういう経緯か覚えていませんが、劇団四季のミュージカル『キャッツ』のサウンドトラックを聴いて、「僕は劇団四季に入る！」と意気込みます。周囲に影響されがちな子どもだったんでしょうね。

当時まわりの子は、宇宙飛行士やレーサー、プロ野球選手などを夢みていたように思います。でも、自分は興味がないというか、そういう職業があることも知らないレベルでした。そのうちに、父親の職業だった歯科医か、近しい仕事で医師になることに興味が向いていったんです。

そして、父が四〇代半ばで難病による「成人全盲」になってしまった。そのために歯科医を廃業せざるを得なくなり、まだ中学生だった私は、父親の病気を治すために医師の道を志した――。

と書くと非常に美しいストーリーですが、これが医師になろうとしたきっかけであり、理由です、と言い切るにはちょっとためらいがあります。父親の力になるために医師になろうと思ったのはもちろんですが、それ以前から医療という職の素晴らしさ、充実感を親から教えてもらっていました。医師を強く意識する機会がないうちから、医療を志すようになっていたと思います。

医学部に入るには、当時も厳しい受験が待っていました。私が受験生だった当時の札幌は、受験勉強のための環境がそれほど充実していませんでした。そこで、独学で臨まざるを得ないぶん相当苦労したことを覚えています。入学したあとは、一クラス一〇〇人前後、全国で一学年約八〇〇〇人の医学部生の一人になりました。

医学部に入ると、大学の六年間ずっと医学ばかり勉強します。他学部との交流がほとんどないばかりか、部活動も医学部は他学部とは独立した異なる組織でやりますし、卒業前の就職活動もない。卒業するときにはMDという学位を持ち、医師免許を取ったらすぐに臨床の現場に行くか、研究職として生きていくのがほとんどの進路です。

医師の進路を選ぶと、早ければ一八歳から学問やキャリアを医療にフォーカスします。そして、医療に関連する人たちとのかかわりが生活の大半を占めていきます。臨床の現場に出ると、日本全体で約四二兆円という大きな産業の意思決定の担い手になります。四二兆円のうち約三〇兆円は医師の意思決定や手技への報酬です。臨床を担う医師をおおまかに約二〇万人とすると、一人の医師あたり年間一・五億円が動く世界です。

医師を含む医療従事者は、先人たちが積み上げてきた医学の知識体系と、医療の倫理規範にのっとって仕事をします。侵しがたく、拠るべき基準がある、という職人的な側面は業界外からはなかなかわかりにくいかもしれません。一方で、医師がアピールするまでもなく、病院は何をしに行く場所か患者さんは知っていますし、医療の値段も大部分は国が決めてくれます。このように、ある意味でお膳立てされた業界の中で、医師はプロフェッショナルとして仕事をします。

医療の現場から離れて医療を考える

臨床の現場で感じていた充実感は、ほかのどんな仕事と比べても突出するほど強烈だと思います。私が従事していた分野でも、分単位で勝負しなければ患者さんが命を落とすかもしれない緊張感と、患者さんが回復してくれたときの達成感は途轍《とてつ》もない。患者さんや家族からは面映《おもは》ゆいほど感謝されることもある。臨床の充実感ややりがいにかなうビジネスは、ほかにないと断言できます。

その一方で、医療業界がみんなで見逃していることもある。

「病気にならないと医療が始まらない、病院に来ないと医師は気づかない、来なかった人

は放っておかれる」

私もそうでしたが、ほとんどの医師は、病気になった人は病院に来るのが普通だと無意識に考えます。そして、病院に来た人に対応する日常以外には、目が向きづらい環境にいます。このため、病院に来た人「だけ」を診ているという医療の受動性になかなか気がつかない。病院に来た時点で手遅れな人、以前から病気のリスクがあるとわかっていたのに放っておいた、おかれた人。こういう人たちに対して、医師側もつい「なぜもっと早く病院に来なかったのか」と考えてしまう。この発想が医師として、医療としてあるべき姿なのか。もっと、医療の使い方を変えることで救える人がいるのではないか。

いくつかの病院を経験して医師は成長していきます。病院ごとに業務手順、医療の手順が違っていることは珍しくありませんが、それが無駄やミスの元かもしれないと考えることは稀です。まして、それを改善しようとか、効率化を考えようとする発想や知識を学ぶ機会に乏しく、強いやりがいゆえにその優先順位も高くならない。何かの拍子に、医療現場のマネジメント上の問題に直面しても、それがどのような問題でどのように解決すればいいいか、皆目見当がつかないのが実情です。

医療の現場ですら、そういう状況です。社会が医療に期待することを見据えたり、医療人として自分が何をなすべきかを考えるチャンスや要請は、なおさらほとんどありません。病院の外の世界を見る、時代に即して医療を相対的に見直すということが、実は医師には難しい。

医療は教育の現場でも臨床の現場でも、まだまだ見逃していることがたくさんあるんです。

私は医師として働いた六年の間に、救急の現場から終末期の看取《みと》り、大学病院や民間病院、果ては離島の小さな診療所まで、さまざまな現場を経験しました。その中で、たまま今の医療への違和感や物足りなさを覚え、それを解決する方法を模索しました。医学部にいても、大学病院の中にいても、解決方法はおろか、問題をきちんと捉えることすらかなわないと痛感し、視点を一度大きく変えてみる必要性を感じて、ビジネススクールの門を叩きます。医療の外へのジャンプです。

医療と算盤

とはいえ、海外のビジネススクールに留学するという決断そのものは、自分にとってあまり大きなものではありませんでした。ビジネススクールでマネジメントを学び、また医療に戻って医療現場や病院経営を変えればいいと考えていたからです。ただ、ビジネススクールを卒業したあとにどのような仕事をするか、そもそも仕事があるのか、まったくイメージしないままアメリカに飛びました。

私がそのくらいのつもりだったのに、同僚たちは私の選択に衝撃を受けていました。彼らは一様に「医者を辞めるの？」「開業するための準備？」と言い出したんです。開業するためだけにわざわざ留学するわけもないのですが、医師がビジネススクールに留学することがそれだけ珍しかったのでしょう。私にとっての衝撃は、周囲との受け止め方のギャップでした。

入学後には、別のギャップに驚きます。ビジネススクールで考えさせられることは、それまでの知識、発想、規範とは全然違いました。ルーチン業務の遂行よりもアウトカムの重視。迅速な取捨選択よりも一挙両得への工夫。刷り込まれた使命感よりも日々の動機づけ。時に困惑し、時に驚嘆する日々の中で、医療と算盤の双方の視点を身につけました。

随分と苦労して卒業した後は、医師のキャリアを持っていたことがプラスに作用し、さまざまな企業や団体から仕事のオファーをいただきました。医療とは違う世界に目を向ければ、違う人生があったかもしれません。でも、医療をどうにかしたいと考えてビジネススクールに行ったんです。その初心は変わらず、医療の研究開発を支援する行政機関と、小規模ヘルスケアベンチャーに参画しました。この選択にも、当時いろいろな意見をもらいました。

しばらくしてそのベンチャーを辞め、病院再生会社に入ります。行政の仕事は続けますが、その後さらに病院再生会社から独立して、自分の会社を起こします。私塾「山本雄士ゼミ」を立ち上げたのも同時期です。周りからは「兼務は無謀だ」「起業をなめるな」と批判されます。でも、私としてはまったくそんなつもりはない。

起業したのは、新しい医療を実現するというチャレンジを、自分自身でやらなくてはならないと考えたからです。それまでは、きっと誰かが気づいてやってくれるだろう、自分よりも上手にやってくれる誰かがきっといるはずだと考えていた。でも、そんな誰かはいないことがわかった。「自分がやらなくては」と考えるようになったのは起業の直前でした。

起業してビジネスを大きくするのは簡単ではないし、そこに集中しなければならない。それに、会社をたった一つ立ち上げたくらいで、医療が動き出すはずがないこともわかっています。でも、医療に新しいコンセプトを打ち出し、新しいマーケットを創りたい。新しい医療の価値の生み出し方を考え、それに従事する人を育て、顧客のマインドを変えていきたい。新しいビジネスモデル、新しい稼ぎ方を医療業界に創っていくためには、現状の医療産業の構造やその基盤、すべてを動かしていかなければならないんです。

それには、起業に加えて、行政との関わりの中で古くなったルールや慣習を変えなければばならない。若手の医師などの医療従事者には、医療に対するマインドや知識をアップデートしてもらわなければならない。実例を見せなければ人はついてこないので、事業事例もつくらなければならない。こうなると、それまでにはなかった「器」を用意しなければならず、必要に迫られて私塾を開き、行政の仕事を担い、起業というチャレンジをしたのです。

起業したのにゼミだの講演会だのくだらない、とすら言われたこともありました。手を広げすぎだ、できるわけがない、今にわかるぞ。本当にいろいろ言われます。でも、今の時代のヘルスケアにはこういう新しい考え方が必要で、それを実現するにはこういうモデルでやるんだという考えを広めなくてはならない。そう思えば、講義や講演を続け、経営やイノベーションに関する知見を医療業界にも広めるために、ポーター先生やクリステンセン先生の本の翻訳までもやる必要があったんです。私の中では、一つの目的を達成するための合理的なポートフォリオでした。時間がかかる、そして地味な取り組みであることは、やっている自分が一番よくわかっています。

私は、病気になる前にできる医療がある、病院に行く前にやれる医療があると考えています。つまり、病気にさせない医療を実現する、と言い続けています。病気になった人、病院に来た人だけを治療する今の医療ではもったいない。医療の役割はもっと広げられます。

例えば、「もっとデータを使えば、病気の予防を効果的に実現できる」という発想の実現に取り組みました。その事業では、医療費を支払うプレイヤーである、健康保険組合に着目しました。健康保険組合は多くの医療関連データを持っています。そして、健康が守られるほど、健康保険組合の支出は少なく済みます。つまり、データを使って病気にさせない取り組みをするには、格好の存在なんです。そこで、彼らの業務をより効果的に進められるようにコンサルティング事業を始めました。そのコンセプトと実際の事例が評価され、二〇一五年からこうした取り組みが医療制度上の義務になりました。さらに二〇一七年からは、健康保険組合が加入者に健診を受けさせ、その結果にきちんと対応をすることにインセンティブがつき、対応していない場合はペナルティが科せられるようになりました。そういう意味で、私のさまざまな提案は「動き出して」います。ただ、自分が目指すスピード感にまでもっていけていない反省があるのも正直な気持ちです。

世の中のためになることとお金を稼ぐこと

近年では、医師の資格を持った起業家が確実に増えています。医師のキャリアの選択肢として、ビジネススクールに行く人も増えてきましたし、行政のキャリアへの関心も高まっています。私が発信していたコンセプトを取り入れてくれる医療従事者も増えていきます。研究、臨床だけではなく、医療ビジネスや行政も一つの選択肢になった。少なくとも医療者のキャリアの多様性を広げる役には立ったと思います。

自分が事業で気をつけている点が二つあります。一つは、業界のためではなく、社会のために事業をやるという点。医療のために医療を改善するのではなく、社会にとって最適な形に医療の使い方を変えたいんです。社会起業家としての発想です。もう一つは、世の中のためにやると決めた以上、事業を継続、拡大させなくてはならないという点。世の中のためになっていれば稼げなくても存在価値があるという考え方は、病院経営の現場にかつて根強くありましたが、これは明確に否定したい。

赤字の容認は、事業を継続できなくていいと思っているのと一緒。社会にとって重要な事業を創っていこうという決意と矛盾します。本当に社会のためになる事業だと信じるのであれば、当然経営者は死ぬ気で事業を継続、拡大させる方法、つまりお金の稼ぎ方と使い方を考えなければなりません。いつも自分をそう戒めています。それから、ビジネススクールではこう教わります。「世の中のためになることをやっているのに稼げないのは、経営手腕の問題だ」。非常に重い言葉ですが、いつも意識しています。もちろん、稼げていれば必ず世の中のためになっている、とも思いません。お金の稼ぎ方、稼いだお金の使い方がより重要です。その意味で、事業のあり方、経営の方針には、「経営者の矜持《きょうじ》」が問われると考えています。

将来への楽観と現在への危機感がより良い世界を築く

これまで実践してきたことを振り返ると、将来を「今より良い世界」にするには、将来への楽観と現在に対する危機感が重要になると考えています。ですので、私は悲観的に計画を立て、楽観的に実施するタイプです。

これは、医師特有の気質なのかもしれません。医師は失敗が許されない。失敗したら患者さんが死んでしまったり、取り返しのつかないことになるかもしれない。だからこそ、何かに取り組むときは事前のリスク想定をきっちりやる。とにかくやってみる、という「出たとこ勝負」は、リスクヘッジやダメージコントロールがおろそかになる分、スピード「感」はあったとしても、実際の手際や成果が結局は損なわれるのではないかと考えています。

同様に、「失敗から学ぶ」という言葉も、今持つべき危機感を後回しにしているようで苦手です。本当の失敗を経験すれば、二度と同じ後悔、絶望はしたくないし、まわりに迷惑をかけないようにもしたくなる。失敗から学んだ経験があれば、事前に十分検討して何

とか次は失敗を避けようと必死になるし、そのために前もって学び、考えるようになる。自分さえ慰められれば済む失敗ならばまだしも、相手あってのことならば、なおさら失敗してから学ぶなんて悠長なことは言っていられません。

そのうえで、一度取り組み始めたら、自分の理想、つまり、ありたい姿や実現したい像を求め続けたい。そうした気持ちは、欲と言ってもよいと思います。次の理想、その先の理想を追求するのが、人の性《さが》なんではないでしょうか。逆に、その欲がなくなるほうが怖い。将来に希望や欲が持てないこと自体、もったいないことです。そうなると当然、現状に危機感も持つこともなくなるでしょう。だから、将来を楽観することと現在に危機感を覚えることは、つながっている話だと思います。もちろん、欲望には弊害もありますが、欲望がないのはもっと健全でないと思います。

三〇年後に実現したい世界

死ぬまで元気で、健康でいられる社会をつくりたい。

測定や評価は難しいのですが、私は健康を、人が社会とポジティブに関われる状態、と定義しています。社会的な関係性の中での定義です。ですから、五体満足かどうかではなく、寝たきりであっても家族という小さな社会で重要な存在として関われるのであれば、完全ではなくとも健康と定義していいと思っています。逆に、一見元気そうに見えても、仕事をしたり、人と関わったりする元気や力を失っている状態は不健康です。すべての人が、死ぬまでポジティブな形で社会的なかかわりを持てるような社会にするのが理想です。

これは死ぬ前だけの話ではありません。個々人が、人生の中で自分のポテンシャルを一〇〇パーセント、一二〇パーセント出せているかというと、今の時代はまだまだ健康問題が足枷《あしかせ》になることは少なくない。ならないで済んだはずの病気にみすみすかかってしまって、自己実現、自己表現できなくなる人は相当数います。そういう人生をなくしたい。

この根底にあるのは、人生の長さとその充実度を決める基盤が健康だという信念です。人生を多彩で豊かなものにするためには、時間、能力、体力、人間関係といった、人生に重要かつ必須のさまざまな要素があります。こうした要素を生かすためには、健康が不可欠だと考えています。

そうした健康を守るためのセーフティネット、育てるための仕組みが、これほどまで脆弱であっていいのか。健康を損なったときには病院に行けばいいことは誰でも知っていますが、健康を損なわないためのセーフティネットは誰もつくっていません。

「昔は健康を守る仕組みがなかったらしいけど、それってヤバくない？」

そう言われる将来をつくれるかどうか。それが私にとっても、これからの世界にとっても勝負です。人間社会の未来をさらに明るくするため、人の健康にこそ明るい未来の根源があるという価値観を構築したい。健康とは、人生における唯一無二のアセット（資産）であり、コミュニティが共有するアセットではないでしょうか。

健康を守り、育てる力は、医療にある。健康の先には、個々人の幸せがあるでしょう。私はそうした医療の構築に向けて、新しいコンセプトを浸透させていきます。新たな医療サービスのビジネスモデルを築き、それを継承していく人材を残していきたい。そう考えています。

19

ナターリア・ポリュリャーフ

Natalia Polouliakh

美しさは
自由を獲得する
ツール。
奴隷を育てない
社会へ

ナターリア・ポリュリャーフ
博士（理学）

ロシア生まれ。イルクーツク国立言語大学東洋言語学科学士課程を修了後、1997年に弘前大学理工学研究科修士課程で生物情報学を専攻、2004年に東京大学医科学研究所より博士号を取得。2006年よりソニーコンピュータサイエンス研究所リサーチャー。2017年11月には科学でヒト本来の美しさを導き出すことを目的にScientista株式会社を設立、代表取締役社長を務める。現在は、横浜市立大学博士課程に在籍し、独自に開発したデータに基づく計算論的アプローチによる皮膚の加齢メカニズムの解明に当たっている。趣味はヨガや芸術鑑賞、ファッションなど。

偶然の出会いの積み重ねが、日本への道を拓いた

私は、ソビエト時代のロシアに生まれました。新しいことを吸収するのが大好きだったのに、当時のソビエトではあまり本を買えませんでした。ツルゲーネフやトルストイなどの古典は手に入っても、海外の翻訳本はほとんど手に入らない。家にあった古典は、中学生のときまでにすべて読み切ってしまいました。

あまりに本が好きだったため、お昼の料理を温めようとストーブに置いたまま本を読み始めると、ストーブに置いたことを忘れて読みふけってしまう。あるときなど、本の内容が頭から離れず、ストーブの上にランチを置いたまま学校に行ってしまい、ボヤ騒ぎを起こしてしまったこともありました。本を読み切ってしまうと退屈で仕方がない。学校の成績も良かったので、余った時間に何かしなければならないとピアノやバレエを習い、常に忙しくしていました。

私の人生は、人との出会いが大事な役割を果たしています。

私が住んでいたのは、シベリア南部ハカス共和国の首都アバカンという町です。そこはロシア革命が起こる前に、皇帝に反旗を翻す政治家を抑留した場所で、日本人の研究者がよく来ていました。

うちはマンションの三階で、二階に住んでいた家族の上のお姉さんが地方の外国語大学

で英語を勉強していて、日本人の研究者をいろいろなところに案内していました。彼女の家によく遊びに行っていたのですが、プラスチック製のかわいい猫が置いてあり、それは日本人の研究者がくれたといいます。ほかにも世界中の人からもらったお土産が並んでいる。それに憧れて、私も世界とつながりたいと思いました。世界とつながるには外国語が必要になる、中学生になってからすぐに計画的に考え始めました。

父親が優秀なエンジニアだったので、さまざまなプロジェクトに携わったためにいろいろな土地に転勤しました。中学校を卒業すると同時に、モンゴルに近い自然豊かなトゥヴァ共和国に移りました。いいところでしたが、高校のレベルが低い。このままでは行きたい大学に行けないので、自分でキエフ大学の外国語の通信講座を取ることにしました。現在はウクライナを代表する大学として知られるキエフ大学の外国語の通信講座はかなり難しく、毎日二時間、二年にわたって勉強した末、無事卒業しました。

当時のロシアのトップ校はモスクワ大学です。外国語大学では、イルクーツク大学とウラジオストク大学のレベルが高かった。ちょうど、通っていた高校にイルクーツク大学出身の先生がいて、イルクーツク大学を勧められます。それまでの成績のおかげで、一科目で受験することができ、英語に絞って勉強したところ、運良く合格しました。

入学したら英語をやろうと思っていましたが、たまたま東洋学科が開設された時期と重なり、日本語、中国語、韓国語のいずれかを選択できるといいます。日本語と英語の勉強ができるからと勧められ、東洋学科に入りました。

イルクーツクには、世界で最も深く、世界屈指の生物多様性を持つバイカル湖がありました。大学三年になって、そろそろ実際に日本語を使いたいと、夏休みにツーリスト会社にアルバイトで入って、バイカル湖を訪れる日本人観光客のガイドを務めました。まだたどしい日本語しかできなかったので、ひたすら日本語を記憶しては一方的にしゃべるという、あまり親切なガイドとは言えませんでした。

あるとき、青森県から地方銀行が主催するツアーがやって来ました。四台のバスのうちの一台を任されたのですが、そこに弘前《ひろさき》大学の手代木渉《てしろぎわたる》学長が乗っていた。私がバイカル湖の生態系についてまくしたてていると、手代木先生は「よくご存知ですね。あなたのお話に感動しました」と言われる。手代木先生は生物学者でもあったので、私の話す内容をよく知っていたようです。

しばらくして、手代木先生が「あなたの夢は何ですか」と聞いてきたので、正直に日本に留学したいと言いました。すると、先生が推薦してくださるといいます。そのときはそれで終わりましたが、二年後、弘前大学から国費留学生の招待状が届きました。日本に渡ったのは、一九九八年一〇月一日のことです。

肌をセンサーとする美容と健康に興味を持つ

日本に留学して大学で学び、さまざまな研究所で研究し、念願かなってソニーＣＳＬに入っていろいろな研究に取り組んで論文を出すものの、なかなか通りません。サイエンティストは、論文が通らないとキャリアアップできない。行き詰まり、メンタル的にもかなり落ち込んでいました。追い詰められる中で、最終的に何がやりたいかと自分に正直に問いかけると、いくつかのキーワードが浮かんできました。

アンチエイジング。

ずっときれいでいたい。

そのためにどういう身体の訓練ができるか。

人生が長くなると、いろいろなことが「できる」ようになります。いろいろなことを勉強できるし、いろいろな体験ができる。女性の場合は、結婚しなかったり結婚が遅かったりする方が増え、結婚前に自分のやりたいことがいくつもできるようになります。その中で、年齢が若くなくても子どもを産める体をつくるお手伝いをしたいと考えました。

もちろん、不妊治療は医療なので、医師の資格のない私にはできません。私ができることを考えたとき、化粧品が頭に浮かびました。メディカルな研究に取り組み、その成果を化粧品に還元する。自分の研究に基づいた化粧品であれば、自信を持って人に薦めることができます。外部に自分の会社をつくれば、それを販売して世の多くの女性に広めることもできる。

実現に向けて動き出しました。

アンチエイジングをやるのであれば、分子生物学が必要になります。でも私には高度な専門的知識がありません。そこで、二〇一四年に横浜市立大学の大学院に入り、そこで実験を繰り返す日々を送りました。遺伝子が生命の鍵であることは周知の通りですが、それを生活からのアプローチ、例えば飲食から摂取する栄養素、カロリー制限、体温管理など、総合的なライフスタイルからアプローチする研究を始めています。

女性の美容に対する関心は、いつの時代も高い。長生きする女性、年齢のわりに若く見える女性が最近増えていますが、女性が美容にかけるアイテムは約五〇種類、金額にして人生で三千万円のお金が使われていると言われています。ちょっとしたマンションが買える、高額なお金です。

それだけの金額を費やし、しかも自分の肌に直接塗るものなので、商品を購入するときには常に迷っています。たいていは、ドクターが薦めるもの、友だちの紹介、ＳＮＳを含むメディアに掲載された口コミが中心になります。

ところが、肌に合わない場合はもちろん、値段が高くて長くは続けられない。それは広告費用が高いことが大きく影響しています。私がつくる化粧品のコンセプトは、広告費用を抑え、美容に高い関心を持つ女性にリーズナブルな化粧品を届けるものです。そのために、二〇一七年に会社を設立して準備に入りました。

化粧品に行き着いたのは、皮膚が健康の鏡であるからです。

皮膚を通して脳に信号が伝わり、神経を通して成分が血流に入る。そういう研究成果も出ていますし、友人の中東出身のドクターが、皮膚と脳は神経を通じてつながっているという研究をしています。

実際、食事も肌の状態を整えてくれます。どんな野菜を食べるかによって肌の色素が変わります。夏の暑いときは緑の野菜を食べたほうが、紫外線の吸収が抑えられて肌の白さがサポートされます。逆に、寒く乾燥する冬は、赤みのある野菜がいい。

そこで、皮膚を通じて病気を制御できないかと考えました。皮膚の色、状態、湿疹や荒れがあるかなどによって、病気になる手前の予防のところで皮膚の状態から何かがつかまえられないか。そういうコンセプトに興味を持ち始めています。

化粧品とは別に、体の病気を皮膚がつかさどるという新しい見方ができないかという研究を始めました。「肌の調子がいいね、肌がつるつるですね」というように皮膚は老化の最大のマーカーになっています。そういう研究をやりながら、商品にできるところを商品にする。これを一緒にコラボレーションする人を探しています。

美はコミュニケーション。美は自由を感じるもの

もともと美しさ、化粧に関心がありました。九歳で初めて口紅を塗り、自分の顔がそれまでと一変するのを目の当たりにして、化粧で人がどう変わるのか、女性がきれいに見えたいのはなぜか、きれいとは何か、そんなことを考えるのが好きでした。

当時のロシア人は、化粧をするのが習慣になっていました。と言うより、化粧をしなければならないと指導された。祖母も母も、みんな化粧をする。近所に買い物に行くだけでも、フルメイクをしなければならないのは苦痛でした。

ファンデーション、口紅、アイシャドーなど、メーキャップ系商品には、皮膚に有害な物質が入っているものもあるので、肌に負担がかかります。つけまつ毛も、見た目よりも痛いし苦しい。外すときに、自分の地毛が抜けることもあります。そうしたデメリットをわかったうえで、女性はきれいになりたい一心でメイクをするのです。

美顔器を使ったり、まつ毛の発毛を促進したりします。まつ毛に栄養を与える美容液は簡単につくることができます。実際、私も一万円で売っている美容液を使ったことがありますが、これは本当に効果があります。でも、まつ毛のケアだけのために、毎月一万円は

出せません。続けられない美容。それが今の美容の現状です。

最近は、ゴテゴテにメイクするのではなく、メイクをすることなくいつでも外に出られるような地肌をつくることのほうが美しいという風潮が主流になりつつあります。

化粧地獄のロシアでも、その風潮は少し豊かな人たちから始まっています。ただ、優れた基礎化粧品は高額である場合が多いので、どうしても所得水準が低い女性には手が出せません。私は、収入を気にせず優れた基礎化粧品を一般化できないか模索しています。


それにしても、なぜそこまでして女性は美しくなりたいのでしょうか。それは、自分に美しさという要素が加わることで、自由を感じるからです。自分のやりたいことがやれる。自分をさまざまに演出することができる。そこに自由を見出すのです。

眉毛をしっかり描くと、心理的に発言の意欲が高まる。話を聞いてくれる人が、より深く受け止めてくれる。デートをするときに、女性の気持ちや相手の男性に対する距離感が、口紅の色に関係してきます。ビジネスミーティングに臨むときに最適な口紅の色がある。こうして挙げてみると、美しさは自由を獲得するツールであると同時に、コミュニケーションツールだとも感じます。

美しさは自分を元気にさせる道具としても有効です。美しくいると、急に人前に出なければならなくなったときでも、自分の顔を心配する必要がなくなる。その心理的解放感によって、穏やかな状態で一日を過ごせるようになります。ある色の口紅を塗ることによって、集中力を出せるようになります。美しさは、自分を助けてくれる道具としても位置づけられます。極端に言えば、マスカラ一つで人生が変わります。ただ飾ればいいわけではない。そういう感覚が養われていく体験は楽しいものです。

基礎化粧品は、肌をきれいに整え、ノーメイクでもそれほどひどくない顔にしてくれます。結婚したご夫婦は、一緒に暮らしたとたんに自分のすべてを明かすことになります。お付き合いしているときはメイクで誤魔化せたとしても、旦那さんが起きる前にフルメイクをして、旦那さんが寝たあとにメイクを落とす生活は現実的ではありません。結婚した奥さまは家の中ではノーメイクで、肌の状態を旦那さんに見られる。そこで肌の状態がよくないと、自信を失ってしまいます。でも、肌の状態がきれいだと、メイクをしない状況でもきれいでいられます。むしろ、演出の準備ができない夫婦のように距離が近ければ近いほど、美しさはますます重要になるのではないでしょうか。

美容と教育が美しさを磨く

三〇年後、私が世界に何か新しいものを生み出すとしたら、多くの「痛み」から人を解

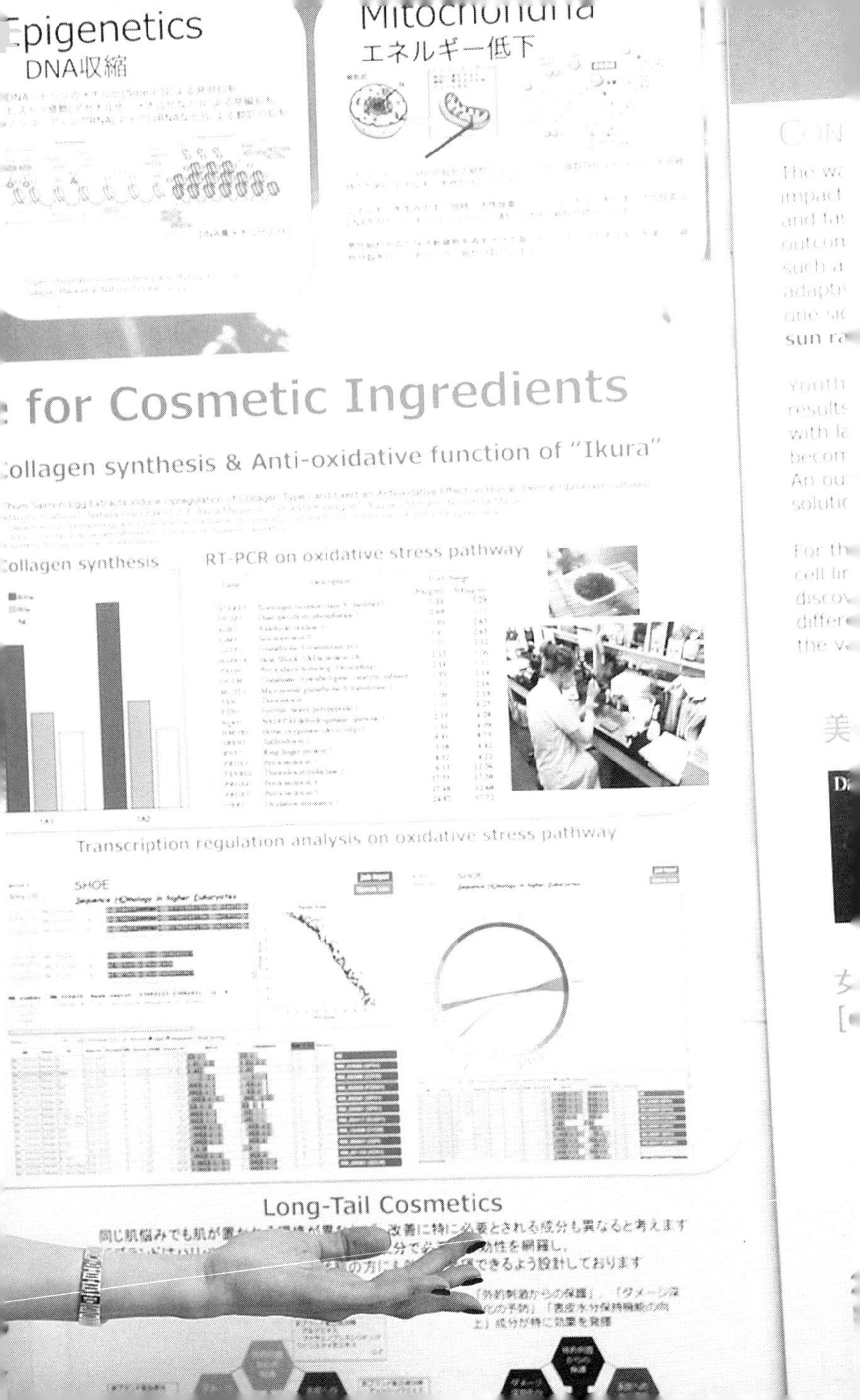

Epigenetics
DNA収縮
Mitochondria
エネルギー低下
for Cosmetic Ingredients
Collagen synthesis & Anti-oxidative function of "Ikura"
Collagen synthesis
RT-PCR on oxidative stress pathway
Transcription regulation analysis on oxidative stress pathway
SHOE
Long-Tail Cosmetics
同じ肌悩みでも肌が置かれている環境が異なれば、改善に特に必要とされる成分も異なると考えます
できるよう設計しております
「外的刺激からの保護」「ダメージ（…）
（…）の予防」「表皮水分保持機能の向
上」成分が特に効果を発揮

AC on
14
Gene regulation
ゲノム: 30億塩基(23 染色体)
200種類細胞
25,000遺伝子
制御
転写因子
DNA molecule
Chemical bases
細胞の性質を決めるタンパク
Scientific Evide
ening effect of Salmon eg
PCA.
on CSE extract supplen

放する何かです。私にとって、人を痛みから解放することは美しさと一緒です。痛みから解放するのは外見ではなく、内面だからです。

きれいになりたい、ダイエットをして痩せたい。そう考える多くの人は、自分の中に悩みを抱えています。その悩みが脳神経を駆け巡っていると、意欲が削がれます。メンタル面の問題が解決されないままダイエットをしても、効果は期待できません。

私が誰かに美しくなりたいと相談されたときは、必ずその人の生活が今どういう状態かを聞きます。すると、たいていの場合は悩みを抱えています。家族の問題、子どもの問題。自分でやりたいことがあっても足を踏み出せないのは、悩みを解決することから始めていないからです。

もう一点、最近の社会の変化に注目しています。

今は、四〇代で新たなビジネスを始めるのはもう遅い。最低でも三〇代で始めなければ遅いと言われています。ということは、二〇代は必死になって勉強しなければならない時期です。でも、今の二〇代は、過ごし方を間違えている。

私が経験したように、五年間も外国語大学に通う必要はありません。一年だけ基礎教養をしっかり勉強し、二年目からは海外留学したり、もっと社会に通じるさまざまなことを勉強しなければならないと思います。

今の子どもたちは、大学を出ても世の中のお金の動き方さえわからない。そのせいでスマホやパソコンなどガジェットの奴隷になっています。将来について恐怖を抱えてしまっています。それを解決するには、教育から変えなければなりません。

私の中で美容と教育は、美しいものにたどり着くために必要なツールです。そして美容と教育は私の中ではイコールで結びついています。人は外見だけではなく、最終的に内面を美しく磨かないと、その価値はあまりない。美容や健康や教育は内面に新しい刺激を与えると考えているからです。

教育は、生物学から見て適切な年齢があります。理想は、四歳までに四カ国語を話せるようになることです。でも、現実問題として日本国内でそれを実現するのは難しい。インターナショナルスクールの授業料は高額なので、日本人の多くは英語ができないまま育ってきています。彼らは、日本のメディアしか読めない。そうした自由を獲得できない従属した状態では、やりたいことは結局やれません。

もちろん、みんなが経営をするわけではありません。だとしても、基礎的な能力を早く上げていかないと、奴隷に成り下がってしまいます。

私は、奴隷を育てないような社会をつくりたい。化粧品を安くして、使わずに残ったお金を教育に使える社会です。海外留学、お金が届かない国の子どもたちに直接何かを伝えることは、それ自身が内面の美しさにつながります。

美しさは表情に表われます。顔の表情や筋肉の状態は、毎日の感情によってつくられています。顔には過去が刻まれるといいますが、毎日どうやって過ごしているか、これまでどのように生きてきたかを伝えています。皺もその一つです。

アメリカでは、美容整形でボトックスを打って顔の皺を隠すのが主流です。しかし、ヨーロッパでは自然なままで美しいと考える人が多く、皺を隠さずにありのままの姿を残しています。

人の魅力は、すべて美しさという言葉に集約されます。形ではない。内面から出てくる魅力です。過去に積み重ねてきた自分の経験、自分の人生を消す必要はありません。むしろ、美しく生き、美しく年齢を重ねる。その結晶が表われる顔にする努力を積み重ね、そのサポートをする化粧品を生み出していく、それが当面の私の研究です。

20

北野宏明

Hiroaki Kitano

自ら越境していくことで
未来が拓けていく

きたの・ひろあき
代表取締役社長、所長
博士（工学）

1984年国際基督教大学教養学部理学科（物理学専攻）卒業後、日本電気に入社、ソフトウエア生産技術研究所勤務。1988年より米カーネギーメロン大学客員研究員。1991年京都大学博士号（工学）取得。1993年ソニーコンピュータサイエンス研究所入社。1996年同シニアリサーチャー、2002年同取締役副所長、2008年同取締役所長、2011年同代表取締役社長。1998年10月～2008年9月、科学技術振興事業団ERATO北野共生システムプロジェクトとその後継プロジェクトの総括責任者兼務。2001年4月、特定非営利活動法人システム・バイオロジー研究機構を設立、会長を務める。学校法人沖縄科学技術大学院大学学園教授。ロボカップ国際委員会ファウンディング・プレジデント。2016年6月よりソニー株式会社執行役員。

コンピュータからシステムバイオロジーへ

中学、高校は、いわゆる「秋葉原少年」でした。音楽とモノをつくることが好きだったので、スピーカーをつくったり、自分で回路を設計してアンプをつくったりしていました。そうするうち、もっと本質的なことがしたくなり、物理を勉強することにした。とくに素粒子論に興味がありました。

高校二年のころに関数電卓が流行《はや》りはじめ、大学に入ったときにはNECのPC-9801が登場しました。それを買って、いろいろなソフトウェアをつくっていました。素粒子物理を続ける選択肢もありましたが、コンピュータに触れたことでコンピュータサイエンスにも強い関心を持ちます。

同時に、素粒子物理を続けても、この分野の研究者のポジションは、ほとんどないということも知りました。そこで、一九八四年四月にNECに入社し、コンピュータに関わろうと思いました。当時のNECには、今のグーグルのような勢いがあった。そのときは、物理学と計算機科学の融合領域ができれば面白いなとも思っていました。しかし、NECの研究所の配属面接で、それは大きく変わりました。そのやりとりは今でも覚えています。

「素粒子論を専攻した人が、NECに来てどうするつもり?」

私は、待ってましたとばかりに意気込んで答えます。

「はい。量子原理を使った計算機をつくります」

反応は、大笑いでした。ここで認めてもらえていたら、一九八四年の段階で量子コンピュータの研究を始めていたと思います。世界はまだ、量子計算の基本的な理論の研究がようやく始まろうかという時代です。

ただ、私自身、その後、素粒子物理学や量子効果で計算機をつくるということより、人工知能に興味が移っていきました。それは、物理学に比べて、人工知能が新しい研究分野で、いろいろなことが活発に起きていると感じたからです。

ただ、人工知能の研究は当時のNECで、私が配属になったソフトウエア生産技術研究所ではできなかった。そこでは、SEA／Iというソフトウエア生産支援システムの開発を行なっていました。年二回の製品リリースで、顧客先まで出向いたりしました。このときは興味が持てなかったのですが、この経験はあとですごく役に立つことになりました。とは言うものの、そろそろ本格的な研究をしたいと考え、米国に留学しようと考え始めました。最終的には、アメリカのカーネギーメロン大学に行くことになりました。

カーネギーメロン大学では、音声翻訳システムや遺伝的アルゴリズム、さらに大規模並列計算機の開発とそれを使った大規模並列機械学習の研究などを行ないました。結局、カーネギーメロン大学で行なった研究で京都大学から博士号をいただくことになりました。

一方、私の中には、知能は、進化の副産物であるという考えがありました。つまり、知能は、生存と子孫の繁栄の確率を上げたと考えます。なので、本当の意味で、知能を研究するには生物学がわからなければ進まないと考えたわけです。

生物学では、まず、現在、ワシントン大学セントルイス校で教授をされている、今井《いまい》眞《しん》一郎《いちろう》博士（当時は、慶応義塾大学医学部）と細胞老化のメカニズムを解明しようとしました。その過程で、計算モデルをつくって実験データから見えるものの背後のメカニズムを解き明かそうということです。しかし、この話をノーベル医学生理学賞を受賞した利根川《とねがわ》進《すすむ》さんに話したところ、それは無理だと言われた。コンピュータで、生命のような複雑なものは解明できないというのです。

面白いと思いました。利根川さんができないと言うのなら、やる価値がある。大物研究者が手をつけていない研究で成果を上げれば、私なりの貢献ができると思った。ここから、私は生命科学の研究に軸足を移していき、システムバイオロジーという分野を提唱するに至るわけです。

当時のＡＩは、いろいろな進歩はあるものの、停滞感もある感じで、五年ぐらいＡＩを離れて生物学を学んでから戻ってきても大丈夫だと思いました。同時に、AIとロボティックスの研究開発を加速するためのプロジェクトである「ロボカップ」も考え始めていたので、AIとロボティックスの領域は、ロボカップの立ち上げと浸透に集中することにしました。ロボカップの構想は、阪大の浅田《あさだ》稔《みのる》先生や産総研の野田《のだ》五十樹《いつき》さんなど、ごく限られた日本の研究者で議論して、すぐに海外のよく知っている研究者にも話をしました。すぐに、一緒にやりたいということになったので、国際委員会を立ち上げて、スタートしました。

そこで「ロボットワールドカップ　コンペティションズ＆コンファレンス」と名づけてワールドワイドで開催することにしました。名古屋で開かれる国際人工知能学会で第一回を行なうことが決定しましたが、その開催日の前には第二回のパリ、第三回のストックホルムでの開催が決まるほど、反響は大きかった。今は、「ロボカップ」という名称自体が定着したので、「ロボカップ・インターナショナル・コンペティション＆コンファレンス」という名称で開催されています。

ロボカップの波及効果も想像通りでした。参加者のスピンオフで最も著名なのはアマゾンの物流倉庫のロボット化を担うアマゾンロボティクスです。ロボカップに参加した大学教授が開発した技術を、物流倉庫用に応用してつくったキバ・システムズという会社をアマゾンが買収したものです。ソフトバンクのペッパーをつくったいまのソフトバンクロボティクスもロボカップ出身者がパリの起業家と設立した、アルデバラン・ロボティックスを買収したものですし、それ以外にも数多くのベンチャー企業が周辺にできて、さまざまな方面で事業を拡大しています。

レスキューロボット部門でも、二〇〇一年の「9・11」で三週間におよぶ救助活動をしたロボットも、東日本大震災による福島第一原発事故の炉の周辺を探索したロボットもロボカップのレスキューロボットリーグに参加していたロボットをそのまま使ったり、改造して使ったりしています。実用化されたロボットがコンスタントに生み出されているという意味では、予想通りの効果がありました。

ロボカップを始めて二〇年、子どもたちを対象とした教育リーグである「ロボカップジュニア」を経験し、ロボットやAIに興味を持って研究者になった人が、今やドクターを取って准教授ぐらいになりつつある。ロボット、人工知能の最前線にいる人材が、ロボカップ出身者というケースがかなり増えてきています。

研究者は「越境」しなければならない

二〇〇八年にソニーCSLの所長に就任してから心がけているのは、リーダーとしてビジョンを示すこと、それと、自分が間違っているかもしれないという前提で話をすることです。自分が正しくて、すべてわかっているような考えはしないということです。基本的に、ソニーCSLの研究者は、各々の分野で世界的にトップレベルであったり、新しい分野を開拓したり、極めてインパクトが大きい人が多いので、組織としてはそういう人にどれだけ思いきり力を発揮してもらうかが勝負です。

採用も、インパクトの大きさは重要な要素です。しかも、運のいい人という条件がつく。研究でもビジネスでも、大変なことがあってもそれをうまく切り抜け、事業を拡大したり研究を成功させたりしなければなりません。「運が悪い」という人は、何かあったときにギブアップしたり、うまく対応できずに失敗したりして、それを「運が悪かった」と言います。しかし、「自分は運が良い」という人は、同じ困難に直面しても、それを切り抜けるばかりか、その困難を利用して、さらに研究や事業を発展させていきます。「運が良い」というのは、多くの場合マインドセットの問題だろうと思います。

エネルギーレベルが高い人は、物事を変えていきます。ちょっとしたことで誰かの助けを必要とするようでは、状況はなかなか動かない。したがって自立心が強く、しかも目線が高く、手のかからない人。一人ひとりのビジョンの方向性は多様なのが良い。私が納得すれば、今までなかったビジョン、私が思いもつかなかったビジョンでいい。ただし、リソースが限られているので、膨大なリソースが必要な研究は難しい。サポートもできませんし、そもそもここはそうした研究に適切な場所ではありません。

私が社長になったとき「越境し、行動する研究所」と宣言しました。そこにはいろいろな意味を込めています。

学問領域、国家など、越境する対象はさまざまです。社会問題を解決し、新しい未来を築くには、サイエンスとテクノロジーの研究だけではできない部分が多い。研究所という存在である以上、サイエンスとテクノロジーは私たちの基盤です。しかし、それだけで物事が解決したり新しいことが始まったりするほど、世の中は単純ではありません。だからこそ、越境しなければならないのです。

もちろん、研究の最も深い部分は、個人の思考や行動が決定的な役割を果たします。その一方で、越境して違う何かと結びつくことで大きな価値が生まれる。この一見矛盾する概念は、私の中ではつながっています。

新しい研究は、一つの分野に特化するケースが多いものですが、一人の研究者が複数の分野をよくわかっているときに、新しいものが生まれる確率が高い。それは、自分の中かで複数の分野を越境しているからです。

異分野交流の研究会が開かれることがありますが、例えば、バイオロジーの人とコンピュータの人が話をしているだけでは必ずしも深い研究の展開にならないときが多いように

思います。やはりその分野を外から見ているか、中に踏み込んで自ら体験をしているかの違いは非常に大きいと思います。自分の中に複数の分野の体験と知見を深く持ち、その中で越境するのが最もインパクトがある。あくまでも、自ら越境していくことで未来が拓けていくのだと思います。

もちろん、他人とコラボレーションするという意味での越境で、新しい何かが生み出されることがないわけではありません。でもそれは、個人で生み出す新しい何かに必要な知識や経験のうち、自分が持っていない知識や経験をカバーするために誰かの知識や経験を使うだけです。最終的には、個人の中の越境が生み出すものです。

社会問題の解決と、可能性を広げるのが研究者の役割

越境して行動するのを重視するのは、研究所にはソーシャルグッズ（社会的共有財）という側面があり、実世界の問題に対する貢献が重要だと考えるからです。企業の製品開発の研究所は、企業の製品を通して社会に貢献できます。私たちの研究所はもう少し自由な存在なので、恵まれている研究所が果たすべき社会的な役割、使命があると思っています。

とはいえ、研究者自身のやりたいことの目線が、社会に向いていればそれでいいという

わけではありません。国連やNGOが取り組むような社会貢献だけを目指しているわけではなく、サイエンスとテクノロジーを持って従来にない可能性を切り開いていくことが我々のミッションだと思います。それは、グローバルアジェンダと言われる大きな問題の解決ということのみならず、文化的にインパクトがあることや、究極的には、文明の新たな展開にインパクトを与えるような方向でもあります。

社会問題の解決と、文化的な可能性を広げることに、矛盾はない。むしろ、社会にインパクトを与えるという意味では同じぐらい重要だと思います。テクノロジーであらゆる分野の新しい可能性を追求する姿勢が基軸にあり、その一つとして今の社会問題も解決するけれども、そこだけで終わるわけではありません。

社会問題に対するストレートな解決法は、国連やNGOが取り組んでいるので、私たちがわざわざ同じ方法で解決を目指す必要はありません。私たちはその社会問題を再定義することから始め、テクノロジーやサイエンスを使った新しいフレーミングでブレイクスルーを起こす。これが求められる使命だと思います。

フレーミングを変えるのは、問題解決にとって重要です。フレーミングが変わることによって、これまでその問題に気づかなかった人が、問題を意識するように変わってくるからです。また、同じ問題が、まったく違う意味を持つようになったり、別の様相を見せるようになるからです。人々の意識が変われば問題解決への道が開けるので、問題を意識する人々のコミュニティは重要です。人々の意識を変える引き金は引けますが、私たちだけで問題は解決できない。私たちが提示したフレーミングに共感する人々のコミュニティができれば、そのコミュニティとともに問題解決を推進するのは、私たちの役割です。

解決しなければならない問題、新しい可能性を見つけるのは大変です。そういう役割を担う研究者に、足枷《あしかせ》をはめるのは間違っています。

しかも、彼らが何らかのビジョンを持っているのであれば、それを思いきり遂行できるような状況をつくってあげなければならない。彼らを信頼し、サポートする。それ以外に私ができることはありません。

研究者として見た人類の進化の未来

文明の進化は、道具の進化だとも言われています。その観点からは、我々が次にどのような道具を生み出すのかが問われているとも言えます。今の人工知能は、大規模なデータに基づいて、深層学習などの統計的機械学習を行なうことで、分類や比較的簡単な予測を高精度で行なうということが中心です。我々が、普段行なっていることの多くが、何らかの形で、分類や簡単な予測という機能要素に帰着できます。さらに、それらの機能をコピーして分配したり、流通させたりすることで、誰でもが「高度な能力」を利用することが可能となります。

私は、この次に来るのは、知識を生み出す人工知能だろうと思います。特に、科学的発見を自律的に行なう人工知能は、人類を次のステージへと、向かわせるでしょう。いずれは、ノーベル賞級の発見や、それ以上の発見が大量にもたらされるようになると思います。

これは産業的にも非常に大きなテーマになると思います。つまり、サイエンスそれ自体を人工知能が行なう、技術開発を人工知能が行なうということです。

科学的発見のプロセスは、例えば、セレンディピティーが重要であるとか、幸運な間違いが重要であるなど言われてきています。現在、大規模高速ゲノムシーケンサーや質量分析装置など、網羅的にデータを取ることは可能になってきています。しかし、その後、そのデータの意味するところからの発見プロセスなどは、昔から変わっていません。この「人が考える部分」は、産業革命以前の状態にあるとも言えます。ここが科学的発見の本質ですが、それをセレンディピティーではなくシステマティックにできるようにしたいのです。それは、科学的発見が、毎日二四時間絶え間なく起きることを意味しますし、加速度的に高度になることになります。

科学的発見の基本プロセスは、仮説の生成と検証です。偶然面白い現象を目にしたとしても、それからより一般化された仮説がつくられ、それが検証される必要があります。ですので、科学的発見は、膨大な仮説空間の探索と検証というプロセスに置き換えられるであろうという仮説を立てています。セレンディピティーや幸運な間違いというのは、予想外の探索空間に答えがあったことなのだろうと思います。この仮説空間は、膨大です。しかし、コンピュータ・チェスも最初は、探索空間が膨大すぎて解けないだろうと言われていました。しかし、歴史を振り返ってみれば、膨大なデータを使った盤面評価の学習と大規模並列計算機による超高速探索という力任せ的な手法で人間のチャンピオンに勝利しています。囲碁の場合は、少し手法が変わりましたが、基本は大規模データ、大規模計算、深層学習も含めた機械学習という枠組みは変わっていません。これらのゲームの世界とサイエンスの世界で、最も大きく違うのは、検証の部分でしょう。ゲームは、明示的なルールがあり勝ち負けという結果がはっきりしているので、盤面評価が比較的容易です。しかし、サイエンスの場合、これをどうするかが大きな問題になります。最初は、評価しやすい領域から比較的簡単な仮説の生成と評価というプロセスを立ち上げて、そこからより難しい領域に入っていくことになるでしょう。この過程で、科学的発見の過程自体に関する我々の理解が急速に深まっていくと思います。二〇年もすれば、このようなシステムは、我々の研究に不可欠なツールになっているはずです。

生命科学の分野も大きく変貌していくと思います。幹細胞のサイエンスが再生医療を進歩させていますが、この領域でもいくつかのブレイクスルーが起きるでしょう。また、生殖医療の分野では、精子と卵子をiPS細胞などから人工的に誘導する技術がつくられました。今はマウスで成功している段階ですが、高等哺乳動物さらには人間で成功するのは時間の問題だと思います。さらに、受精卵に対して遺伝子編集を行なう技術の開発も進んでいます。これらの技術は、人類のありようを大きく変えていく可能性もある。また、老化研究も活発です。所謂健康寿命を延ばしていこうという研究とは別に、老化自体を制御して、現在よりもはるかな長寿を実現しようと考えている研究者もいます。知能のあり方と生命のあり方が変貌するということは、人類の将来のありようが大きく変貌するかもしれないということだと思います。

イマジネーションと世界観が問われる

仮に、老化の制御がある程度可能になったとしましょう。私は五〇〇歳まで延びたら面白いと思いますが、そんなに生きたくないという人もたくさんいます。寿命を延ばす研究の成果自体は、ニュートラルな事実として出るだけです。それがいいか悪いか、使いたいか使いたくないかは、人によって違うでしょう。サイエンスが進展し、テクノロジーが現実世界に新たな可能性を提供すると、我々の選択肢が広がることになるでしょう。それによって、極めて多様な世界が生み出される可能性がある。同時に、それが格差につながったりという負の側面もありえる。テクノロジーの進展で生み出された可能性が、ごく一部の人にしか恩恵を与えない事態も考えられる。とはいっても、テクノロジーの進歩は、止まらないでしょう。現在、人工知能の開発と社会実装に関して、倫理の重要性が認識されていて、多くの努力がなされています。その議論を通じて感じるのは、我々の社会に既に存在している問題が、テクノロジーによってあらわになっているということです。テクノロジーの発達が最終的により良い世界へと結びつくかは、技術論だけではなく、歴史、デザイン、アート、哲学、経済なども含めた、広範な事象への理解や、いろいろな立場の人々へのイマジネーションが重要です。

同時に、我々が現在前提としていることが意味をなさないような変化が起きる可能性もあります。そのときに、現状の延長線上で議論していては意味がない場合もあるでしょう。未来は過去の延長ではないのです。しかし、どのような未来をつくるかは、我々自身の行動の結果です。そのときに、そこにどういう世界観があるのかが問われるのかもしれませんし、未来へのイマジネーションが重要になってくるでしょう。

切りとり線

★読者のみなさまにお願い

この本をお読みになって、どんな感想をお持ちでしょうか。祥伝社のホームページから書評をお送りいただけたら、ありがたく存じます。今後の企画の参考にさせていただきます。また、次ページの原稿用紙を切り取り、左記編集部まで郵送していただいても結構です。

お寄せいただいた「100字書評」は、ご了解のうえ新聞・雑誌などを通じて紹介させていただくこともあります。採用の場合は、特製図書カードを差しあげます。

なお、ご記入いただいたお名前、ご住所、ご連絡先等は、書評紹介の事前了解、謝礼のお届け以外の目的で利用することはありません。また、それらの情報を6カ月を超えて保管することもありません。

〒101―8701(お手紙は郵便番号だけで届きます)
祥伝社　書籍出版部　編集長　栗原和子
電話03(3265)1084
祥伝社ブックレビュー　http://www.shodensha.co.jp/bookreview/

◎本書の購買動機

________新聞の広告を見て	________誌の広告を見て	________新聞の書評を見て	________誌の書評を見て	書店で見かけて	知人のすすめで

◎今後、新刊情報等のパソコンメール配信を　　希望する　・　しない

◎Eメールアドレス

@

100字書評

好奇心が未来をつくる

住所

なまえ

年齢

職業

好奇心《こうきしん》が未来《みらい》をつくる
――ソニーCSL研究員《けんきゅういん》が妄想《もうそう》する人類《じんるい》のこれから

平成31年3月10日　初版第1刷発行

編　　者　ソニーコンピュータサイエンス研究所《けんきゅうじょ》

発行者　辻　浩明

発行所　祥《しょう》伝《でん》社《しゃ》

〒101-8701
東京都千代田区神田神保町3-3
☎03(3265)2081(販売部)
☎03(3265)1084(編集部)
☎03(3265)3622(業務部)

印　　刷　堀内印刷

製　　本　ナショナル製本

ISBN978-4-396-61678-6 C0095

祥伝社のホームページ・http://www.shodensha.co.jp/